JN297948

Jonas Ramnerö, Ph.D. & Niklas Törneke, M.D.
The ABCs of Human Behavior:
Behavioral Principles for the Practicing Clinician

臨床行動分析のABC

ユーナス・ランメロ + ニコラス・トールネケ 著

松見淳子 監修

武藤 崇 + 米山直樹 監訳

日本評論社

Copyright © 2008 by Jonas Ramnerö and Niklas Törneke
Japanese translation rights arranged with Studentlitteratur AB, Sweden through Japan UNI Agency, Inc., Tokyo.

監修者まえがき

　本書は，スウェーデンの臨床現場で活躍している Jonas Ramnerö と Niklas Törneke による著作の英語訳を，武藤崇氏と米山直樹氏の卓越した指導のもとに若手の行動分析家たちが両氏とともに日本語に訳されたものです。両氏から監修の依頼を受けたとき，まず未公刊の英語版を読み，本書が非常に含蓄のある臨床行動分析の入門書であることがわかりました。

　本書は，「行動的心理療法」を機能的・文脈的観点から説き，臨床実践の現場で出会うクライエントの問題に対して根本的なアプローチを伝授するものです。これまでにも同様の視点から優れた入門書やマニュアルは出ていますが，本書の特徴は，「行動」の意味を徹底的に探るための機能的・文脈的視点を明らかにしていることです。特定の問題に対する特定の技法という考え方ではなく，すべての問題に対して行動から目を離さず，クライエントの日常生活における問題行動の機能分析を行うことの重要性を説いています。臨床例を豊富に引用して，学び手を基礎から導いてくれます。読者は困難な問題の改善への糸口のつかみ方が明晰に示されていることに気がつきます。

　心理療法は一般にセラピストとクライエントの間の言語のやりとりを媒介としますが，本書は行動的心理療法における言語の役割の解明にも挑んでいます。1990年代初頭にアメリカで生まれた機能分析心理療法（FAP：Functional Analytic Psychotherapy）では，セラピー場面と日常生活場面との文脈あるいは機能の類似性を高めた状態で問題行動の改善を図ることを目標とし，クライエントとセラピストとの会話が即時その場で行動分析の対象になります。認知と言語の関係フレーム理論，自己教示によるルール支配行動などの説明は本来，高度な理解力を要する課題ですが，本書では具体例を豊富に使っているために，わかりやすく，興味深い内容になっています。

言語による相互交流はすべての心理療法に通じるものです。人はなぜ直接に体験したことのないものに対して恐れを抱き，現実に目を向けることができず逃げ出したり，回避したりするのでしょうか。人はなぜ頭の中に浮かんでくることば（認知）に囚われて現実を見ないのでしょうか。本書では，抑うつ，不安，自傷行動などの問題の機能がクライエントとセラピストの協働作業という文脈の中で明らかになります。このような「臨床関連行動」の機能について，そしてその変容方法について，解説したガイドブックとして広く心理療法に携わる人々にも本書をお勧めします。

　本書は，FAP や ACT（Acceptance & Commitment Therapy）の紹介としても一読に値します。また，DBT（Dialectical Behavior Therapy：弁証法的行動療法）の解説では，クライエントの体験とその報告をセラピストがいかに受け止め，いかに妥当化し認めていけばよいのかという問題について，「今」の次元におけるセラピーの中で具体的に取り組むことを強調しています。テキストの随所に組み込まれたクライエントとセラピストのダイアログがそれを示しています。臨床行動分析における FAP，ACT および DBT の理論的な位置づけと実証的評価の問題については，学界でも多くの専門家が注目しています。本書は，近年研究が進んでいるこれらのセラピーに対する臨床的理解を深める意味でも優れた入門書となっています。

　本書では"Reality is the therapist's best friend"と記されているごとく，問題を改善するための資源が豊富にある現実に目を向けるためには，行動の形態の分析よりも，行動の相互作用の分析が重要であることが説かれています。エビデンスベーストの臨床実践が普及する中，効果的な行動的心理療法を行うための中心である機能的・文脈的観点を紹介した本書が日本でも広く読まれることを期待しています。

関西学院大学
松見淳子

「本を執筆する」という文脈
―― 「日本語版へのまえがき」にかえて

「一緒に，本を書かないか？」
　この問いかけが，この本を書くという行動の先行刺激（A：antecedent）だったのでしょうか？　それとも，「臨床行動分析に関するお勧めの本は何ですか？」と聞かれたときに，そのような本をなかなか紹介できなかったことだったのでしょうか？　あるいは，そのようなもっと読みやすい本があったら，自分の仕事（つまり，臨床について講義したり，スーパーバイズしたりする）がもっと楽になるかもしれないということだったのでしょうか？　はたまた，私たち2人とも，公的な言語行動に対して，特別に強化された体験があるということだったのでしょうか？
　私たち2人のどちらかが「一緒に，本を書かないか？」という問いかけをしたとき，それに続く行動（B：behavior），つまり実際に本を執筆するという行動は，少なくとも，私たちをよく知る人たちなら――私たちが生起させてきた，さまざまな文脈における，今までの行動（B）を知っている人たちにとっては――おそらくかなり簡単に予測できたはずです。
　先に挙げたすべての「問い」は，行動分析的なものです。その「問い」は，どれも，本を執筆するという特異で複雑な行動（B）を制御する先行刺激（A）を理解しようとしたときに，じっくりと考えるようになるものです。しかし，読者の皆さんは，ここまで読んできて，次のような疑問がわいたのではないでしょうか？

　「本を書く」っていうのも，行動分析が扱うものなの？
　行動分析って，筋肉の動きか何かを扱うものじゃないの？
　行動分析って，ネズミが迷路を走るのを研究するものじゃないの？

行動分析って，障害のある人たちのケアとかで使用されているものじゃないの？

　まったく，その通りです！　皆さんは正しいでしょう！　行動分析は，さまざまな種（もちろん，ヒトも含む）に関する，すべての行動（B）を扱う学問だからです。つまり，もし「本を書く」ということが行動（B）であるとするなら，それも行動分析が扱うべき対象となるのです。
　では，本を執筆することの「結果（C：consequence）」とは何でしょうか？　そうです，「今，この瞬間」に生じている結果（C）も，そのうちの1つなのです。つまり，臨床行動分析の入門書として使ってもらおうとスウェーデンで書いたテキストが，日本語に翻訳され，そのまえがきを書いているという，このあまりにすばらしい出来事のことです。このような結果（C）は，数年前，私たちがこの本の執筆を始めたときには，まったく予想もしていませんでした。しかし，それは，私たちが大切にし，深く価値を置いている結果（C）でもあるのです。

　Sweden 2008.4.21.

　　　　　　　　　　　　　　　Jonas Ramnerö and Niklas Törneke

謝　辞

　さまざまな出来事がいくつも連なり，いくえにも重なり合うことによって，この本が書かれることになりました。長きにわたって，多くの人たちから与えられたものが養分となり，この本に結実したのです。そして，この本のレファレンス（巻末参照）に列挙された数多くの文献のおかげで，この本のもっている科学的な基礎がしっかりとできあがったのです。

　ここで，以下に挙げさせていただいた方たちに，この場をお借りして感謝の意を表したいと思います。まず，その期間の長短にかかわらず，「心理療法とは何か」「どのように実施することがベストなのか」という「問い」についての対話におつきあいいただいた，先生方，同僚，そして学生の皆さんに感謝申し上げます。とくに，Sandra Bates, Ata Ghaderi, Gardar Viborg, 以上の諸氏には，スウェーデン語で書かれた草稿に対して貴重なコメントをいただきました。Steven C. Hayes博士には，この本の外国語版（英語版）を出版するきっかけを作っていただき，Liza Ask, Sandra Bates両氏には英語への翻訳の労をとっていただきました。また，Jean M. Blomquist氏には，その編集の労をとっていただきました。さらに，Context Press, New Harbinger Publicationsの皆さんには，出版にいたるまでにさまざまにご尽力いただきました。最後になりましたが「自分たちがしていることをどうやって理解しようか」「変えたいと思っていることをどうやって変えていこうか」という「問い」に，一緒になって悪戦苦闘してきた，私たちのクライエントの皆さんすべてに感謝いたします。

● 目次

監修者まえがき　i

「本を執筆する」という文脈──「日本語版へのまえがき」にかえて　iii

謝　辞　v

イントロダクション 1
　──行動主義という土台の上に：
　　認知／行動療法，行動的心理療法，そして機能的文脈主義

第1部　行動を記述する

第1章　問題を行動のカタチ(形態)から捉える 25
　　　　──「問題」とは何か？

第2章　行動を観察する 52
　　　　──いつ，どこで，どれくらい？

第3章　文脈の中で行動を捉える 76
　　　　──ABC分析とは何か？

第2部　行動を理解する

第4章　レスポンデント条件づけ 97
　　　　──古くて新しい原理

第5章　オペラント条件づけ(1) 121
　　　　──4つの随伴性と消去

第6章　オペラント条件づけ(2) 153
　　　　──刺激性制御

第7章 関係フレームづけ ……………………………………169
　　　──行動分析からみた「言語と認知」
第8章 ABC分析を応用する ……………………………202
　　　──3つの原理を使いこなすには？

第3部 行動を変える

第9章 機能分析 ……………………………………………225
　　　──行動の分析と優先事項
第10章 行動変容へ向けての会話 ………………………232
　　　──臨床的な協力関係を築くには？
第11章 3つの原理と実践をつなぐ ……………………259
　　　──よりよい実践のために
第12章 実践の原則（1）……………………………………265
　　　──行動的コンサルテーション
第13章 実践の原則（2）……………………………………288
　　　──行動的心理療法

あとがき…………………………311
監訳者あとがき──基本の「基・本」，ここに翻訳される！…………………313
さらに学びたい人のための推薦図書………………………315
文　献…………………………319
索　引…………………………323

イントロダクション
――行動主義という土台の上に：
　　認知／行動療法，行動的心理療法，そして機能的文脈主義

　この本は，学習理論にしっかりと基づき，行動主義をそのよりどころとしています。しかし（たとえ，この本がそのようなスタンスをもっていたとしても），行動療法と認知療法の両方を幅広くカバーする話から始める必要があるでしょう。では，その話題から始めることにしましょう。

認知／行動療法

　認知／行動療法（cognitive and behavioral therapies）は，過去20年にわたって，めざましい発展を遂げてきました。社会的な注目を集めるようになっただけでなく，その効果を支持する科学的な知見も増えていきました。このセラピーは，現在，さまざまな方法で実践されています。しかし，セラピストたちはたいてい，行動的な考え方から生まれたテクニックと認知的な考え方から生まれたテクニックとをミックスして使っています。それは，通常，認知行動療法（CBT：cognitive behavioral therapy）という名称で呼ばれています［訳注1］。しかし，このようにミックスしてしまうことで，ある本質的な「ゆがみ」が生じているのです。それというのも，伝統的な行動療法は学習理論の臨床的な応用であり，一方，認知療法は情報処理理論（information processing）というモデルをもとにしているからです。そして，後者の認知モデルが，少なくとも1980年代以降，CBTの理論的な見解として主要な位置を占めてきました。

その理由は，成功したいくつかのトリートメント（治療／援助）モデルが認知的な考え方から開発されてきたからでしょう。また，古典的な学習理論がいくつかの典型的な人間の現象（たとえば，思考がもっている効力と機能）を扱うことに問題があるとされてきたからかもしれません。結局，CBTの流れの中に，行動主義や緻密な研究によって生み出された学習原理が含み込まれているにもかかわらず，その「認識論的に重要な考え方」（行動主義の流れをくむ科学がもっている考え方）は，ほとんど脇へ追いやられてしまいました。

しかし，ここ数年，古典的な学習理論への関心が高まってきました。そして，いくつかの新しいトリートメント・モデルが開発されるようになってきました。また，そのモデルは，行動主義的な哲学の上に築き上げられたものです。その中で最もよく知られているモデルが，弁証法的行動療法（DBT：dialectical behavior therapy）といえるでしょう。また，時を同じくして，CBTの科学的な基盤に関する論争も徐々に盛り上がりをみせてきました。たとえば，現在のCBTのトリートメント・モデルは，基礎的な実験科学にあるような確固たる基盤を欠いているのではないか，ということについて議論がされています。もし，それが事実であるとすれば，セラピーは学習の原理（ここでの原理とは，実証的な研究によって検証・蓄積されたものを意味します）が応用されたものであるべきだ，という考え方に矛盾することになってしまいます。このように研究との結びつきが失われてしまうと，理論は簡単に，巷に溢れる素朴な心理学を組み合わせて見栄えを整えたようなものになり，積み重ねられ着実に前進していくという科学の進み方とは異なるものになってしまうのです（O'Donohue, 1998）。

今までも，行動主義的な「見方・捉え方」（perspective）をする人たちは，情報処理理論に基づく心理学を何度も批判してきました。なぜなら，科学がも

［訳注1］ここでは，cognitive/behavioral therapies あるいは cognitive and behavioral therapies を「認知／行動療法」と訳出し，cognitive behavioral therapy を「認知行動療法」と訳出し，CBT はそのまま CBT としました。注目してもらいたいのは，(a)therapy という単語が単数形で使用されている場合と複数形で使用されている場合があること，(b)and や"／"（スラッシュ）が cognitive と behavioral という単語の間に挿入されている場合とそうでない場合があることです。つまり，この本においては，「認知／行動療法」という表記が，行動療法，認知療法，そしてその両方をミックスした療法（あるいは状態）を包括的に指し示すために使用されています。一方，「認知行動療法」あるいは CBT という表記は，行動療法と認知療法をミックスして使用している療法（あるいは状態）を限定的に指し示すために使用されています。このような違いに注意しながら読んでください。

っている認識論的に重要な「見方・捉え方」を育んでいくということ，それが行動主義の最も重要なことだからです。つまり，それが行動主義のエッセンスだからなのです。そして，このような考え方を推し進めることによって，機能主義（functionalism）が生み出されました。その機能主義において，最も注目されることは，有機体（生活体：organism）の行動と，その行動が生じている文脈との機能的関係です。さまざまな種の保存について焦点化する場合でも，あるいは個々の有機体（生活体）の学習について研究する場合でも，その機能を捉えようとしていきます。また，行動主義は，プラグマティズム（実用主義）の思潮の中に位置しています。つまり，行動主義は，知識・知見の価値を，その有効性によって最終的に決めていくという考え方の中に位置づいています。そのため，行動主義は本質的には心理学ではありません。むしろ，行動主義は，心理学の基礎として役立つ哲学であり，認識論の伝統であると捉えることができるでしょう。さらに，このような立場をとると「知識の重要な側面とは，もともと何であるか」が明確になるのです。言い換えれば，行動主義的な捉え方によって，「心理学にとって，研究の対象とはいったい何なのか」が改めて明確にされるということです。また，このような「見方・捉え方」をすると，心理学は「心（mind）」の中にある仮説的な構造に関する研究をすべきだ，という考え方さえ疑問に思えてきます。さらに，次のような重要な疑問もわいてきます。その疑問とは，このような仮説的な構造を記述していくことが，人間の行動に関する重要な知識・知見へとつながっていくのか，というものです。あるいは，このような仮説的な構造を記述していくことが，行動を変容させるのに役立つのか，という疑問です。

　その一方で，「行動主義は，もう終わっている」「行動主義は，過去の遺物だ」と，今まで何度も言われてきました。しかし，そのたびに「そう言ってしまうには，まだ早すぎる」と私たち著者は考えてきました。常識的に「心理学なのだから，『心』の存在を前提として，その中身を知ろうとすることが最も重要なはずだ」と考えてしまうのも無理はありません。しかし，そのように考えてしまうこと自体がとても問題なのです。とくに，心理療法の分野においては，それが大きな問題であるといえるでしょう。しかし，今でも，アメリカでは，心理療法の中に行動主義的な流れがはっきりと存在し続けています。それは，一般的に，臨床行動分析（clinical behavior analysis）と呼ばれています。そして，この臨床行動分析は，「伝統への回帰」と「革新」という（一見，相

矛盾する) 2つのキーワードによって特徴づけられています。そこでは，古典的な学習理論——レスポンデント条件づけとオペラント条件づけ——が，心理的な変化を生じさせる基礎として強調されているのです。それと同時に，伝統的な行動療法では十分に研究されてこなかった領域（たとえば，治療的な関係性 therapeutic relationship）にも焦点が当てられるようになっています。さらに，言語や認知に関する近年の基礎研究から生まれた知見も，新しい介入テクニックを開発するのに使用されるようになり，その結果，新しい臨床の領域についても対応できるようになってきているのです。

行動的心理療法と行動的心理学

　ここまでの話からわかるように，この本は，古典的な行動療法と同じ伝統の中に基礎づけられています。この本では，その基礎づけをより明確にしていきます。さらに，私たち著者は，最近の15〜20年の間に開発されてきた，今までとはいくぶん異なる行動療法のモデルからも影響を受けています。そのため，その影響についても明確にしていきたいと考えています。

　すでに，弁証法的行動療法（DBT）については触れましたが，私たちが影響を受けている新しい行動療法のモデルには，アクセプタンス＆コミットメント・セラピー（ACT：acceptance and commitment therapy），行動活性化（BA：behavioral activation），機能分析心理療法（FAP：functional analytical psychotherapy）といったものがあります。以上のモデルは，それぞれ異なるものですが，この本では，より全般的に，行動主義的な伝統と人間の行動に対する機能的な理解について焦点を当てていきたいと考えています。つまり，ここでは，個々の心理療法のモデルを説明していきません。そうではなく，ある特別な「見方・捉え方」を示したいと考えています。それは，ある特定の状況——心理療法と通常呼ばれる状況——に応用される「見方・捉え方」です。この「見方・捉え方」（先に挙げたセラピーすべてに共有されているのですが）によって，伝統的な行動療法が「より行動療法らしく」なり，場合によっては，新しい行動療法が生み出されることになるでしょう。

　しかし，ここで，誤解のないように，次のことを明らかにしておきましょう。

私たち著者は，この「見方・捉え方」に基づく心理療法を「行動的心理療法（behavioral psychotherapy：BPT?）」と呼ぶことによって新しいセラピーの「カタチ」を提案しようとしているわけではありません。

　実は，行動主義には，伝統的に，いくつか奇妙な特徴があります。その1つが，新しい名称とその頭字語（アクロニム）が「1人歩き」してしまうというものです。しかし，私たち著者にとって**行動的心理療法**という用語は，**行動療法**と同義語として使われるものであり，単なる記述用語でしかありません。もちろん，**行動的心理療法**という語は**行動療法**より理論的な意味を明確にもってはいます。しかし，**行動療法**という用語それ自体も「行動主義的な捉え方で実施される心理療法」という意味をもっていることに変わりはありません。今まで，行動療法家たちは，伝統的に「心理（psyche）」という語を忌み嫌ってきました。もちろん，実際に，このセラピーが「心理」的なものとして語られることはありませんし，この「心理」という概念は，科学にとって無用なものだと見なされています。また，歴史的にも「行動療法」という用語は「心理療法」に対抗するものとして生み出されました。しかし，その一方で，優れた行動主義的な伝統の中では，行為に対して働きかけ，その働きかけをする際には言語も使用されてきました。その働きかけの中で，実際に行われている「何か」を記述しよう（つまり，その特有な臨床的行動を記述しよう）とすれば，それは一般的に，心理療法と呼ばれるものになるのです。つまり，「心理療法」という用語は，現在では「心理学的なトリートメント」と同じ意味を示す用語なのです。それならば，よりふさわしい用語，つまり「行動的心理療法」という用語を，なぜ使わないのでしょう⁉

　ただし，この「行動的心理療法」という用語を使う場合，他の心理療法を排除するような極端な立場をとるつもりはありません。むしろ，私たち著者は，行動主義を，心理療法の実践に対して，力強く，刺激的で，実り豊かな「基礎」として捉えています。また，検討していく心理療法の実践には，学習理論から生まれたものではないテクニックも含まれることになるでしょう。そのため，異なるモデルの心理療法を使っている読者の皆さんにも，この本の内容のどこかに親しみを感じてもらえるのではないかと考えています。

この本を書くにいたるまでの旅路
　──私たちはどのようにしてここまで辿り着いたのか？

　私たち著者の旅路は，精神力動的な「地図」を手にして，心理療法という「風景」を通過するところから始まりました（とはいえ，2人は別々に旅を始めました）。コフート（Kohut, Heinz）やカーンバーグ（Kernberg, Otto F.）などの本を読み，読んだことを実践しようとしました。著者の1人（ユーナス）は心理学者になるためのトレーニングを，もう1人（ニコラス）は精神科医になるためのトレーニングを受けていました。それは1980年代のことです。その頃，認知的な「地図」も一般的に使われるようになってきました。私たち2人は，そのような認知的な「地図」のおかげで，心理療法的な仕事に対して，実証的な研究からの影響が増していくかもしれないという期待に胸を膨らませました。そして，私たちは，別々に心理療法のトレーニングを受け，ベック（Beck, Aaron T.）やクラーク（Clark, David A.）などの本を読み，クライエントと向き合う仕事を続けていました。私たちがずっと興味を抱いていたのは，心理療法における実証的な基礎についてでした。それを探求し続けた結果，2人とも行動主義的な知見という「深い森」に足を踏み入れることになったのです。そして，ふと気がつくと，自分たちは，いつの間にか「豊かな大地」に立っていました。その大地は，あまり人が住んでいるようには見えませんでしたが，生命力に満ち溢れ，古くて新しい……そんな場所でした。私たちは，そこで出会い，見つけたものをお互いに話し合い，そして，この本のアイディアが生まれたのです。

私たちの意図
　この本は，いくつかの「問い」に答えていきます。その「問い」は，私たち著者が，さまざまな文脈で教えているときに出会ったもの，そして自らの立場を明確にしようとしたときに生まれたものです。最も代表的な質問は，次のようなものです。

　　臨床行動分析／行動的心理療法についてもっと知りたいのですが，何を読んだらよいでしょうか？

しかし，この質問に対して「お勧めの文献」を教えてあげることがなかなかできませんでした。古い文献は，複雑でわかりにくいものが多いからです。加えて，その文献は実験研究であったり，心理療法とは異なる領域の応用であったりすることが多いからです。また，最近の本は，研究のみを扱ったものか，ある特定の行動療法のモデルのみを扱ったものか，そのいずれかしかありません。それでは，行動的心理療法の基本的な「見方・捉え方」を知るには，何を読んだらよいのでしょう？　その答えは……

この本です！（「そうあってほしい」という願いを込めて）

私たちは，この本を執筆するにあたって，いくつかの「溝」を埋めたいと考えました。臨床行動分析／行動的心理療法に関する，簡単に手に取りやすい入門書でありながら，その「見方・捉え方」を含んだ，意欲的で画期的な内容をもっている本を書きたかったのです。また，学習理論が臨床的な概念化／分析をするときの基礎として，どのように役立つのかについての基礎的な本を書きたかったのです。そして，「分析」という立場を強調したかったのです。つまり，私たち著者は「人間の行動が理論的に，いかに理解できるか」，さらに「どのようにして実践的な臨床テクニックが，その理論から導き出されるか」を強調したいと考えたのです。

私たちの選択

行動的心理学を説明する際に，私たちはいくつかの選択をしなければなりませんでした。1つ目は（これは苦渋の選択だったのですが），この本で使用されるさまざまな理論や概念に対する実験的な基礎は割愛するというものです（その代わりに，私たち著者がとる立場のレゾン・デートル〔存在理由〕を明確に述べるような「見方・捉え方」を提示することにしました！）。もし実験的な基礎についても述べるという選択をしたら，おそらく私たちが書きたかった本（あなたが今，手にしている本のことです）とは，まるで異なる本になっていたはずです。

もう1つの選択は，特別な専門用語をどのように使うべきかに関するものです。行動的心理学は，ある意味では，1つの心理学ではなく，多くの心理学から構成されているため，専門用語はさまざまな意味に使われています。場合に

よっては，その用語の意味が正反対なこともあるくらいです。そのため，この本で使用されているのと同じ用語が他のテキストでは違った意味で使用されることもある，ということをご理解ください。このようになってしまうのは，行動主義のような幅のある思潮においては避けられないことなのです。たとえば，私たち著者がとっている特定の立場をここで言うとしたら，最も一般的な名称では，徹底的行動主義（radical behaviorism）となります。しかし，より現代的で特定的な用語で同じ立場を言うとすれば「機能的文脈主義」（functional behaviorism）となるのです（機能的文脈主義については，このイントロダクションの後半でお話しします）。

行動とは何か

　この本には行動に関することしか書かれていません。しかし，この行動ということばは，通常とは異なる意味で使われています。そのため，その意味を「1から」説明していく必要があるでしょう。徹底的行動主義では，**行動**とは「有機体（生活体）が行うすべてのこと」を意味します。つまり，簡単に観察できる誰かの行為（たとえば，腕を上げる，誰かに話しかけるなど）だけではなく，自分の内部で起こっていることも（たとえば，考えたり，感じたり，思い出したりするなども），行動として捉えるのです。これは，行動ということばの一般的な使い方とは明らかに異なっています。それでは，なぜ，そのような使い方をするのでしょうか。それは，自分たちの内部で起こっていることも，外部で起こっていることも，同列に取り扱いたいと考えているからです。さらに，同一の諸原理を使うことによって，自分たちの内・外部に起こっていることに対して，最もよく理解でき，最もよく影響を与えることができると考えているからなのです。ただし，この「行動」に対する定義について，この場でくどくどと話すことは控えたいと思います。できれば，この「行動」ということばの特殊な使い方が，この本を通読することによって明確になってくれることを期待しています。ただし，そうは言っても，読者の皆さんがこの先の内容を誤解しないように，この「行動」ということばの使い方をある程度ここで明確にしたいと思います。

　行動主義は，「している何か」，つまり行為に焦点を当てます。そのため，こ

の本についても，この行動主義的な「見方・捉え方」をしながら読んでもらいたいのです。私たち著者は，自分たちが「している何か」について話をしたいと考えています。たとえば，クライエントの行動を観察する，そして臨床的な作業の中で，問題となっている行動に対して機能分析を使用する，といったことです。また，認識論的に重要なよりどころをしっかりと持つための方法として，行動主義を紹介したいと考えています。もちろん，私たち著者のためにそうするのではありません。行動主義（あるいは，行為に焦点を当てるということ）が，優れた科学的な心理学を生み出すために役立つと考えているからなのです。また，セラピーを行ううえでも，セラピストとして自分自身の行動を省みようとするときに役立ちます。たとえば，次のように，自分に「問い」かけてみてください。

　　私は，何をしている（何をしつつある）のか？
　　私は，何を観察することができるのか？
　　私は，どんな影響を与えることができるのか？

　このような問いが（あるいは，より正確に言えば，その答えが），行動的心理療法を実施する際，いかに機能的文脈主義が重要なのかを教えてくれることになるのです。それでは，セラピーにおける，この「見方・捉え方」とその役割について，さらに詳しく見ていくことにしましょう。

機能的な「見方・捉え方」——私たちの臨床的な出発点

　この本の中には，6つの臨床的な事例が組み込まれています。それらを使って，理論的な概念を説明し，トリートメント方略を説明していきます。事例ごとに異なる特徴があるのは，教育上の配慮によるものです。事例の内容は実際のものではありません。しかし，そこに反映されている内容は，ほとんどのセラピストが実際に仕事上で接するような一般的なものにしました。その目的は，①日常的な例を使用して諸原理を説明すること，②学習理論に基づいた心理療法では，いかに理解と変容とがしっかりと結びついているのかを示すことです。

それでは、以下の6つの事例に基づく臨床的な描写を使って、人間の行動と機能的文脈主義について探究していくことにしましょう。

- 金曜午後の11号病棟。その病棟は精神科クリニックの緊急ケア部門である。ジェニーが外出許可も得ずに病棟からいなくなっていることをスタッフが発見する。彼女は、先週だけでリストカットを3回もしていたため、スタッフは彼女がいなくなったことをとても深刻な事態だと捉えていた。
- アンナは、ペーターとの関係にだんだんと希望がもてなくなり始めていた。もう、話し合う余地もなかった。週末にペーターにお酒が入ると、2人は決まってケンカするようになっていた。アンナはもうこれ以上、4歳になる娘（リサ）に、このような親同士の仲が悪いのを見せたくないと思っている。
- マリーは、人から注目されると気分が悪くなると訴えた。人から注目されたときに、自分がとても緊張して不安になっているということを周りの人たちに気づかれてしまうのではないか、という考えに彼女は囚われていた。そのため、時々、自分がまるで死刑執行を間近に控えている囚人のような気分になってしまう。
- ミルザは、昨夜もまた同じ悪夢で目が覚めたと訴えた。彼は、その記憶と悪夢にいつまで耐えることができるかまったくわからなかった——そのイメージは、民兵が村にやってきた夜から始まって、弟が連れ去られていくところ（ミルザが弟を見た最後のシーン）で終わっていた。
- アリスは、今日、ほとんど仕事が手につかなかった。自分の心臓が不規則にバクバクして、何か深刻な病気なのではないかと心配している。しかし、かかりつけの医者からは、身体的にはまったく問題はないと言われた。結局、今日もほとんど何もしていないので、やってしまわなければならない仕事についても心配し始めている。
- レナードは、今日も仕事を欠勤した。彼は、かなりの長期間、うつのため病気休暇をとっていた。しかし、たとえ仕事をパートタイムに変更したとしても、やる気がわいてくる見込みはないように思えた。

臨床の現場で働いたことがある人なら、このような事例について心当たりがあるはずです。もちろん、これらの事例は例であるに過ぎません。他の事例を

選ぶこともできたかもしれません。さしあたり，重要なのは，これらの事例に関する内容ではありません。ここでは，むしろ「私たちの『していること』」が重要なのです。それでは，以下に私たちが（専門家として）している行動を挙げていきましょう。

　　私たちは，人を観察し，記述しています（しかも「行動」をしている人を）。
　　そして「彼らは，なぜ，このような行動をしているのか」ということを自分に問いかけます。
　　つまり，行動を観察し，それを説明しようとしています。

　以上の行動が意味するものは，何でしょうか？　それは，「私たちは，何らかの『見方・捉え方』を選択している」ということです。つまり，人について何かを知ろうとすれば，アプリオリ［訳注2］に（先験的に），何らかの「見方・捉え方」を必ず選択することになるのです。そして，私たち著者が，ここで選択している「見方・捉え方」とは，**機能的な「見方・捉え方」**と呼ばれているものです。それは，ある特定の状況で生じている，特定の行動がもっている機能に焦点を当てるという「見方・捉え方」です。

機能的文脈主義

　少しの間，臨床場面の話ではなく，日常生活の話をすることにしましょう。私たちは，ある男性（スミスさん）を観察しています。毎朝，7時半頃，彼は家を出て，仕事に行くために車を運転します。玄関からガレージまで行く途中，彼は必ず隣の家の窓を横切ります。そのお隣さんはブラウンさん（男性）といいます。ブラウンさんは，モーニングコーヒーを片手に，窓から外が見えるところにいつも座っています。ブラウンさんは，数年前に退職したのですが，朝食をとりながら新聞を読むという時間を過ごすのが好きでした。スミスさんは，控えめに手を振り，同時に軽く会釈をし，音を出さずに口を少し動か

［訳注2］「アプリオリ」とは，経験的認識に先立つ自明的な認識のことを指します。（NY）

します。ブラウンさんは，頬を少し上げ，口を動かして，笑みを浮かべることで，それに応えます。これは，高い確率で予測することのできる，日々繰り返されるような行動的な随伴関係（時間的な前後関係のユニット）です。さて，なぜスミスさんはこのような行動をしているのでしょうか？　この行動の目的は何でしょう？　それでは，その行動の機能を突きとめてみましょう。

　スミスさんのあいさつは，ブラウンさんのあいさつによって応答されています。つまり，そのスミスさんの行動には，ある「結果」(consequence) が伴っています。ここで明確にしたいのは，その文脈の中にある基本的な行動的随伴関係です。2名の隣人の日常的な関係性を維持する機能をもっているからこそ，行動的随伴関係といえるのです。たとえば，スミスさんがその「結果」を好まないとすれば，あいさつをしなくなるだろう，ということは簡単に予測できます。もちろん，この場合，その行動を維持するような「結果」(しかも，考慮する必要がありそうなもの) が，その他にはないということが前提になります。実際に事実として，窓を横切るときにブラウンさんを見逃したり，あるいは別の理由で無視してしまったりしたら，かなり気まずいことになるということは，スミスさんにもわかっていました。過去にそのようなことが起きてしまったとき，落ち着かない気分になったからです。彼は，何かでブラウンさんの気分を害してしまうのではないかと心配していました。つまり，ブラウンさんに毎朝あいさつをすることで，スミスさんはこのような少し嫌悪的な出来事を効果的に回避していたのです。おそらく，このあいさつ行動にはその他にも多くの機能があるでしょう。まず，ここでは，あいさつという些細な行為にも，**複数の機能** (multiple functions) がありうるということを理解してもらいたかったのです。

　スミスさんは，隣人としての親しい関係性を損なうことなく，控えめに会釈をしながら手を振るという行動を，帽子を持ち上げるために腕を上げるという行動や，「元気？」ということばを発するという行動に変えることもできます。つまり，その他の行動が，同一の機能を簡単にもつようになるのです。そして，これらの行動を**機能的に等価** (functionally equivalent) であるといいます。あるいは，これらの行動は同一の機能的クラスに属しているといいます。これは，重要な分類なのです。なぜ重要なのかというと，見た目は異なる行動が，機能的には同じである，つまり，行動が同一あるいは類似の目的をもっているからなのです。

それとは逆に，見た目は同じように見える行動が，異なる状況では異なる**機能**をもつことがあります。では，スミスさんが奥さんの買い物につきあうという状況を考えてみましょう。スミスさんにとって女性のための店や売り場はとてもつまらないものなので，いつも店の外で待っていることにしています。そして，時間をつぶすために，若い女性を眺め，彼女たちに控えめに手を振り，同時に軽く会釈をし，音を出さずに口を少し動かします。もし，奥さんが店の中から，この行動を見ていたら，「毎朝ブラウンさんの家の前でする行動と同じことだよ」とスミスさんが言ったところで，おそらく彼女は納得してくれないでしょう。ある意味では，スミスさんが「それは同じ行動なんだ」と主張するのは正しいかもしれません。なぜなら，店の外でしていた彼の行動と，ブラウンさんにいつもしている行動とは，見かけ上はまったく同じだからです。つまり，それらは同一の「カタチ」をしているからです。専門的な言い方をすれば，形態的には（topographically）それらは同一の行動である，といいます。しかし，「この状況では，（見かけ上は）同じ行動でも違った意味をもっているでしょう？」と奥さんが言うのは，とても理にかなっています。もちろん，私たち著者も彼女と同意見です。専門的な言い方をすれば，行動が生じている特定の環境的な状況を考慮することによって，初めて行動を理解することができるということなのです。形態的に同一の行動であっても，機能的な「見方・捉え方」をすると，異なる行動となる場合があるのです。

　以上のような環境的な状況を言い表すのに，私たち著者は「文脈」（context）ということばを選びました。行動の原因を求める場所はどこなのかというと，それは「文脈の中」なのです。より限定的に言うと，行動が生じている今の「文脈の中」と，その行動と同一あるいは類似の行動が生じていた過去の「文脈の中」に，その原因を求めるのです。それゆえに，行動を記述・理解し，その行動に対して影響を与えるという作業をする際に，主として考えなければならないのは，次の2つのことになります。

　①機能を理解するということは，行動の目的（すなわち，その行動の後に生じる実際の「結果 consequence」）を理解するということである［訳注3］
　②その「結果」は，特定の「文脈の中」で生じている

　このような「見方・捉え方」が**機能的文脈主義**（functional contextualism；

Hayes, 1993）と呼ばれるものなのです。

　それでは，スミスさんの話に戻りましょう。スミスさんが仕事から戻ってくると，ブラウンさんを彼の家の庭でよく見かけます。ブラウンさんは，いつも忙しそうに，垣根や砂利敷き，そしてこぎれいな庭の手入れをしています。ブラウンさんは，その手を休めて，「こんにちは」「調子はどうだい？」といったフレーズを口にします。スミスさんは，生きている他の有機体（生活体）と同様に，その行動がどのような状況で生じているかを弁別（見分ける）する能力を兼ね備えているので，朝とまったく同じ行動はしないでしょう。もちろん，朝と同じ行動をすれば，ブラウンさんから意外な顔をされるだろうし，「自分はなんて無礼なヤツなのだろう」と気に病んだりするだろう，ということは，スミスさんにもわかっています。そこで，スミスさんは，そうする代わりに，自分の潜在的な行動の数あるレパートリーの中から，たとえば「調子はいいよ，ありがとう」「とても（いいよ）！」のようなことばで返答することを選択します。ときには，このような返答に，天気の話題をつけ加えたり，ブラウンさんが育てているパンジーについての話題に水を向けたりします。つまり，住んでいるところも同じ，相手も同じ，玄関とガレージの距離も同じ，しかし，文脈が違うのです。

「見方・捉え方」が変われば，問いも，答えも変わる

　私たちは，行動を研究するために，ある特定の「見方・捉え方」を選択しました。しかし，同じ現象を研究するために，他の「見方・捉え方」を選択することもできます。それでは，再びスミスさんを取り巻く日常の話に戻ることにしましょう。あるところに，野心をもった，若い神経生理学者がいました。そ

［訳注3］この目的ということばは，行動をしている本人が「このようにしよう」と考える意図や計画のことではありません。あくまでも，ある行動が生起した後に生じる具体的な環境の変化のことを「目的」といっています（それゆえに「結果」ということばと交換可能なのです）。著者たちは，読者の理解を促すために，日常的な「目的」ということばを使用しています。（著者たちの意図とは裏腹に，上記のような誤解が生じる可能性がありますので）そのような誤解がないように注意してください（つまり，著者たちが使用した「目的」ということばが，彼らの意図通りに機能するか否かは，読者の皆さんの「読後の理解」や「その理解に基づく反応」という「結果」を確認するまで，著者たちにも，読者の皆さんにも，つまり，誰にもわからないということなのです）。

して，その研究者は，新しく開発された携帯用のPETスキャンを装着する対象に，スミスさんを選んだとしましょう。その装置は，スミスさんが歩行しているときに，彼の脳のどの部位によく血液が流れるかを測定することが可能でした。そして，その装置によって，スミスさんがブラウンさんの窓の前を通過するときに，彼の脳の特定の箇所が活性化された（血流が多くなった）ということがわかったとしましょう。その研究者は，新奇性の程度が低い社会的状況で，筋肉の運動の調整に連動して活性化される，脳の特定部位があるという結論を導き出しました。つまり，生起した行動は，脳の特定部位の活性化によるということです。これも，スミスさんの行動の説明であることには変わりありません。しかし，機能的な「見方・捉え方」によるものとは異なる説明です。機能的な「見方・捉え方」からすれば，スミスさんがブラウンさんにあいさつをしたときに，自分の脳のある部分を使ったという事実は，スミスさんが自分の腕を使ったという事実と同じくらい，当たり前のことといえます。機能的な「見方・捉え方」からすれば，神経生理学者が記述しているのは，スミスさん（のような有機体〔生活体〕）が，「なぜ」そのような行動をするのかということではありません。その神経生理学者は，「どのようにして」そのような行動をするのかということを記述しているだけなのです。

　さて，今度はスミスさんがパーソナリティの研究者の研究対象になったとしましょう。その研究者は，スミスさんに膨大な量の質問紙にすべて回答させました。その結果，その研究者が得た知見とは，スミスさんは，「社交性」「対人的気配り」「社会的望ましさ」といった次元で高いスコアを示す傾向にあるということでした。さらに，その研究者の結論は，スミスさんが向社会的なパーソナリティをもっているというものでした。つまり，彼がいつもしているあいさつは，このパーソナリティによって説明されるのです。それでは，この説明についても検討していきましょう。しかし，今度は，先ほどの神経生理学的な観点とは違っています。ここでの説明が注目しているのは，スミスさんがもっている「何か」，つまりパーソナリティです。パーソナリティの研究者が興味をもっているのは，スミスさんがもっている，より安定して，一貫した行動の状態なのです。わかりやすく言うと，特定のパーソナリティとは，あなたがつねにもっている「何か」なのです。しかし，機能的な「見方・捉え方」から，スミスさんの行動を理解する際に，私たちが興味をもっているのは，環境が変化すれば行動は変化するということであり，状況が特定されれば行動もまた特

定されるということなのです。

　「見方・捉え方」が違えば「問い」も違ってくるものです。そして，その「問い」の目的も違ってきます。たとえば，医師が，「話をすると，喉のあたりが痛くなる」と訴える患者に対して，「あなたは，いつ話をしましたか？　話をしているとき，誰がいましたか？　何を話しましたか？　どのように話しましたか？　周りの人からの反応は，どのようなものでしたか？」といった質問はしないでしょう。そうではなく，その医師は，おそらく「話をして喉が痛くなるというのは，どれくらい続いていますか？」と質問し，患者の喉を診察するでしょう。このように，医師は自分の仕事に関係する情報を収集していきます。しかし，患者の訴えが「誰も私を理解しようとはしないのです！」というものだったとしたら，先ほど挙げた質問——「あなたは，いつ話をしましたか？」など——が突如として，医師の仕事に関係するものとなるのです。

　私たちは，自分の仕事に関係する情報を収集するために，「問い」を明確にします。先ほど登場してもらった神経生理学者は，彼自身の心のうちに秘めた，ある壮大な目標に関連するような「問い」をもっていたのかもしれません。たとえば，社会的 - 運動性のパフォーマンスの神経生物学を突きとめることに興味があったとしましょう。もしそうだとしたら，彼は，脳の中にある活動電位の伝達パターンを理解したいと考えるでしょう。そして，社会的 - 運動性のパフォーマンスが阻害され，その伝達プロセスに変調が生じた場合に，その変調が脳のどの部位で生じているかを効果的に示してくれる薬剤を開発したいと考え，それに役立つ情報を集めることができたらいいと考えるでしょう。つまり，彼の研究対象は，スミスさんによるブラウンさんへのあいさつ行動である必然性はあまりないのです。同様に，パーソナリティの研究者の「問い」は，スミスさんだけを抽出・分離し，パーソナリティ特性に従ってスミスさんを類型化することが可能かということでした。おそらく，社員を採用するのに役に立つ，社会的なパーソナリティ特性を発見するのが目的なのかもしれません。

　さらに，ありとあらゆる「見方・捉え方」をもった研究者の一団が，スミスさんの近所に集結したとしましょう。社会学者は，一連のあいさつを，ポストモダンな人間の相互作用における礼節の断片に関する一例として捉えるでしょう。精神分析家は，スミスさんの行動の中に，疎遠だった父性から承認されたいという幼児期の願望をみることでしょう。さらに……（もっと多くの「見

方・捉え方」がありますが，ここで紹介するにはいくら時間があっても足らないので，このへんでやめておきましょう）。つまり，彼らすべてに，彼らなりの「問い」があり，そして，それに対応した彼らなりの「答え」があるということなのです。やがて，スミスさんの近所を舞台にして，誰が正しく，誰が「真」の因果的な説明の持ち主なのかという，彼ら全員を巻き込んだ激しい論争が持ち上がります。その論争の多くは「本質的に，これは……」や「基本的に，これは……」で始められているようでした。彼らは，口ぐちに「真の原因」について話そうとしました。しかし，その「真の原因」といわれているものは，観察したり推論したりしている人たちから，まるで独立して存在しているかのようにみえました。

では，これらすべての「見方・捉え方」の中で，実際の行動的な出来事の「真の原因」というものに最も近いのはいったいどれなのでしょう？……もちろん，この質問に答えるためには，「原因」という語が意味する内容を明確にする必要があります。しかし，科学哲学の中でこの意味を検索しても，何が因果的な説明を構成するのかという主張がさまざまにあり，そして互いに食い違っているのです。これは，「原因」という語の意味が，そもそも，他の原因とまるで異なる「真の原因」の存在を主張しようとする卑しい態度を生じさせるからかもしれません。

結局のところ，ある「見方・捉え方」を選択することが，スタート地点なのです。その選択によって，私たちは「問い」をもつようになり，その「問い」をもったために，「答え」を得ようとするのです。そして，科学者自身も，何らかの意図をもった有機体（生活体）として理解できます。つまり，「真理」ですら，世界の中に存在する実体をもった「何か」（「発見された」といわれてきたような「何か」）ではないのです。むしろ，真理は，私たちの「問い」や意図を突きつめていった先に到達するような「答え」（１つの場合もありますし，複数の場合もあります）として捉えられるものなのです。このような捉え方が，**プラグマティズムの真理基準**という格率［訳注４］，つまり機能的文脈主義の基盤なのです。この基準に従えば，ある命題が真であるか否かは，実践的な目的を達成できた程度によって判断されることになります。たとえば，機能的文脈主義の場合，包括的な目的とは，人間の行動を予測し，その行動に影響

［訳注４］「格率」とは，行為や論理において，証明の必要がない基本的な命題のことを意味します。

を与えるということになります。そして,「見方・捉え方」は,アプリオリに選ばれます。つまり,他の決定のように,「見方・捉え方」は,科学・臨床的な仕事が始まる前に選択されるもので,その決定が正しいのか,間違っているのかを判断することはできないものなのです。本質的に,「見方・捉え方」は,ただただ選択されるものでしかないのです。

　ある意味,このプロセスは,あなたがサッカーの試合のチケットを買うときに体験するものと似ています。あなたは,どの席を選ぶべきでしょうか？　たぶん,スタジアムの東側の席を選ぶはずです。そこからなら,フィールド全体を見渡すことができて,座っていて日が当たり暖かいからです。その反面,目に日差しが入ってしまい,イライラすることになるかもしれません。それでは,西側の席はどうでしょう？　ゲーム全体を見渡せる席もありますが,日陰になってしまう場所では少し寒いかもしれません。さらに,この東西の席は,ゴールからかなり遠く,ほとんどのプレイが行われている場所からだいぶ距離があります。それでは,南側の席,つまり相手チームのゴール裏に座るというのは,どうでしょう？　その席なら,あなたの応援しているチームのシュートがよく見える最高の場所です。逆に,自分が応援するチームのディフェンスがよく見えるスタジアムの北側の席もいいかもしれません。その他に,チケットの値段を考慮したり,あなたのサポーター仲間が座る場所を考慮したりするでしょう。つまるところ,どこに座るかは,あなたがこのゲームに何を期待するかにかかっています。究極的な意味で,どの角度からゲームを観戦すれば,よりよい眺めを得ることができるかを決めることは非常に難しいのです。しかし,はっきりした目的(たとえば,自分が応援するチームのディフェンスを見たい)があるときには,どの席がよりよいのかということを決めることができます。つまり,席を決めることも「選択」であることには変わりはありませんから,観客の数だけ選択の仕方があるといえるでしょう。

　要するに,「ベストな『ものの捉え方』は何か」という「問い」は,「どのような哲学的な立場をとるのか」という「問い」,「どのような有用性を求めるのか」という「問い」,あるいは「何を欲しているのか」という「問い」と同じことなのです。このような「問い」は,直接検証できるものではありません。しかし,何らかの「見方・捉え方」を選択すれば,次のような「問い」も本質的なものとなります。たとえば,「薬剤X(脳の特定部位に影響を与えるもの)を使用して行ったトリートメントは効力があるのか」「Yというパーソナ

リティをもっている人は，ある特定の職業に特別に適しているのか」などです。つまり，いったん「問い」がフォーミュレート（formulate）［訳注5］されてしまえば（明確になれば），その有効性を主張するための実証的なテストが重要になるからです。

　私たちの目的は「行動を理解し，その行動に対して何らかの影響を与える」というものです。私たちは，何によって，そこへ導かれるのでしょう？　ここで，再び，私たちは「問い」をもつことになるのです（もちろん，その「問い」は，多種多様な事例の中で，有意義かつ実証的に検証できるものです）。

行動に影響を与える

　スミスさんは，実のところ，ブラウンさんとの会話が形式的なものであることに，とても不満をもっていました。彼には，ほとんど友人らしい友人がいませんでした。しかし，ブラウンさんとの少ない交流から，ブラウンさんに対して好感を抱いていました。スミスさんは，もう少し彼のことを知りたいと考えていました。しかし，もし親しくなってしまったら，1人暮らしをしている年配のブラウンさんの面倒をみるという責任を負わされてしまうのではないか，そして「自分は，その責任をまっとうできるだろうか？」と心配していました。そして，それ以上に，急に自分がブラウンさんと親しくなりたいという素振りをみせたら，ブラウンさんから不審がられるのではないかということを心配していました。結局，スミスさんは，今も，ブラウンさんとは，ただの隣人同士のままでした。

　一方，ブラウンさんは，人から頼りにされる存在として人生のほとんどを過ごしてきました。彼は，かつて，多くの人たちにとって，なくてはならない重要な人物だったのです。しかし，仕事を退職してからというもの，彼はまったくと言っていいほど，そのような存在ではなくなってしまいました。自分の子どもたちは自立し，妻も他界してしまった今，自分の人生が空っぽになってしまったかのようでした。彼は，よくスミスさんの家の庭の手入れをしたいと考

［訳注5］辞書には formulate について「公式化する」「明確に表す」という訳が載っていますが，ここでは臨床上のさまざまな問題を特定の枠で捉え，理解していくというニュアンスで「フォーミュレート」という語を用いています。

えていました。誰かのために，何か役に立つことをしたかったからです。しかし，今まで，ブラウンさんは人から頼まれたときにだけお世話をしてきました。結局，彼は要らぬお節介になることを心配したため，スミスさんの庭の手入れをすることはしませんでした。

　では，もし，この2人の人間関係を変化させたいと考えた場合，「このようにしたらいいのではないか」という提案を考えるのは難しいことではないでしょう。たとえば，スミスさんは自分の心配を気にせずに，ブラウンさんをお茶に誘えばいいのです。ブラウンさんは，頼まれるのを待っているのではなく，自分から積極的に庭の手入れを申し出ればいいのです。あるいは，特別なパンジーか何かを買って，庭にそれを植えてみないかとスミスさんに話をもちかければいいのです。あるいは，スミスさんは……（このあたりでやめておきましょう）。

　このように，私たちは類似の提案をたくさん考え出すことができます。しかし，そのさまざまな提案の中には，ある「共通項」が含まれています。その「共通項」とは，何らかの「行動上の変化を記述していく」ということです。そして，このような変化を記述していくことによって，新たな「結果」（彼らの環境の中にある）を見つけ出すことができるようになるのです。しかし，深く，神秘的な内面（心や脳）に隠れているプロセスを変化させようとする考え方からは，このような提案は生まれません。

　このように説明してくると，問題解決のための具体的な提案をするには，人間の行動を徹底的に分析できるようになるためのきちんとしたトレーニングを受ける必要などないと，私たち著者があたかも言っているかのようです[訳注6]。しかし，ここで読者の皆さんにしっかりと理解してもらいたかったのは，私たち著者がとっている「見方・捉え方」に関する基礎なのです。つまり，それは機能的な「見方・捉え方」というものであり，人間を相手に仕事をする際に，非常に適した「見方・捉え方」なのです。

［訳注6］逆に，実際の臨床的な作業を行う際には，「機能」に注目して，シンプルに解決策を考えることができなくなる傾向があります。事例が難しくなればなるほど，「今，この瞬間，この場で生じている出来事」に注目するのではなく，「生育歴に代表される『過去』の出来事」や「脳や心理構造といった『内部』の出来事」に注目しがちです。そのため，人間の行動を「過去」や「内部」に短絡的に還元して，セラピストが思考停止とならないために，人間の行動を，「今，この瞬間，この場で生じている出来事」における「機能」という点から分析するというトレーニングをしっかりとしておくことが重要となるのです。

私たちの「見方・捉え方」の目的

　私たちの「見方・捉え方」の目的とは（次章以降でも説明していきます），人間の行動を理解し，その行動に影響を与えるということです。その基礎となるのが，環境（つまり，その文脈）の中で生起する行動を分析するということです。とくに，特定の行動に対する「結果」，すなわちその行動の「機能」を理解することに焦点を当てています。もちろん，私たちが選択している，この機能的な「見方・捉え方」は，その他の「見方・捉え方」の可能性を否定してはいません。つまり，人間として誰もがしているように，私たちも特定の結果を得ようとして意図的に動いているだけに過ぎません。つまり，私たちが選択した目的は「援助を求めてやってくる人たちに最善のサービスを提供するということ」なのです。クライエントとして訪ねてくる人たちは，自分の人生を変えたくて，援助を求めにやってきます。この目的に最も役立つものが，このプロセスにおいては「真」と見なされるのです。これこそが，プラグマティズムの真理基準だからです。

　それでは，この機能的な「見方・捉え方」を使って，臨床的な実践で日々接することのある事例に立ち戻ってみましょう。先ほど紹介した，リストカットをするジェニー，アンナとペーターの関係，マリーの社会恐怖（social phobia），ミルザのフラッシュバック，アリスの不安，仕事をする気になれないレナードの事例を少し考えてみましょう。どの事例についても，簡単なアドバイスによって，彼らの生活が変化するようには思えません。単にアドバイスをするだけでは効果がないというのは事実です。そして，そのような簡単なアドバイスは，専門的な臨床的作業とは見なされません（Öhman, 1994）。しかし，このような状況に置かれたときに，私たちが発する「問い」があります。それは，「彼らは，なぜそのように行動しているのだろうか？」という「問い」です。そして，この「問い」が，次章以降で私たちが探究していこうと考えていることなのです。

この先に広がる風景はどのようなものか──この本の構成

　この本は，3つの部に分かれています。第1部の「行動を記述する」では，人間が行動しているとき，セラピストとして，何を観察し，どのように報告するかということを扱います（第1章と第2章）。さらに，機能分析の基本的なモデルを説明します（第3章）。第2部は「行動を理解する」というセクションです。そこでは，学習の諸原理について話します。ここでは，高度に確立され，頻繁に使用される諸原理，つまりレスポンデント条件づけ（第4章），オペラント条件づけ（第5章と第6章），そして言語や認知に関する最新の知見（第7章）を概観します。このセクションの最後（第8章）では，最新の知見を含んだ，より洗練された機能分析の方法論について話します。第3部は「行動を変える」というセクションです。ここでは，臨床的な実践に焦点を当てます。このセクションの最初の3つの章では心理療法の全般的な方略（第9章〜第11章）について，残りの2つの章では，より特定的な方略とテクニック（第12章と第13章）について話します。

　この本は，トリートメント・マニュアルとして作られたのではありません。しかし，機能的な「見方・捉え方」から生み出された，いくつかの臨床的なガイドラインを提供しようとして作られました。つまるところ，この本は，私たちプロフェッショナルと呼ばれる存在そのものなのです。つまり，私たちがクライエントに対して，プロとしてできることの「すべて」なのです。

第 1 部
行動を記述する

第1章
問題を行動のカタチ（形態）から捉える
―― 「問題」とは何か？

　臨床行動分析に課せられているのは，問題をフォーミュレートしていくということです。もちろん，できるだけ問題が改善するような方法でフォーミュレートします。援助を求めてやってくるクライエントは，たいてい，自分自身の問題をどのように捉えているか，どのように概念化（意味づけ）しているかということを話してくれるものです。たとえば，

- マリーは，自分の「自信の欠如」を克服するための援助をほしがっていた。
- ジェニーを担当しているスタッフは，彼女のことを厄介な人物だと捉えていた。それというのも，彼女がとても「自己破壊的で，人を振り回す」タイプだからだ。
- ペーターとアンナは，自分たちの「希望のない結婚生活」に対してカウンセリングをしてほしいと考えていた。
- レナードは「慢性のうつ」の治療をしてくれるセラピストを紹介された。

問題をフォーミュレートする

　以上の4つの例にも，問題のフォーミュレーションが含まれています。このようなフォーミュレーションは，日常会話の中でよくみかけます。しかし，専門的な記述にも，しばしば，これとまったく同じようなものがみられるので

す。それは，単に使用する単語が違っているだけに過ぎません。それでは，マリーの例から見ていくことにしましょう。彼女は「自信の欠如」という表現を使って，何を記述しようとしているのでしょうか？

　もちろん，私は，大勢の人の前で話をするのがもともと好きなタイプではありません。しかし，ここ数年，それがどんどんひどくなってきました。今では，同僚とテーブルを囲んで「お茶をする」ことさえ，ほとんどできません。誰かに会わなくてはならないのがわかっていても，外出するのがつらいときがあります。そうなって，最もまずいなぁと思うのは，相手がこんな私をどう思っているのかが，私にはわからないということなのです。きっと，私のことを変わり者だと思っているに違いありません。

この話の中で，マリーは，多くの行動を記述しています。

- ■ 公の場で話をしなければならない場面を避ける。
- ■ 同僚と「お茶をする」ことを避ける。
- ■ 人に会う予定があるのに，外出するかどうかを悩む。
- ■ 他人が自分のことをどう考えているかを心配する。
- ■ 他人から変わり者だとみられていると（彼女は）思っている。

　この記述に，セラピストの観察を加えてみましょう。彼女は，セラピストと話をしている間，ほとんど目を合わすことをしませんでした。そして，セラピストから少し離れた場所に座ろうとしました。
　それでは，観察可能な行動をもとに，マリーの問題をフォーミュレートしていくことにしましょう。しかし，ここでの観察のほとんどが，セラピストによって提供されたものではないことに注意が必要です。それは，彼女自身によって観察されたものだからです。セラピストは，彼女が公の場で話を避けているのも，「お茶をする」のを避けているのも実際に目にしたことはありません。もちろん，彼女が外出を躊躇しているところも見たことはありません。しかし，セラピストが，実際の日常場面に居合わせることができたとしたら，このような行動を観察できたでしょう。一方，彼女は自分の行動を実際に観察してきました。そして，その観察するということ自体も，彼女の「行動」です。つ

まり，観察可能な行動と呼ばれているものとは，問題となっている行動を実際に「誰か」が観察しているということを意味します。そして，セラピーの文脈において，観察している「誰か」とは，ほとんどの場合クライエント本人です。このことは，協働作業としてセラピーを捉えるうえで重要なことといえます。なぜなら，そのような協働作業において，セラピストは，クライエント本人による観察（クライエント自身の行動に関する観察）に大部分頼ることになるからです。

しかし，マリーは，自分の問題を観察可能な行動のリストにしてセラピーに訪れたわけではありません。彼女による問題の「定義」は，自信の欠如，つまり自分に自信がもてないことなのです。彼女に，自分のひきこもりがちで回避的な生活習慣の原因についてたずねたところ，「きっと，自分の内側の深いところで，自信というものが欠けているから」と答えました。つまり，彼女にとっては，自信の欠如が彼女自身の行動の原因なのです。

では「自信」に関係する問題をどのように探っていけばいいかを考えてみましょう。それをどのように観察すればいいでしょうか？　マリーが社会的な場面で，回避したり，躊躇したり，あるいは何かをしたりするということは観察できます。もっと観察すれば，より多くの行動を探ることができるでしょう。しかし，実際に「自信の欠如」というものを目にすることは決してできないでしょう。

このような堂々巡りの理由づけを終わらせる簡単な方法があります。それは「自信の欠如」を行動の原因として扱わなければよいのです。「彼女は自信が欠如している」と結論づけたところで，何も前には進みません。私たちが唯一できることは，観察可能なものへと立ち返ることだけなのです。そうです。私たちが立ち返る必要があるのは，

　　彼女の「行動」なのです！

では，マリー本人は，どうでしょうか？　彼女なら，自分自身の「自信の欠如」を観察することができるでしょうか？　しかし，答えは「同じ」です。つまり，彼女も，自分の「行動」を観察することしかできないのです。おそらく，彼女も，自分以外の誰か（他人）がアクセスできる出来事を観察することはできるでしょう。たとえば，自分が伏し目がちであることや，他人と会うこ

とを避けている，といった行動を観察できます。しかし，彼女は，他人にはアクセスできない出来事も観察できるのです。それは，何かを考えたり，思い出したり，ある場面で生じる何かを感じたりすることです。ただし，このようなことも，彼女にしか観察できないものの，観察可能な「行動」であることに変わりはありません。

　また，日常会話の中でしばしば使われる「自信」は，それ自体として「存在するもの」として観察されることはありません。誰かがちょっとだけしか持っていなかったり，あるいは溢れるくらい持っていたりするようなものではありません。そうではなく「自信」ということばは，多くの行動的な出来事を効率よく要約してくれるラベルなのです。それは「ブーケ」ということばと似ています。ブーケは，たくさんの花をきれいに束ねたもののことを意味します。「自信」は，それと同じ機能なのです。ブーケは，花をどんどんと引き抜いていけば，存在しなくなってしまうものです。つまり，ブーケは，それ自体として存在するものではなく，単に私たちが観察できるものを要約するための便利な用語でしかありません。しかし，だからといって「ブーケ」ということばに意味はない，ということにはなりません。ラベル，つまり「ブーケ」ということばは，1つひとつの花の名前を言っていかなくても，束ねられている多くの花を一言で表現してくれます。すなわち，このようなラベルを使うことで，コミュニケーションが簡単になります。しかし，「ブーケ」ということばそのものが，たくさんの花を束ねる実質的な力をもっていないのと同じように，「自信の欠如」ということばそのものは，関係する観察可能な行動に影響を及ぼす実質的な力をもっていないのです。このような理由づけ（現象につけられた名前が，その現象の原因だと錯覚・誤解してしまうこと）は，頻繁に日常会話の中に生じます。しかし，このような錯誤は，心理学や精神病理学で使用される概念システムでも，同様に生じているといっていいでしょう。

　では，次に，レナードの状況について取り上げてみましょう。

　レナードは，ここ数日，自分のアパートから一歩も外に出ていません。彼は，テレビの前のソファーに座って，午後の情報番組をザッピング（ころころとチャンネルを変えること）しながら，ほとんどの時間を費やしています。食べ物やたばこを買いに行くときにだけ，店に行きます。しかし，彼は，ここ数週間，食事もろくに喉を通りません。ほとんどの時間，自分が離

婚したことを繰り返し考え（反すうし），自分とティナ（前妻の名前）との関係が悪くなっていった経緯について考えていました。彼は，自分の兄に，人生が無意味なものに感じると打ち明けていました。もし，子どものことがなかったら，彼は自殺していたかもしれません。

この例でも，多くの行動的な出来事が記述されています。その中で，以下の行動が，最近のレナードの生活特徴を表しています。

- アパートからほとんど外出しない。
- テレビの前にあるソファーで時間を過ごす。
- 不規則に食事をする。
- ある考えを反すう（rumination）する。
- 自分の人生が無意味に感じられる。
- 自殺のことを考えるが，同時に子どものことも考える。

では，ここで，次のように自分に問いかけてみてください。

Q：なぜ，彼は，このような行動をしているの？
A：それは，彼がうつだから。
Q：では，なぜ，彼がうつであるということがわかるの？
A：それは……彼が，このような行動をしているから……

そうです。結局，私たちは，行動の記述に立ち戻ってしまうのです。基本的に，このような堂々巡りは，マリーの「自信の欠如」と同じ論理です。私たちは，多くの行動的な出来事にラベルを与え，そして，そのラベルを出来事の原因と考えてしまうのです。

名前をつけることは説明することと同じではない

この「名前をつけることは説明することと同じではない」ということが意味するのは何でしょうか？　臨床的に事例の概念化（case conceptualizations）

をする際，機能的な「見方・捉え方」をすることと，何らかの診断名を使うこととは，矛盾するということでしょうか？　いいえ，そうではありません。先ほど話したように，このようなラベルは，便利な用語であり，有益なものとして機能することがあります。たとえば，マリーやレナードの問題を記述しようとするときに，観察可能な行動のこまかいリストを使うのではなく「社会恐怖」や「うつ」とラベルを使うことで，コミュニケーションが簡略化されます。もちろん，このようなコミュニケーションが成立するには前提条件があります。それは，コミュニケーションをしている人たちの間で「社会恐怖」や「うつ」といった概念が相互に理解されていることです。同様に，マリーが自分の友人に自分の現状を説明しようとするときに，問題となっている行動的な出来事を1つひとつ述べていくより「自分は自信が欠如している」と言ったほうが簡単でしょう。しかし，その反面，このようにラベルを使って抽象化していくことには共通の問題が潜んでいます。問題は，そのラベルの特徴を説明しようと思ったときに表面化してきます。たとえば，そのラベルがまるで，マリーの状態そのもの，あるいはマリーがもっているもののように説明されてしまうことがあります。また，そのラベルがまるで，彼女の行動とは関係のない実体として，彼女の中にある特性か何かとして扱われてしまうこともあります。そして，この仮説的な実体が，人の行動を支配している内的な原因（an agent）［訳注1］として扱われるようになると，事態はさらに悪くなっていきます。つまり，このようにラベルは，便利に要約してくれますが，決して何かを説明するものではないのです。

　このようなラベルや概念は，おおまかな指針を与えてくれるという点では有益だといえるでしょう。たとえば，誰かから「あなたがこれから会う人は『うつに苦しんでいる』そうだよ」とか「その人は『自信が欠如している』らしいよ」と聞かされれば，私たちは，そのラベルのおかげで，実際にその人に会うときに，どのように接すればいいのか見当をつけることができます。このような概念は，コミュニケーションをスピードアップしてくれます。しかし，それは，その人がもっている個別性（individuality）や，その人に関するこまかな記述を犠牲にすることによって成り立っているのです。「ブーケ」ということばは，抱え切れないほどの赤いバラの束にも，貧相で半分しおれかけているタ

［訳注1］ここでの"an agent"（原因）とは，大型のロボット（たとえば「ガンダム」のような）の中にいて，それを操縦している「主人公」のような存在を意味します。

ンポポの束にも使うことはできます。もし，あなたの大切な人に感謝の気持ちを伝えたくてブーケを渡そうとしているとしましょう。たとえ，しおれかけたタンポポの束も，豪華なバラと同様に，ブーケという概念として（論理のうえでは）捉えられるとしても，この場合，タンポポのブーケを選ぶことは，分別を欠いた軽率な行為と見なされることでしょう。つまり，ラベルの問題点は，それがあまり効果的な行為を引き出さないというところにあるのです。

　心理療法の場面においても，このようなラベルが，私たちを効果的な援助や介入へと導いてくれるということは，ほとんどありません。私たちは「自信」がどこにあるのかを知りませんし，それが「欠如」していたとしても，それを治す方法も知りません。つまり，私たちも「自信の欠如」というラベルを使ってしまうと，マリーと同じ「袋小路」に迷い込むことになるのです。彼女の言う「自信」が，単なるラベルではなく，治療が必要なミステリアスで内的な実体になってしまっているからです。しかし，ラベルの代わりに，観察可能な行動のリストを使うと，より簡単に，それを変容させるための方略を探し出せるようになるのです。

内的な「行動」？——それは「行動」なのか？

　「行動に焦点を当てる」ということは「内的な出来事（private events），たとえば，思考や感情を重要なものとして扱わない」ことを意味すると考えられがちです。しかし，これは明らかな誤解です。では，ここで，この誤解について少し詳しく検討していきましょう。今まで，マリーやレナードについての観察の中でも，心配する，考える，感じるといった行動について述べてきました。これらは，彼ら個人の皮膚の内側で生じている現象です。機能的な「見方・捉え方」では，これらの現象は特別なものではありません。それらは，他の種類の行動と，特別に異なるものではないのです。他の観察されたものと同じように，その人自身によって観察されたものです。つまり，思考や感情といったものは，**内的な行動**（covert behavior）の例であるに過ぎません。

　違いがあるとすれば，内的な出来事は，独立な観察者（その出来事を体験していない他者）によって直接観察できないという点でしょう。このような出来事は，行動をしている当人にしか直接観察できないのです。当人以外は，その

出来事について間接的にしか知ることができません。たとえば，その人が，自分の内的な出来事について語ったり，皮膚の下で生じていることをことば以外の何らかの方法で表現したりしてくれないと，私たちはそれを知ることができないのです。しかし，だからといって，このような間接的な観察はあまり重要なものではない，ということにはなりません（つまり，間接的にしか観察できないとしても，それは重要なものなのです）。単に，その観察を簡単に確証できるかどうかということに違いがあるだけなのです。たとえば，ほとんどの場合，誰かが泣いているかどうか，叫んでいるかどうかについての観察が一致するのは簡単なことでしょう。しかし，その人が悲しんでいるかどうか，痛みを感じているかどうかについて，どれくらい一致するでしょうか？　私たちは「その人が何かをしている」くらいのことなら言うことはできます。しかし，側にいる観察者が，**外的な行動**（overt behavior）を観察するときと同じようなやり方で，その「している」ことを確かめることはできません。もし，私たちが（側にいる観察者として），このような内的な観察に正確にアクセスしようとするなら，直接に観察している人と同じ言語的「コード」を共有しておかなければなりません。たとえば，私が不安を感じているとしましょう。そのときに，あなたが不安に感じているときと同じ内的な感覚を，私は指し示しているでしょうか？　また，私の空腹とあなたの空腹とが同じものといえるでしょうか？［訳注2］

　このように，観察可能な行動だけを取り扱っていくというのでは，不十分な感じがするかもしれません。まるで，人間らしさを見落としているような気がするでしょう。「自信」という表現の中にあるような生得的な人間らしさや，「うつ」という表現の中にあるような重要な人間らしさというものを見落としているかのようです。実際，私たちが指し示そうとしている内的な現象は，その人の「行動」を描写する限られたことばで，簡単に表現できるものではありません。しかし，はっきりとしているのは，クライエントにもっと注意を払い，クライエントの話にもっと耳を傾け，クライエントともっと話をしていけば，私たちはもっと多くのことを観察・表現できるようになるということなのです。つまり，より色彩豊かで，複雑な絵が描けるようになるのです。しか

［訳注2］もちろん，これらの「問い」に対する答えは"NO"です。このような議論は，以下の文献に当たることをお勧めいたします。永井均『なぜ意識は実在しないのか』岩波書店，2007年

し，その絵は一種類の絵の具のみで描かれています。そうです，

その絵の具とは「行動」なのです。
だからこそ，もっと「行動」に徹底していくべきなのです！

医療モデル――その「功」と「罪」

では，「話をすると，喉が痛む」と訴える患者を目の前にしている内科医について考えてみましょう。今まで見てきたように，私たちの定義では，「話すときに痛みを体験する」というものも，行動的な出来事として見なすことができます。そして，この医師は，まず，患者の喉がどのような状態になっているかを診るために，喉の中を診察することでしょう。臨床心理学においても，比喩的な意味で，医療と同じような実践をしてきました。つまり，患者個人の中にその病理的な要素を探すことで，人間の抱える問題を理解しようとしたのです。しかし，心理学において，医療と同じようなやり方が実践されたとき，私たちは，病理的な要素を発見することができずに，それに代わって，仮説的構成概念（hypothetical constructs）を作り出していったのです。しかし，この概念は「その人が何をしているのか」「どんな環境で，その行動が生じているのか」といった観察へと私たちを導いてくれるものではありません。医療モデル（図表1-1）は，かなり単純で一方向的な論理に基づいています。そして，この比較的単純なモデルは，西洋医学の成功に裏打ちされたものであると見なされているのです（Sturmey, 1996）。

内科医は，症状を記述すること（行動的データに相当）で観察をしていきます。まず，患者から，炎症を起こしている喉の状態についての話を聞きます。そして，患者の口蓋の赤みと白くなっている部分（症状）を確認し，関連する

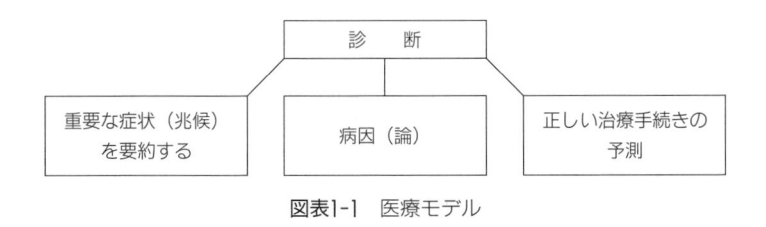

```
                    ┌──────────┐
                    │  診  断  │
                    └────┬─────┘
         ┌───────────────┼───────────────┐
┌────────┴────────┐ ┌────┴────┐ ┌────────┴────────┐
│ 重要な症状（兆候）│ │ 病因（論）│ │ 正しい治療手続きの │
│    を要約する    │ │          │ │      予測       │
└─────────────────┘ └─────────┘ └─────────────────┘
```

図表1-1　医療モデル

情報をつけ加えていきます。医師は，これは扁桃炎(へんとう)だろうと推定します。というのも，この患者の症状のすべてが扁桃炎の症状に合致していたからです。そして，この扁桃炎の原因は，口腔内に連鎖球菌が存在していることによる（病因）ものだと結論づけるのは妥当だろうと，その医師は考えます。その仮説は，「喉」の細胞を採取し，培養することによって，簡単に確認できます。しかし，このような情報は，行動的なデータではありません。ここで同定されたのは，おそらく問題が生じている「環境」のようなものです。結論としては，連鎖球菌の感染を治療するために，抗生物質を使った処置がおそらく適切な介入方法だろうということになります。以上の事例の場合では，医療モデルが非常に有効に機能しています。では，マリーの場合は，どうでしょうか？ 彼女は他者が存在することで不安になると訴え，緊張すると自分自身をうまく表現することができなくなり，昼休みに同僚に近づくことができません（症状）。もし，彼女の恐怖や回避に関する情報をさらに得ることができれば，彼女が社会恐怖に苦しんでいると結論づけることができるでしょう（診断）。しかし，病因について，私たちは何かを言うことができるでしょうか？ 今，私たちがもっている情報や知識から，遺伝の要因，あるいは学習の要因（彼女の個人的なヒストリーやその特別な生活環境）が示唆されるかもしれません。しかし，その原因が彼女の「自信の欠如」によるものである，あるいは彼女がもっている「自己イメージの不全」によるものである，ということを確認する客観的な指標や特別なテストは存在しません。では，彼女の病因を探ろうとしたときに，いったい何ができるでしょうか？ それは「さらに行動を観察していく」ことしかないのです。そうしない場合には「新しい用語（先ほどの『仮説的構成概念』のこと）を発明する」ようになってしまうのです。

　一般的な診断名によって示唆される有効なセラピーの方法は，数多く存在しています。もちろん，私たちは，一般的な社会恐怖に対する治療手続きの選択について，権威に裏打ちされた信頼できるアドバイスを提供できます。しかし，たとえそうだとしても，その診断名から，マリーの事例に対して，どんな治療手続きが特定的に有効かをアドバイスできることはほとんどありません。そうです，マリーのような事例の場合，医療モデルはあまり機能しないのです。また，高血圧，肥満，心臓疾患といった生活習慣によって障害や機能不全を抱えてしまう事例についても，医療モデルは機能しません（Sturmey, 1996）。それにもかかわらず，医療モデルは，さまざまな理論的方面にわたって，心理学

的な治療手続きの分野に多大な影響力をもってきました。たとえ，その治療手続き同士の間にほとんど共通の前提がみられない場合でも，医療モデルからの影響だけは共通して受けているのです。

　では，機能的なモデルでは，いったいどのように考えていくのでしょうか？このモデルでは，主に分類するという目的それ自体のために，行動的な観察をし，それによって情報を収集するということはしません。その目的は，ある特定の個人と，その人が生活している環境との関係性がどのようなものであるかを理解するというところにあります。そして，その関係性を理解することによって，私たちは，その人の変化のプロセスに貢献するための準備ができるようになるのです。そして，その準備のためのスタート地点として「行動のカタチ（形態）を記述していく」ということが役立つのです。

では，汝に名を与えむ。汝の名は……
――本当に必要な記述作業とは何か？

　私たちは，人間がある苦痛や苦悩を抱えている状態に対して，何らかの名前を与えるということ（適切なラベルをつけること）を非常に重要なことだと捉えてしまいがちです。そして，その名前は神秘的と言っていいような力を簡単にもつようになります。その力は，隠れた内面に横たわる本質や真理を的確に捉えることができるものと考えられてしまいます。では，この名前のもつ力がどのようなものであるかを，ジェニーの事例で見ていくことにしましょう。

　ジェニーの病棟では，ある論争が巻き起こっていました。それは，ジェニーの「衝動性のコントロールに対する欠如」が「境界性パーソナリティ障害」のサインなのか，あるいは「演技で人を操ろうとする」方法で，彼女が行動化（acting out）しているのか，そのどちらなのかという論争でした。また，彼女の問題を「自己愛的な側面をもった慢性的な適応障害」だと言うスタッフもいます。その議論に，何らかの一致した結論が出ることはないでしょう。なぜなら，それは，単に専門的な立場の違いから生じる見解の相違のようなものだからです。

　ここでは，ジェニーが手首を切るのか，スタッフを罵倒するのか，それとも

自分の戸棚に薬をため込んでいるのか，ということは議論されません。このような出来事は，観察できるばかりではなく，複数の観察者が別々に観察してもその内容が一致するようなものです。目で見えるものは，より簡単に，その真偽を確かめることができます。一方，ジェニーが「悲しい」と言うとき，実際に彼女が悲しいかどうかという「問い」については，たくさんの答えが考えられます。なぜなら，スタッフは彼女の「悲しさ」を見ることが（もちろん）できないからです。ジェニーだけが，自分の悲しさという感覚の観察者だからです。つまり，このような臨床場面でしなければならない記述作業とは，彼女が何者であり，何をもっているのかを決めることではありません。そうではなく，彼女がしていることを記述する，ということなのです。

観察し，行動の「過剰」と「不足」に分類する

　それでは，私たちが記述作業を続けていくのに，必要な方法とは何でしょうか？　それは「観察したものを取りまとめる」ための方法です。それは，実際の援助につながるようなレベルで問題をフォーミュレートしていくときに必要となります。
　まず，私たちは，頻度として生起しすぎる（過剰）行動と，頻度として十分に生起しない（不足）行動とを区別していきます（Kanfer & Saslow, 1969）。少なくとも最初の段階では，このような区別が，行動を分類するのに比較的簡単な方法だといえるでしょう。
　行動の過剰とは，頻度，強度，持続時間が過剰であるために，あるいは不適切な状況で生起するために，問題であると見なされてしまう行動や行動クラス（行動の「まとまり」のこと）として定義されます。では，いくつか例を挙げてみましょう。

- 1日に25回，手を洗う（頻度）
- スチール・ウールやクレンザーで手を洗う（強度）
- 1回につき30分，手を洗う（持続時間）
- 会話の話題が「不潔なもの」に及ぶと，自分の手を洗いに行くために，会話を中断する（不適切な状況で行動が生起する）

一方，行動の不足とは，頻度，強度，持続時間が不足しているために，あるいはその人にとって利益となるような状況で生起しないために，問題であると見なされてしまう行動や行動クラスとして定義されます。では，いくつか例を挙げてみましょう。

- 週に1度，手を洗う（頻度）
- 石けんなどの洗浄用製品を使わないで，汚れた手を洗う（強度）
- 2秒間（おそらく汚れは落ちないくらい），汚れた手を洗う（持続時間）
- 目で確認ができるくらい汚れた手のままで，フォーマルな夕食のテーブルにつく（利益となる状況で行動が生起しない）

　つまり，「手を洗う」という行動それ自体は，分類することの基礎にはならないということなのです。言い換えると，ある行動が不適切であるかどうかは，それが生じている状況や場面によって決まるということです。この例では，「過剰」と分類したものは明らかに「多すぎる」ものでしたし，「不足」と分類したものは明らかに「少なすぎる」ものでした。しかし，このように分類することは，適切な手洗い行動の規範（norm：標準的な程度のこと）を明確にしたということと同じことを意味するものでしょうか？　私たちは，何回くらい手を洗うものなのでしょうか？　1日に2回，それとも5回？　どのくらいの時間，手を洗うものなのでしょうか？　そして，ノーマル（normal）な洗浄用製品として，何を使えばよいのでしょうか？　実際のところ「すべての人に当てはまるような行動の規範とは何か」ということを（客観的な方法で）教えてくれるデータなど，私たちはまったくもってはいないのです。おそらく，「ノーマル」というものを，次のように捉えておくことが無難でしょう。それは，「ノーマル」と見なされるものの中には，本質的に「ばらつき」が存在するものなのだ，ということです。先に挙げた例は，ほとんどの人がノーマルな行動であると見なす基準から明らかに逸脱していました。そのために，過剰か不足かを分類するのが簡単なだけだったのです。なぜなら，その行動が，明らかに，自分の皮膚にとってよくないことであったり，生活スタイルに反するものであったり，社会的な意味をもたないことであったからに過ぎないのです。

「過剰」：それは，どこからか？

どこからが過剰な行動で，どこからが不足な行動なのでしょうか？　過剰と不足は，一緒に生じるものなのでしょうか？　それでは，いくつかの例について考えていきましょう。

ジェニーは，自分の手首を切ります。その行為は，彼女の健康を著しく脅かす可能性があります。そのため，それが生じた場合には，すぐさま過剰な行動的出来事と見なされます。つまり，1回でも生じたら，それだけで十分に多すぎると見なされるのです。リストカット（手首を切ること）は，その行動の生起に関して，バリエーションがあるかないかというような見方はしません。なぜなら，原理的に，どの環境・状況においても，誰もが，そのような行為をすることを期待されないからです。そのために，一度でも生起することがあれば，それは問題なのです。もちろん臨床場面でも，リストカットは，健康を損なう可能性が高いために，行動の過剰と見なされます。同様に，薬物の乱用や身体に害を及ぼす行動も過剰なものと見なされます。そして，臨床家として従うべき法律や倫理的ガイドラインは，どのような環境や状況であれ，このような行動が生じたときには，それを過剰と定義するように指導しています。

次に，アンナとペーターの問題について考えていきましょう。どのようにしたら，問題のフォーミュレートがうまくいくのかを見ていきましょう。アンナとペーターは「私たちは『希望のない結婚生活』を送っている」と自分たちの問題をフォーミュレートしていました［訳注3］。私たちはその話を聞いて，すぐに次のように捉えてしまいがちです。それは，彼らの結婚生活を，まるで「希望のなさ」という性質を帯びてしまったモノのように捉えてしまうということです。しかし，ここでは，そのような捉え方をしないで，より実行力のあるアプローチを選択していきます。（もう，さすがに「察し」がつきますよね？　そうです，それは……）彼らが幸せに一緒に暮らしていくには，どのような行動が必要なのかを検討していくというアプローチです。ここで，最初にする作業は，彼らがしていることの観察です。そこで利用可能な観察内容は，2つの視点から提供されることになります。1つは，アンナからのもの，もう

［訳注3］原文では，Their own formulation is that they have a "hopeless marriage" という文章です。つまり，英語では，『『希望のない結婚』をもっている」と表現されています。この表現は，日本語として適当ではないと判断したために，本文のように訳出しました。しかし，結婚というものが，日本語より，モノ的に表現されている点に注意してください。

1つはペーターからのものです。そして，さらに3つ目の視点が加わります。それは，セラピストからの観察の視点です。

セラピストは彼らに，自分たちの間で生じている問題，つまり対人関係の問題（relationship problems）を観察可能な行動から捉える（定義する）ように援助しました。すると，ペーターは，いく度となく繰り返されるケンカ（過剰）と，そのケンカの後，長い間，互いに口をきかないということを取り上げました（ここでは，そのケンカを過剰と定義しました。しかし，同様に，不足という点から理解することも可能です）。それから，アンナは自分とセックスをしたがらず（不足），しかるべき尊敬も彼に示さない（不足），その代わり，彼女は理不尽な注文を彼に絶えず言ってくる（過剰）ということを話しました。

一方，アンナも，一番の問題が，繰り返しケンカをすること（過剰）と，その後しばらく口をきかないことだと述べました。そして，自分がすることにペーターがまるで感謝を示さず（不足），娘（リサ）のために時間を割こうともしない（不足）ということを口にしました。さらに，アンナは，彼が仕事ばかりしていること（過剰）をどれくらい我慢しているか，そして彼が最近お酒をたくさん飲むこと（過剰）をどれくらい心配しているかということを話しました。

このような話を聞けたことで，彼ら自身による「希望のない結婚生活」という最初のフォーミュレーションは，より実行可能な問題のフォーミュレーションへと大きく前進しました。一方，そのような進展がみられたのは「対人関係の問題」というラベルが使用されたからだということもできるでしょう。なぜなら，セラピストがそのようなラベルを使用したことで，その問題を捉えやすくなったからです。

また，セラピストから，別の観察内容ももたらされました。彼らの話の中には，次のような行動しかありませんでした。しかも，アンナが問題を記述しても，ペーターが問題を記述しても，それは同じでした。つまり，その問題行動は，どちらかが相手に対して何かをするか，あるいは一緒になって何かをするか，のいずれかしかありませんでした。自分で行動を起こして，それによって問題が生じたことはまったくありません。さらに，彼らの行動レパートリーには何らかの不足があり，それが原因でこの問題が生じている可能性も考えられました。

続いて，2人は，相手が記述した内容に対してコメントするように求められました。そのとき，彼らは，以下の2点については互いに同意しました。それは，過度にケンカをすることと，その後しばらくの間，口をきかないことの2点でした。しかし，それ以外のことについて，アンナの言い分は「私たちの関係がこんな状態になっているときに，セックスの問題を持ち出すという理由が，私には全然理解できないわ。確かに，仕事が大切だということはわかるけど，いつだって私たちの関係より仕事が優先なんだから」というものでした。一方，ペーターの言い分は「そうさ。最近，飲みすぎだってことはわかってる。でも，ここ数ヵ月の間，俺はかなりのプレッシャーを受けていたんだ。それなのに，俺がリサと過ごす時間をどれだけもてたと思う？　俺にオフの日がとれても，すぐに君はリサを連れて妹の所へ行ってしまうじゃないか！」というものでした。

　明らかに，彼らの言い分は，この後も平行線のままでしょう。しかし，私たちは，このあたりで彼らの言い分（内容）を聞いていくのをやめて（セラピストがそうするように），その言い分の応酬を彼ら2人の「行動の過剰」として捉えていきます。つまり，「相手の行動が，いかに問題（彼らの関係に生じている問題）を生じさせているかについて」の過剰な議論として捉えるのです。

　ここでは，ペーターのアルコール摂取という問題も生じています。この問題を見過ごすことはできないでしょう。それでは，少しの間，関連する他の問題行動についても焦点を当てて分析していくことにしましょう。アンナは「彼はアルコール依存症になってしまうんじゃないかと思う」と話していました。もし彼がアルコール依存症になってしまったら，彼女にとっては深刻な問題となります。とくに娘のリサのことも考えに入れたら，それはさらに深刻なものになります。ここでは，彼を何という診断名で呼ぶべきなのかが問題なのではありません。問題なのは，彼がしていることなのです。この場合，彼がしていることは，アルコールを飲むということです。では，ここでの「多すぎる」とはいったい何なのかを，どうやってアセスメントしたらいいでしょうか？　まず，ペーターの飲酒習慣は，次のような知識と関係があると考えられるでしょう。その知識とは，一般的な人の平均アルコール摂取量のレベルや，過度な摂取による長期的な健康への悪影響のリスクに関するものです。さらに，機能的な「見方・捉え方」から言えば，別の側面も重要なものになってきます。ペーターとアンナはともに，自分たちのケンカを明らかに不必要で過剰なものと捉

えていました。このケンカは，ペーターの飲酒に関する話題に連動して，頻繁に生じてしまう傾向がありました。それは，彼の飲酒自体に関する話題と，ペーターが酔ったときに口にする話題に連動していました。ペーター自身は「お酒を飲んで，リラックスする」のが好きだ，ということを口にしていました。しかし，実際にどのような結果が起こっているかを検討すると，彼が言っていることはほとんど事実ではないことに気づきます。お酒は，リラックスをもたらすというより，ケンカをもたらす傾向にあるからです。つまり，彼の飲酒行動は，それをすることで期待される効果から言えば，実際のところ，あまり機能していないといえるでしょう。さらに，彼の生活における他の重要な目標との関連から考えても，その行動は有効ではありません。

　これまで，私たちは，行動のカタチ（形態）から分析するということをしてきました。しかし，この段階までくると，機能的側面も分析することが必要になってきます。そして，この機能的な側面を考えていくことによって，ペーターの飲酒を行動の過剰として分類するための基盤がさらに提供されることになるのです。

行動の過剰を分類する：これでいいのか？

　私たちは，これまで，行動を過剰なものとして分類するための根拠を数多く明らかにしてきました。それを整理すると，以下のようになります。

- 一般的に認められている規範から著しく逸脱している
- 日常的な生活を送るうえでの苦痛や障害に関連している
- 一般的な健康上のリスクに関連している
- ある法的・倫理的な問題に結びつく行動である
- その人の重要な価値と矛盾している行動である

　あなたは，上記の整理を見て，次のような印象をもつかもしれません。

　　このような分類基準に基づいて作業をすれば，しっかりとした根拠に
　　基づく，論理的にも申し分のない判断ができる

　しかし，そのようなことは（残念ながら）ほとんどありません。それでは，

1日に2時間シャワーを浴びる人について考えてみましょう。これは明らかに過剰です（しかも，その人は，その行動をすることに対して，納得いく説明をすることができません）。一方，1週間に15分しかシャワーを浴びない人では，どうでしょうか？ おそらく「不足」と分類されるのではないでしょうか？ しかし，いったい，ノーマルな頻度とはどのくらいなのでしょうか？ おそらく，多くの人が「1日に1回がノーマルだ」と答えるのではないでしょうか？ では，1日に1回シャワーを浴びることは，生きていくために必要だから，あるいは人から嫌われないようにするために必要だからやっていることなのでしょうか？（うそ！）それでは，健康によいからでしょうか？（まさか！）しかし，そうであるにもかかわらず，私たちは「1日に1回」をノーマルな頻度として捉える傾向があります。そして，このような矛盾した傾向は注目に値するものといえるでしょう。なぜなら，遅かれ早かれ，次のような「問い」へと突き当たることになるからです。その「問い」とは，

何が過剰であり，何が不足であるかを「誰」が決めるのか？

というものです。もちろん，あなたが属する社会的な集団が決めるということもあるでしょう。しかし，ほとんどの場合，これを決めるのは「あなた」なのです。それでは，以下のことについて，どの程度がノーマルであるかを考えてみてください。

- 自分の配偶者ではない誰かと性交渉をする頻度
- 幼児をもつ親が仕事に費やす時間
- 失恋をした後に悲しみに暮れる長さ（持続時間）
- 公の場で個人的な話題を話し合うときの内容の深さに関する程度

以上のようなことに対して，どこからが「過剰」で，どこからが「不足」なのかと分類することは，ほとんど主観的なものでしかない，つまり「あなた」が決めていることだといえるでしょう。しかし，分類するという行為が主観的なものでしかなかったとしても，私たちは，このような分類をするべきなのでしょうか？ その「答え」は「YES」でなければなりません。なぜなら，基本的に，私たちは分類するということを必ずしてしまうものだからです。それ

を避けることはできません。私たちは，人間である限り，評価をし，判断をし，そして分類をしてしまいます。それは，まるで人間であることの基礎的な一部であるかのようです。そのため，臨床的な実践をするときには，次のような姿勢を保持しながら，分類という作業をしていくことが重要になります。その姿勢とは，他者と十分に話し合い，他者から批判されることにオープンであることです。さらに，クライエント自身が「自分は何をしているのか，どんな変化を望み，必要としているのか」ということを明確に自覚できるように援助していくという姿勢なのです［訳注4］。

「不足」：それは，どこからか？

　私たちは，誰かの行動を観察し，何かが欠けていると感じることができます。たとえば，うつの人は活動性が低かったり，シャイな人は聞き取れないくらい短く小さな声で返事をしたり，予定されている会合に顔を出さなかったりするでしょう。「過剰」について分類するということと同様に，「不足」についても，まったく同じスタンスをとることが必要です。健康や社会適応に有益で，自分の価値に沿った行動を遂行しない，あるいはその頻度が少なすぎるという人たちは存在します。しかし，私たちは，行動の不足を観察することができるのでしょうか？　たとえ，通常のレパートリーの中にどのような行動があるべきなのかという完璧な知識をもっていたとしても，それを観察することは難しいはずです。私たちができることと言えば，クライエントと協働して，望ましい生活の変化という観点から捉えた場合に機能的な行動を記述していくことしかありません。つまり，行動の不足と定義されるものは，実のところ，行動変容のためのアイディアであると捉えることができるのです。

［訳注4］問題をフォーミュレートする，あるいは分類をするという作業は，日常的に何でもない些細な行為であるかのように捉えられがちです。しかし，突きつめて考えていくと，分類するという行為には，必ず「何らかの価値判断が含まれる」ということなのです。そのため，とくに臨床場面では，私たちが無自覚に選択してしまっている価値に敏感でなければなりません。そのような感受性やシステムがないと，援助行為が「善意の押しつけ」になってしまう危険があります。そして，そのような善意は，自分自身の価値に無自覚であり，それが「善である」という認識のために，悪意をもって他者をコントロールしようとするより（もちろん，それ自体も許されていいことではありませんが），重篤な人権侵害を犯すことにもつながる危険性があります。つまり，問題をフォーミュレートする，あるいは分類をするという作業は，きわめて倫理的な作業といえるのです。

「過剰」か「不足」か：そのどちらか？

　過剰と不足との違いは，単純明快だと思われるかもしれません。しかし，おそらく，その違いを明確にするのにも，いくつか決めなくてはならないことがあります。最初に決めなくてはならないのは，その「見方・捉え方」を選択するということです。その例として，アリスの事例を見ていきましょう。

　アリスは，ほとんどすべてのことを避けるという「時期」に入っていました。彼女は「もう何もかもがうまくいかない」と嘆いています。数ヵ月間，彼女は仕事に行くのに，何の問題もありませんでした。しかし，その後，突然に，会社の行き帰りが耐えられないと感じるようになりました。今は，フィアンセが車で連れ出してくれない限り，外出することはできません。また「人嫌い」に戻ってしまった，と彼女はコメントしています。そして，たとえ同僚や友人であったとしても，近くに人がいるのを避けるようになったそうです。また「なぜ自分がこのような状態なのか」を他人に説明しなければならないことにうんざりしているということも，彼女は口にしています。

　それでは，観察するという作業に戻りましょう。アリスは何をしていますか？　2つの観察結果に注目してみましょう。

- ■ 1人で仕事に出かけることを避ける
- ■ たくさんの人がいるという状況を避ける

　上記のような行動，あるいはそれと類似した行動を分類しようとしたときに直面する問題があります。それは「これは，過剰なのか，それとも不足なのか」という問題です。もちろん，彼女は避けるという行動をかなり多く生起させています。しかし，裏を返せば，あることを十分にしていないともいえるのです。この問題が興味深いのは，これを考えることによって，逆に，自分たちの記述的な分析の機能が何であるのかを考えさせられるからです。

　アリスの行動レパートリーの中に，合理的に「回避」とラベリングできる行動クラスが観察されたとしましょう。そして，このような回避行動が，何らかの障害（impairment）と見なされるくらい多く生起していたとします。そのような場合，この行動クラスは「過剰」というカテゴリーに分類できます。そし

て，私たちは，この過剰に焦点を当てて分析していくことになります。さらに，この行動の機能を説明できる理論的な文脈から，この過剰を分析していきます。

しかし，プラグマティックな観点から言えば，セラピーを実施する場合，同じ現象を「不足」として捉えることも十分に可能です。アリスは，ほとんど1人で外出できず，社会的な場面にいることもできません。このような状態は，それを不足として定義することによって，間接的に「頻度が増えることで，利益が増すようになる行動」として理解されます。そのため，生活の変化を促そうとするときには，やや抽象的な「回避行動」というものを低減させようとするよりも，不足している行動を増加させようとするほうが，より直接的な印象を受けるかもしれません。また，不足という分類は，アリス自身の「もう何もかもがうまくいかない」という捉え方と相通じるものがあります。

しかし，理論的には，「回避」という行動クラスを理解することのほうが興味深いといえるでしょう。なぜなら，アリスの状態を過剰と捉えることで，「回避」や「することができない」というものが，必ずしも行動の不足や欠如を意味しないこともある，ということに注目させてくれるからです。英語では「何もしていない」を「『ないこと』をする」と表現する通り，「何もしていない」ということは，しばしば広い意味で「活動（していること）」を意味しているのです［訳注5］。

「過剰」と「不足」との関係

ジェニーの行動は，病棟内で，とても厄介なものとして捉えられていました。身の回りにある尖った物でリストカットできないようにしたために，彼女はスタッフにわめき散らし，1人で病棟から外出したいと繰り返し要求しました。その結果，彼女は，さらに混乱した状態になっていました。しかし，スタッフの話によれば，このような行動が生起していないときには，彼女は「かなり消えている（目立たない）」存在だということでした。つまり，彼女は，ほとんどの時間，1人で過ごし，何もしません。そして，スタッフに何かをお願

［訳注5］この原文は，"Doing nothing" is often an extensive activity という文章です。日本語表現では，"Doing nothing" に相当する表現がないために，上記のように意訳してあります。つまり，日本の習慣では，「何もしていない」ということを「何かを回避している」と捉えることが少ない，ということなのかもしれません。もし，そうであるなら，臨床場面では「回避」行動という観点を英語圏文化以上に自覚的に導入する必要があるでしょう。

図表1-2　過剰と不足：ジェニー

過剰	不足
■ 自分を傷つける	■ 他者と一緒に時間を過ごす
■ 汚いことばでわめく	■ 自分から積極的に動く
■ 小言を言う	■ ものを頼む

いするのが，とても難しそうでした。たとえ，そのお願いが，キッチンの施錠を外すとか，気分がすぐれないときにスタッフの誰かを呼ぶといった，当たり前のことであっても，難しそうにみえました。

　リストカットは明らかに行動の過剰です。なぜなら，その行動が，彼女の健康を著しく脅かし，周りの人にとっては嫌悪的なものだからです。このような事例の場合，介入はしばしば過剰について行われます。つまり，彼女の行動をやめさせることが目的となるのです。しかし，これと並行して，いくつかの不足についても観察することができます（図表1-2）。

　著しい過剰が観察された場合，行動レパートリーの中に，何らかの不足があるかもしれないということを考慮に入れておく必要があります。さらに，このような過剰がどのような機能をもっているのかを考えるときには，過剰と不足の結びつきを検討することも必要です。

　では，次に，アリスの事例について見ていきましょう。ジェニーの事例と同様に，過剰と不足が互いに影響を及ぼし合っているということが見てとれるはずです（図表1-3）。つまり，一方の行動クラスの頻度が増加すれば，他方の行動クラスの頻度が減少するからです。このように，過剰と不足がお互いに影響を及ぼし合っているということは，それらがどのように機能的な関係性を成立させていったかを考えるときの基礎となります。そして，その結果，分析がさらに進んでいくことになるのです。

図表1-3　過剰と不足：アリス

過剰	不足
■ 健康について心配する	■ 自力で仕事場まで行く
■ 他人が自分をどのように評価しているかを心配する	■ たくさんの人が周りにいるような社会的な場面でも，その場に居続ける

さまざまな感情を観察する──それはどのような「感じ」なのか？

　では，ここで，さまざまな感情を観察することについて取り上げてみましょう。それというのも，その話題について考えることは重要だからです。私たちは，先ほどマリーの事例について取り上げました。彼女は，自分の問題を「自信の欠如」という概念で捉えていました。そして「強い不安を感じている」と訴えていました。これは，明らかに過剰のように聞こえます。しかし，それは内的な過剰です。では，マリーが観察しているものは何でしょうか？　それは，自分の皮膚の内側で生じている「何か」です。そして，その「何か」とは，**言語的環境**（verbal surroundings：特定のことばを使用するように仕向ける文化的な文脈のこと）によって，「不安」というラベルで表されたもののことです。そして，この「何か」が「過剰」とされるのは，どのような場合なのでしょうか？　（そうです，今，私たちは，規範的なデータも，明確なガイドラインもまったくない領域に足を踏み入れています）マリーはいったいどのように感じているのでしょうか？　彼女が感じている不安を本当に確かめることができるのでしょうか？　この問題を解く「鍵」は，マリーが自分の苦悩について記述をし，その苦悩が彼女の希望している生活の障害になっている，ということです。マリー同様，セラピーを求めにやってくる人たちは，さまざまな感情の問題を次のように記述します。

　　「溢れるくらい多くの感情を抱えている」
　　「あまり感じなくなった」
　　「カラカラに干からびたように何も感じない」

　ここで，私たちは絶えず，次のような「問い」に直面することになるのです。

　　「溢れるくらい多く感じるとは，どんな感じなのだろう？」
　　「あまり感じないとは，いったいどんなものなのだろう？」
　　「クライエント自身の感情と，彼らが感じていると『言っているもの』
　　　とは一致しているのだろうか？」

しかし，このような「問い」に完全に答えようとすることにほとんど意味はないでしょう。クライエントが言うことは，原則として，妥当なものであると見なすことができるからです。さらに，私たちは，それが妥当なのかどうかを議論する時間的な余裕を持ち合わせていないからです。しかし，次のことを覚えておくべきです。それは，私たちが不安とラベリングしているものは，単に問題のフォーミュレーションの１つに過ぎないということです。そして，そのラベルが，問題の最も中心的な部分であると，決して捉えてはいけないということです。さらに，重要な注意点があります。私たちは「問題なのは，感情の激しさ（あるいは，乏しさ）だ」と捉えてしまうと，直感的に「その感情を低めたり，高めたり，取り除いたり，生じさせたりすることが，問題解決には必要だ」と考えてしまいます。たとえば，次の例の中にそのような傾向を見てとることができます。

- 「この不安さえ取り除くことができたら，私は問題から解放される」
- 「やる気がわいてきたら，自分の人生は好転していく」

しかし，この直感的な解決策は，解決につながっていくものではないのです。実は，そのような解決策に基づいて問題解決をしようとすること，それ自体が「問題の一部」なのです。

どの程度の詳しさが必要なのか？

適切な行動の記述は，どのくらい詳しければよいのでしょうか？　以前，マリーは孤立していると話していましたが，それにはいくつかの行動的な出来事が含まれていました。その出来事とは，

- 公の会合や職場での昼食を，ほとんどの場合，怖いと感じる。
- １人で食べる口実を作るために，いつもお弁当を持ってくる。
- 仕事が終わった後の「おつきあい」を断る口実を作るために，自分が忙しくなるような活動を計画する。
- 同僚が「おつきあい」についてのアイディアを持ち出すような状況を避ける。

以上のように,「孤立している」という記述がより詳しくなりました。この観察結果から明確になったことは,その孤立がそれ自体として観察される出来事ではない,ということでした。むしろ,上記の行動の結果(孤立するようになる)として記述できるのです。もちろん,さらに詳しくしていくことはできるでしょう。たとえば,彼女がどのようにお弁当を準備し,それを食べるのか,そして,彼女がどのように活動を計画するのか,といったことを記述していくことは可能です。もし,詳細に記述することを突きつめていきたければ,すべてを筋肉の運動として記述していくことも可能です。しかし,筋肉の運動のレベルにまで詳しく記述したところで,得られることは何もないでしょう。私たちに必要なのは,分析がきちんとできるような詳しさでいいのです。つまり,私たちが影響を与えることができるレベルで,ものごとがどのように生じているかを理解できれば,それで十分なのです。

　その一方で,私たちがいつも使用している抽象的な概念にも注意が必要でしょう。私たちは,しばしば,そのような抽象的な概念を,まるで観察できる出来事のように捉えてしまうからです。たとえば,「行動化」「ニーズの実行」「愛着の形成」といった概念です。これらのフレーズを使用しているときに,その人が何をしているのかを私たちは把握しているでしょうか?(実際には,それを把握できていないことが多いのではないでしょうか?)　そして,私たちは,クライエントに,彼ら自身の「ニーズ」を「実行する」こと,それ自体を教えることはできません。しかし,彼らがニーズだと見なしているもの(あるいは彼らにニーズがあるだろうと見なされるもの)を実現するのを助けるスキルなら,数多く教えることができます。そして,このようなスキルは,彼らが学習できるようなレベルの機能的なユニットとして特定化される必要があります。つまり,詳細にする程度は,プラグマティックな観点から決定されるべきなのです。

再び,仮説的構成概念(「自信」をどう扱うのか?)

　以上のように,記述的な分析をしてみると,クライエントは「自信」が欠如・不足していたり,あるいは自信の「欠如」に何らかの過剰が想定されたり(より循環論的な考え方を使って表現すれば)するということは,どこを探し

ても「ない」のです。つまり，重要なのは，仮説的構成概念を使用することには注意が必要だということです。なぜなら，その概念は，それ以上の観察内容を何も与えてはくれないからです。たとえば，消極的な人には「動機づけ」の欠如や不足があり，不安でひきこもりがちな人には「勇気」の欠如や不足があり，攻撃的に振る舞う人には「攻撃性」の過剰がある，と言ってしまうのは簡単なことです。しかし，このような言い換えは，単に「ネーミング」の再生産でしかありません。以前話したように，ネーミングは説明することとは違うのです。このようなミスを犯さないようにするには，名詞ではなく，動詞を使っていくことをお勧めします。つまり，クライエントには「あなたは，どんな状態ですか」や「あなたは，どんな問題を抱えていますか」と質問するより「あなたは，どんなことをしていますか」と質問してください。

人生や生活に対して機能的か？

　この章では，臨床的な問題のフォーミュレーションについて検討してきました。その中で，私たちは，広く知られた常識的な問題の記述から，観察可能な行動的な出来事の記述へ，その捉え方をシフトしてきました。それは，クライエントがしていることをより明確に描き出すのに適切であると考えるからです。しかし，このような行動的な出来事が「問題」なのかを「決定」するには，そのクライエントにとって有益なものは何か，ということを考える必要があります。問題行動とは，その人自身の価値や目標と合致している生き方との関係で考えた場合に，障害となったり，うまく機能しなかったりする行動だからです。究極的に，私たちが促進したい行動とは，人生や生活の価値や目的との関係からみて機能的な行動なのです。そもそも，機能性とは，行動的な出来事それ自体に備わっているものではありません。それは，何かとの関係の中にだけ存在しています。つまり，ここで前提となっている考え方は，すべての行動は「何かとの関係で機能的である」というものです。もし，何かとの関係で機能的でないとすれば，そこに行動が存在しないのも同然です。しかし，ここで，私たちが探究していく「何かとの関係で機能的である」行動とは，いったいどんなものでしょうか？　それは，クライエントが望む人生や生活を送れるようになるという関係からみて，機能的な行動なのです。

- マリーは，自分の「自信の欠如」に打ち勝ちたかった。それができたら，新しい仕事を探しにいくことができるだろうと考えている。毎週末，孤独感や疎外感をもつことにさえ，疲労感を覚えるようになっている。
- スタッフは，ジェニーが重篤な自傷をするのではないかと本当に気が気ではない。彼らは，若い女性患者がリストカットの習慣をエスカレートさせていくという事例を数多く目にしてきた。だから，ジェニーをなんとか助けることができないものかと考えていた。しかし，ジェニー自身は，この病棟から抜けたがっている。
- アリスは，自分が「不安」になる前の状態になりたがっている。
- ペーターとアンナは，自分たちのしたいことをあまりよくわかっていなかった。自分たちの問題の解決方法を探すために提供された「あなたたちはいったい何がしたいの？」というセラピストの質問に即答することができなかったからだ。しかし，2人は，今抱えている問題がなかったら，家族であり続けたいという点では意見が一致していた。

この時点では，私たちはまだ，彼らの変化の方向性に影響を与えるような，正確で明確に定義された目標を把握できていません。治療的な作業のための目標をフォーミュレートし，クライエントとセラピストが相互に同意するということは，臨床的な過程において大きな部分を占めます。ここで私たちに必要なのは，今後の人生や生活の方向性についてのおおまかなフォーミュレーションなのです。なぜなら，その方向性が決まれば，私たちが分析するべき方向性も決まってくるからです。私たちは，このようなフォーミュレーションを明確にする必要があります。しかし，その方法については第10章で詳しく扱っていくことにしたいと考えています。次章では，別の話題に移ることにしましょう。その話題とは，行動に関する知識や情報を得るために，どのように時間的・空間的な変動（に関するデータ）が使われるのかということです。

第 2 章

行動を観察する
—— いつ, どこで, どれくらい？

　どのような行為も，必ず「時間」と「空間」の中に存在しています。そのため，行動を記述すれば，必ず「いつ」と「どこで」が含まれることになります。また，行動の機能を理解するためには，その行動がどのように「変化したか」を知る必要もあります。その行動の頻度は「いつ」増加したのでしょうか？　あるいは，「いつ」減少したのでしょうか？　そして，そのような行動的な事象の「変化や変動」は，つねに，その事象を制御している要因を調べるうえでの重要な手がかりを与えてくれるのです。
　しかし，行動を観察し，評価する目的は他にもあります。まず，その問題がどのくらい重大なのかについての判断基準を得るという目的です。また，個人間の比較を行う場合の判断基準を得るという目的もあるでしょう。たとえば，週に 7 日間，自分のアパートにひきこもっている人がいたとします。ある意味では，彼は，週に 3 日間ひきこもっている人よりも大きな問題を抱えています。しかし，週に一度だけ自分のアパートにずっといる人のことを，ひきこもりという問題を抱えている人とは考えないでしょう。
　私たちが主に行動のカタチ（形態）に注目するのは，個人間の比較をしたいからではありません。むしろ，より重要なのは，個人内の変化や変動なのです。そのような変化や変動に関する情報によって，行動とその機能を制御しているものは何か，実施された介入が適切であったかどうか，ということを調べられるようになるからです。もし，週に 7 日間，自分のアパートにひきこもっている人が，その日数を 5 日間に減らしたとしましょう。その場合，ひきこも

りの状態が約30％軽減されたことになります。たとえ，その人のひきこもりが続いていたとしても，このような変化や変動は行動変容のプロセスを知るうえでの重要な情報を提供してくれます。

　それでは，ここで，この本に登場するクライエントたち（イントロダクション参照）が自分の苦悩を述べたときに用いた表現をいくつか挙げてみましょう。

- ■「いつも，ケンカしている」
- ■「何に対しても希望がもてない」
- ■「つねに，心配している」
- ■「自分にできるかどうか，まったく自信がもてない……」

　私たちが問題について述べようとすると，こうした「一般化」した表現（上記にあるような「いつも」「何に対しても」「つねに」「まったく」といったもの）を使ってしまいがちです。しかし，こうした表現を用いることで，かえってその出来事の理解が難しくなってしまいます。また，客観的な観点からみても「一般化は，事実を言い表してはいない」ので，このような表現に反対する人もいるでしょう。とはいえ，私たち著者は，こういった「一般化」した表現を完全に否定しているわけではありません。なぜなら，このような表現も，行動変容のプロセスをもたらすうえでのヒントを少しは与えてくれるからです。もちろん，クライエントの行動がどのように機能しているのかを理解することに，そのような表現はほとんど役に立たないかもしれません。しかし，その表現自体は，彼らの行動がいかに機能していないか，ということを雄弁に物語っているのです。

　その例として，ペーターとアンナの事例を見てみましょう。彼らは「いつもケンカしている」とセラピストに話していますが，実際には，そうではありません。彼らは2人とも仕事をもっていたので，勤務時間の大部分はお互いに会うことがないからです（せいぜい，電話で少し会話をする程度です）。では，「いつも」ではないとすれば，彼らは顔を合わすとすぐにケンカを始める，ということなのでしょうか？　もし，そうだとすれば，私たちが最初に想定していた以上に，彼らが言っていることは正確だったということになります。では，実際のところ，そうなのでしょうか？　おそらく，彼らは顔を合わせるだ

第2章　行動を観察する　53

けでケンカを始めたりはしていないでしょう。

　ここで，彼らの問題に関するより明確な状況を知るために，彼らにしなければならない質問が2つあります。しかも，それらは互いに関連しています。その質問とは「どのくらい多く（ケンカをしますか）？」と「どのくらいひどい（ケンカをしますか）？」の2つです。そのような質問をするのは，「時間」と「空間」における，彼らの行動の「変化や変動」を知りたいからです。ここでは，「いつも」ケンカしているという認識は間違っているよ，と彼らにそれとなく伝えたいわけではありません。ここで重要なのは，彼らにケンカの実状を理解してもらい，それに基づいて行動変容していけるように準備してもらう（行動変容の可能性を高めておく）ことなのです。「いつも」ということばは，そのような理解と変容への機会を与えてはくれません。しかし，それでもなお，この「いつも」ということばには，ある機能が備わっています。その機能とは，そのような「一般化」された表現を使って感情的なメッセージを伝達する，というものです。おそらく，ペーターとアンナがこうした表現を使うとき，そこには彼らの失望が反映されています。それは，日々の生活に関するこまごましたことでケンカとなり，それにすべての時間が費やされていることに対する失望です。ただし，たとえ彼らのそうした表現が失望を反映したものであると捉えられたとしても，私たちセラピストは，その状況についてより詳細に調べるでしょう。なぜなら，そのように表現された行動が，実際どのようなニュアンスで変動しているのかを把握したいからです。そこで，行動（ここでは，ペーターとアンナのケンカ）の変動を観察するための方法を見つけ出さなくてはいけません。それは，行動を機能的に理解し，建設的なやり方で変容をもたらすために必要な方法です。またそれだけでなく，このような観察方法は，彼らのケンカがどのように変動していくかという推移（変容プロセスの結果）を測定するためにも必要なのです。

行動をモニターする（持続的に観察する）

　最初に，私たちセラピストは，クライエントの生活における問題行動の頻度と強度について，より詳しく知りたいと考えます。これは「**ベースライン**(baseline) を測定する」と呼ばれるものです。

セラピストはベースラインを測定するために，ペーターとアンナにある課題を与えました。それは，自分たちのケンカが「いつ」「どのように」起こっているのかを観察してくる，というものです。彼らの話によれば，ケンカは，イライラさせられるようなことを言うというレベルから，互いに大声で罵り合うというレベルまである，ということでした。一方，身体的な暴力はまったくありませんでした。しかし，たとえば嫌味を言うといった，互いを傷つけるために相手に何かを言う（言語的な暴力）という行為はしていました。そこで，セラピストは彼らに「ケンカ日誌」を渡しました。ただし，その日誌は，彼らに1冊ずつ与えられました。それというのも，日誌が1冊しかないと，どちらがいつ観察するのか，といったことで新たなケンカのきっかけを作りかねないと考えたからでした。また，それぞれが日誌に書いた内容を比較してみたら興味深いことがわかるかもしれない，とセラピストは考えていたからでした（図表2-1）。

　彼らは，互いに口をきかないことも問題であると捉え，その期間もケンカであると定義していました。果たして，その日誌を使って「口をきかない」ということをモニターできるのでしょうか？　もちろん，第1章で述べたように「何もしないこと（ないことをする；doing nothing）」も活動として捉えるべきです。しかし，ここで問題なのは「何もしないこと」を観察しようというのではなく「行動ではないもの（nonbehavior）」を観察しようとしているからなのです。それでは，別の角度から「口をきかない」ことを観察できるかを考えてみましょう。「いつ」あるいは「どのような」状態になったときに，口をきかないでいる状態が少なくなった，あるいは短くなったといえるでしょうか？　その答えは「以前より高い頻度で会話が生じているとき」となります。さらに，彼らが自分たちの望ましいコミュニケーション行動を観察できたら（たとえ，その頻度がとても低くても）彼らにとって価値あるものになるでしょう。そして，このような行動クラス（たとえば「ケンカ」や「建設的な会話」というコミュニケーション行動にかかわるもの）は，毎日生じるこまごましたことに，彼らがうまく協力して対処できないことと関係がありました。たとえば，どちらがリサを迎えに行くか，何時にペーターが仕事から帰ってくるか，アンナが週末にリサを連れて妹の所へ行くかどうか，といったようなことです（図表2-1）。彼ら自身も，このようなこまごましたことに，自分たちが建設的に協力して対処できていないという認識はもっていました。以上のような

理由で，セラピストは彼らに，家庭で何が起こって，それにどのように対処しているのか，ということに関する会話を記録してくるように求めたのです。

図表2-1　問題行動の観察：ケンカ日誌

日付	場所	何が起こったか？
6/4	台所，夕食後	仕事の時間と家族の時間のどちらを優先するのか，誰が悪いのかといういつもの小言
6/7	電話で	誰がリサを迎えに行くかについて言い争う

　観察を開始して1週間後，ペーターとアンナは，セラピストと一緒にお互いの観察結果を検討しました。その記録をもとに図表を作ってみたところ，3人とも，ケンカの頻度の変動とその特徴に気づきました。また，セラピストは，ペーターのほうがアンナよりも，ケンカの回数を多く記録していることに気がつきました（図表2-2）［訳注1］。ケンカの頻度は金曜の午後から夕方にかけてエスカレートし，週末もそのまま高いレベルを維持していました。この時点で，最もケンカが多く起こっていたのは週末のようでした。このような結果が得られたのは，週末に彼らがより多くの時間を一緒に過ごしているという単純な事実によるものかもしれません。さらに，このように会話の頻度について検討してみると，自分たちがほとんど会話をしていない，ということに彼ら自身が改めて気づきました。アンナは2回会話があったと記録し，ペーターは1回と記録していました。ペーターは，アンナが会話として記録していたやりとりをケンカと見なしていました。しかし，彼らは2人とも，日曜の夜にしたやりとりについては会話であると捉えていました。それは，セラピーに行くときにペーターがアンナを迎えに行けるかどうか，という会話でした。以上から言えることは，①1週間のベースラインをとってみると「ケンカ」と「建設的な会話」という2つの行動クラスが実際に存在している，②その2つの行動クラスは，彼らの人間関係の問題にとって中心的なものと見なされている，ということでしょう。では，これ以外に，彼らの機能的な関係性を理解するうえで重要な情報を得るには，さらに何をすればよいでしょうか？　それは，時間的に，

　［訳注1］観察した結果を検討する場合は必ずグラフ化してください。行動分析学において，グラフの「傾きの推移」を「読む」ことが重要とされています。なぜなら，記録した本人も気づかなかった「発見」がグラフ化することによって得られるからです。（TM）

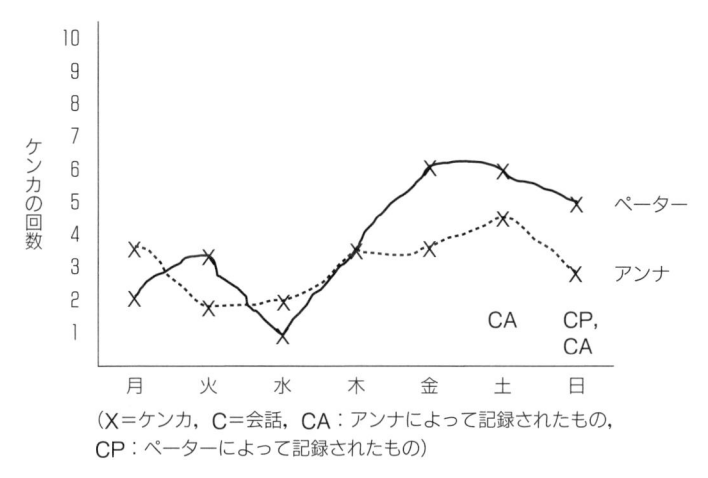

(X＝ケンカ，C＝会話，CA：アンナによって記録されたもの，
CP：ペーターによって記録されたもの)

図表2-2　問題行動の視覚化（グラフ化）

空間的に，これらの行動がどのように変化したかということについて，より詳細な検討を行うことです。

モニターすることが行動に与える影響

セラピストから「すべてのケンカを記録してきてください。次回，それをもとに話し合いましょう」と言われたら，それだけでケンカの頻度や強度（激しさ）が軽減されるのではないかと考える人もいるでしょう。それというのも，ケンカは社会的に望ましくない行動であるため，ケンカをする前に「それをすべきかどうか」をよく考える（think twice）ようになるからです［訳注2］。同様に，「毎日，すべての会話を記録するように」と教示されたという，まさにそのことによって，会話の頻度が増えるようなことはないのでしょうか？　つまり，そのような観察・記録によって，リアクティビティ(reactivity)［訳注3］の問題が生じないのでしょうか？　もちろん，そのようなリスクがあるのは明らかです。そして，観察・記録するように言われただけで，行動に何らかの影

［訳注2］単に「ケンカすべきか／すべきでないのか」について考えることに加えて「もしケンカをしてしまったら，セラピストから何を言われるだろうか？」と考えることになるでしょう。つまり，セラピストとの関係を踏まえたうえで，再度（つまり，2度目）「ケンカすべきか／すべきではないのか」考えることになります。さらに，2度も「ケンカすべきか／すべきでないのか」を考えたら，ケンカをしない確率が高まると考えるのは常識的に妥当だといえるでしょう。(TM)

響が生じる可能性は十分にあります（Heidt & Marx, 2003）。もし，ここでの目的が，影響を一切与えない客観的なやり方で評価（観察や記録）しなければならないということなら，それは問題です。そもそも行動的な事象を研究する場合，私たちがそれを研究しているという，まさにそのことによって，その事象に対して影響を与えてしまいます。しかし，影響をまったく与えず，完全に両者（観察者と被観察者）を分離するやり方で，行動を調べることができるのかどうかを考える必要などないのです。なぜなら，理解することと影響を与えることの両方が，ここでは何よりも大切な目的だからです。つまり，モニターしていく場合，その理解と影響の両方に有効な方法で実施していくべきなのです。しかし，それでもなお，そこにはある種のトレードオフの関係が生じることになるでしょう。つまり「クライエントの生活の中で生じている行動的な事象を理解しようとするために，その事象を研究していこうとする興味・関心」と「観察するだけで，観察対象に影響を与えてしまうかもしれないという事実」との間に生じるトレードオフです［訳注4］。

　それでは，アンナとペーターに，このような自らの行動をモニターするという課題を出すとき，私たちはどうしたらよいのでしょうか？　自分自身の行動を観察してもらうことは，それだけで効果的な介入となります。それだけでなく，この場合，新しい社会的な文脈（ここでは，ケンカ日誌を次回に持参し，それをもとにセラピストと話し合うこと）が，その観察プロセスの中に加わることにもなります。そして，このような文脈が加わることによって，ケンカ日誌を記載し，その内容について検討するということが，さらに効果的な介入となってしまうかもしれないのです。

　「これでは『操作』していることと同じではないか？」と言う人もいるかも

［訳注3］リアクティビティとは，観察者が自らの行動を観察する場合，その標的行動に対して自覚的になるため，それによって，その行動の生起頻度に影響が生じる，という状態を表す専門用語のことです。さらに，その詳細を知りたい人は，以下の文献に当たるといいでしょう。Nelson, R. O., & Hayes, S. C. (1981). Theoretical explanations for reactivity in self-monitoring. *Behavior Modification*, 5(1), 3-14. （TM）

［訳注4］「透明人間」が行うように（あるいは隠しカメラで撮影するように）「手が加えられていない，ありのままの」日常を観察・記録することが「客観的な観察」であると一義的に捉える人もいるでしょう。しかし，対人援助の文脈においては，観察者自体も「その文脈に含まれている」という自覚や認識をもつ必要があります（なぜなら，その場で他者を援助しているからです）。そのため，この文脈において「透明人間の客観性」を追究することはナンセンスであるといえるでしょう。（TM）

しれません。それに対する私たちの答えは（誤解を恐れずに言えば）「はい，そう言えるかもしれません」というものになります。なぜなら，実験科学において「操作」という用語は，日常生活や日常会話で使われているようなネガティブな意味合いをもっていないからです。実験科学では「操作」は，純粋に「影響（を与えること）」を意味しています。つまり，ある変数（独立変数）が別の変数（従属変数）に対して，どのような影響を与えるのかを観察するために，その独立変数（そもそも「独立」に変化させることが可能な状態にあるもの）を意図的に変化させることなのです。つまり，これこそが「操作」の意味なのです。もし，これを「操作」の定義として受け入れるのであれば，自分でモニターする（セルフ・モニタリング：self-monitoring）というプロセスは，状況を操作するものと見なすことができるでしょう。つまり，行動的な事象（ここでは，ケンカ）は，それを観察するように求められることによって影響を受けてしまいます。しかし，たとえそうだとしても，モニターするというプロセスは，身近な問題（この場合は，ケンカ）についての情報や，それがどのように影響を受けるのかについての情報を提供してくれるのです。

とはいえ，ほとんどの人が「操作」ということばを口にするとき，多少なりとも後味の悪さを感じるでしょう。もし，もっと口当たりのよい，飲み込みやすいものにしたいということでしたら，「影響」ということばに置き換えたり，次のように「問い」のスタイルを変えてみたりする，というのはいかがでしょうか？

　　「私たちが影響を与えているのは，いったい何か？」
　　「そして，どんな方法で，それに影響を与えているのか？」

さらに，たとえ私たちが「操作」ということばをそのまま使い続けたからといって，クライエント自身がもっている目標や価値に反することを無理矢理にさせるプロセスのことを言おうとしているわけではないのです。

　　むしろ，その逆です！

突きつめて考えていけば，人間同士の間で取り交わされるすべてのやりとり (interaction) は「操作」なのです。なぜなら，お互いに影響を及ぼし合うこ

と抜きに，私たちは誰かとかかわることなどできないからです［訳注5］。

内的な行動の観察

今まで見てきたように，ペーターとアンナの事例では，観察によって突きとめられるような，具体的な行動の過剰や不足が存在していました。しかし，レナードの事例については，どうでしょうか？ 彼は受動的な生活をしていて，その受動性はセラピストとの関係においても明確に現れていました。そこで，レナードの事例における中心的な課題は「自分の人生には希望がない」といった表現の裏側に隠されている「行動の変動性」（variability in behavior）を見つけ出すことになります。セッションの中で，レナードは変動性についての質問に対して否定的な応答をする傾向がありました。その具体的な例を以下に挙げてみましょう。

セラピスト（以下T）：先週の調子はいかがでしたか？
レナード（以下L）：あまりよくなかったように思います。
T：少しでも調子のよい日はありませんでした？
L：はい，ほとんど，変わりありません。
T：少しでも気分が良くなったり，悪くなったりするようなことは，ありませんでしたか？
L：本当に何もありませんでした。ずっと同じような感じが続いていました。ただ，今日ここに来るまでの時間が，かなりきつかったです。それこそ「希望がない」って感じでした。

上記のレナードの応答は，彼の生活を記述しているコメントとして捉えることもできます。うつの人たちは，しばしば自分たちの生活について，あたかもまったく変化がないかのように言います。しかし，第三者からみれば，ほとんどの場合，このようなコメントは事実ではありません。それでは逆に，彼の言っていることは信用できない，と判断してよいのでしょうか？ セラピストがレナードに，先週の出来事をたずねたところ，彼は思い出したことを話し始めました。彼の話は，かなり冗長で漠然としていて，詳細な情報や特定の情報が

［訳注5］同様の議論は第3章にもあります。そこでは「さらに一歩，突っ込んだ」議論になっていますので，そちらも参照してください。（TM）

欠けていました。このような漠然とした記憶を示すのは，うつの人にみられる特徴の1つです（Williams, 1992）。

　もちろん，セラピストが必要としているのは，レナードが話した上記のような漠然とした内容ではありません。もし，レナードに自分の生活について注意を向けさせることができたら，セラピストは重要な情報を十分に得ることができるでしょう。たとえば，彼自身の生活に注目させるような質問として，以下のようなものが考えられます。「この1週間に，どんな活動をしましたか？そのときに，どんな感情が生じましたか？」「この1週間に，満足感を得るようなことが何かありましたか？」「どのような出来事が気分を落ち込ませたのですか？　あなたは，その出来事にどのように対処しましたか？」以下のリストは，彼自身が観察した日常生活に関する貴重な情報です（図表2-3）。そのリストを彼に作成してもらったのは，単に情報を得るためだけではなく，トリートメントの一環として役立たせるためでもあります。

　これから，このリストをもとにしてレナードの事例を詳しく検討していきます。しかし，その前に，ここで，読者の皆さんに基本的な3つの「問い」を紹介したいと思います。それは，私たちセラピストがつねに立ち戻って考えねばならない「問い」になります（第3章でさらに詳しく説明します）。その「問い」とは，以下の3つです。

図表2-3　レナードの活動観察シート

	朝	昼	夕方	夜
月曜日	何もしないで家にいてテレビを観ている（不機嫌な感じ）	昼寝をする，兄を呼ぶ（気分が落ち込む，みじめだ！）	シチューを作る（かなり得意な気分になる）	寝つくまでに長い時間ベッドで横になっている（不安）
火曜日	10時まで寝ている	仕事に行く（本当に耐えがたかった。でも終わってみると満足だった）	ソファーで眠気を感じながら，テレビを観ている	なかなか寝つけないので，読書を試みる　子どもたちのことを考える
水曜日	朝早くに目が覚める（不安）			

- レナードは「何をした (do what)」のでしょうか？
- 彼がそれをしたのは「どんな状況 (what circumstances)」でしょうか？
- 彼がそれをした後に「どんな結果 (what consequences)」が生じたのでしょうか？

このシート（図表2-3）からわかるように，レナードが頻繁に行っている活動の中に，自分の問題のさまざまな側面について「反すう」（何度も同じことを考え続けること）するという行動があります。とくに，自分の身近な人たちに迷惑をかけているということに心を痛め，それを反すうしているのです。レナードがそれについて語ったものを以下に紹介しましょう。

　　何度も何度も，子どもたちに何をしてきてあげられただろうかって考えてしまうんです。あの子たちは，この先，何とかやっていけるだろうかって。家に閉じこもり，みじめな気分でいるような父親がどこにいるでしょう？　こんなふうに感じてしまう理由がさっぱりわからないのです。もちろん，離婚してからというもの，ものごとがうまくいっていないっていうのはあります。でも，何でこんなにも気分が悪いのか……まったく理解できません。だから，いろいろと考えてしまうんです。こんな状態から抜け出せなかったら，いったい，どうなってしまうんだろう？　よくならなかったら，自分はどうなってしまうんだろうって……

ありふれた表現を使うなら，彼は罪の意識に苛まれているといえるでしょう。そして，この罪の意識があたかも彼の内側のどこかに存在していると仮定して，それを扱っていけばよいと考えるかもしれません。しかし，行動的な観点からこの問題にアプローチするなら，私たちはまず「レナードは，何をしているのか」ということを知ろうとします。彼が「罪の意識」「誰のせい？」「なぜ？」そして「どうしたら，ものごとが好転するのか？」といったことについて（何度も何度も）自問しているときに「レナードは，何をしている」のでしょうか？　この場合，2つの側面──「内容」と「活動」──がとくに重要な情報になります。まず，「内容」について，セラピストはレナードに次のように質問する必要があります。たとえば，「あなたは，何を反すうし続けているのですか？」という質問です。これについては，おそらく最も簡単に把握する

ことができるでしょう。なぜなら，クライエントがセラピストに伝えようとしていることは，たいてい「内容」についてだからです。しかし，同じように重要なことは，反すうを「活動」として捉えるということです。つまり，次のような質問を彼にします。たとえば，「反すうしているとき，あなたは何をしていますか？」「いつ，反すうしていますか？」「反すうしているときに，他に何かしていませんか？」「反すうした後，どうなりますか？」「反すうした後，どんなことをしますか？　また，どんなふうにそのことを感じますか？」といった質問です。しかし，このような「活動」に関する情報はたいてい，あまり手にすることができません。というのも，基本的に，クライエントはそうした事柄にあまり注意を向けようとしないからです。これは，裏を返せば，彼の注意のほとんどが，反すうしている「内容」やそれと結びついた苦悩に向けられていて，「活動」のほうに向ける余裕がない，という理由によるといえるでしょう。

行動的アプローチ・テスト

　私たちはここまで，連続して生じている行動的な出来事（そして，それはセルフ・モニタリングが適用可能）に基づいて，分析が行えることを前提にしてきました。そのような行動的な出来事によって，私たちは問題の程度を知ることができるだけでなく，トリートメントによってその問題がどの程度改善されたのかについても知ることができます。しかし，私たちが直面する多くの問題についても，同じように行動的な出来事として日常的に観察していけるのでしょうか？　（残念なことに）そのように観察することは，とても難しく，たとえ実行できたとしても的外れなものとなってしまうことが多いのです。

　それでは，ここで，新たな観察方法について，アリスを例に挙げながら一緒に見ていくことにしましょう。彼女は職場まで行くことに問題を抱えていました。それというのも，1人で外出しようとすると強い不安を感じてしまうからです。このような場合，私たちは何を観察したらよいでしょうか？　私たちは，数日間，彼女が実際に仕事に出かけるのを観察したとしましょう。しかし，どのようなものを観察すれば，私たちの目的に沿った多くの情報を得ることができるのでしょうか？　おそらく，セラピストなら誰しも，より詳しいことを知りたいと思うはずです。つまり，彼女が1人で外出する必要に迫られたときに，何が起こっているか，ということを知りたいはずです。彼女のフィア

ンセは自分があまり遠くにいない限り，いつも彼女を車で職場まで送ってあげていました。また，アリスは強い不安を感じると，時々彼に電話して（彼が市内のどこかにいる場合），車に乗せてくれるよう頼んでいました。彼女はまた，時々職場までの2マイルを歩くこともありました。ただし，自宅と会社の中間地点に住んでいる友人と約束をして，その友人宅までは1人で歩き，そこからはその友人と一緒に歩くということでなら，それが可能でした。一方，朝のバスに乗るなどというのは考えられないことでした。朝のバスはとても混んでいるからです。また，彼女は運転免許をもっていないので，自分で車を運転することもできませんでした。また，アリスは，選んだ交通手段がちゃんと動いてくれるかどうかが気になってしまうという問題も抱えていました。さらに，アリスは次のようなことも話していました。それは「歩いて行くのか，それとも自転車に乗って行くかということが問題ではなくて，外出すること自体ができないような，そんな気分になるときがあるんです」あるいは「1人で外出することについてあれこれ考えるだけでピリピリした気分になってしまいます」という話でした。一方，アリスの周りの人たちは，不安障害が原因で，彼女がいったい何ができて，何ができないのか，ということについて困惑していました。というのも，職場にいるときの彼女は，とても優れた仕事をしていたからです。このことは，すべての人たちが同意しているので，とくに信憑性が高い情報だと考えられます。以上のような情報を踏まえたうえで，私たちは何を観察するべきなのでしょうか？　彼女が抱える問題の中心的な側面とは，不安を引き起こすような状況に対処する能力（あるいは，その能力のなさ）にあるように思われます。しかし，その状況を把握するために，彼女の行動が自然に生起するまで待って，それが生起したところを観察していくというやり方は，かなりの時間を必要とするため有効な方法だとはいえません。それより，そのような状況に関する情報や洞察を彼女から聞いたほうが有効であると考えられます。その1つの方法として，行動的アプローチ・テスト（behavioral approach test：BAT）の使用が挙げられます。そのテストでは，対象者（この事例では，アリス）が恐怖を感じる状況に接近していくのです。ただし，その状況は段階的あるいは階層的な方法で提示されます（最も弱い不安が生じる状況から提示していく，など）。アリスの事例に基づいて，その手続きを以下に説明していきましょう。まず，セラピストは地図を準備し，彼女の自宅から職場までの通勤ルートにマークをつけます。それから，彼女にその道順に沿ってできる

限り遠いところまで歩いていくよう教示します。彼女は歩くのをやめた場所を地図上にマークします。さらに，歩いているときの感情や，もう戻ろうかという考えだけでなく，歩いているときに浮かんだその他の考えについても記録していきます。このような情報を記録したら，彼女は帰宅していいことになっています。

　クライエントが恐怖から避けている状況に対して，この種のアプローチ・テストがよく用いられます。とくに，より詳細なBATには，恐怖のレベルが増大していくような複数の状況が設定されます。クライエントは，セラピストからの援助を受けながら，最も簡単な状況から，最も困難な状況へとレベルを上げていきます。アリスは，職場まで1人で歩いていくこととは別に，なじみのない運転手が運転する車に乗ることにも恐怖を感じていました。彼女の恐怖は，後部座席に座らなくてはならないときにも増大しました。しかし，アリスにとって最悪な状況とは，乗客がたくさん乗ったバスで長距離移動することでした。以上のような状況に関する情報は，恐怖に関連する状況のサンプルとして捉えることができます。それというのも，そのサンプルは，段階的に並べられることによって，BATを設定するための基礎として使うことができるからです。さらに，彼女は，恐怖に関連する状況でアプローチできそうなものには，できるだけたくさんアプローチするように教示されました。このテストは，彼女の反応に注意しながら，段階的なやり方で行われなくてはなりません。以上のように実施すれば，このテストはセラピストに重要な情報をもたらしてくれるでしょう。とくに，彼女がそれらの状況へアプローチできたレベルによって（どれくらいの難易度までレベルアップできたかによって），彼女の「移動の自由度」についての（個人的に妥当な）評価ができます。そして，同じ手続きを再び行って再評価をすることで，トリートメントの効果を検証し，その効力を見極めることができるでしょう。このような恐怖の状況に関するランクづけ（階層）リストを作成する方法は，第13章で取り上げることにしましょう（この恐怖の階層リストは，エクスポージャー〔exposure〕手続きを組み立てるときに有効なツールとなるからです）。

クライエント以外の人による観察

　ここからは，ジェニーの事例に戻って，問題行動を取り巻く状況について何を把握することができるのかを検討していきましょう。ジェニーの自己破壊行

動（自傷）は，行動の過剰として捉えることができます。そして，行動の過剰と捉えることで，セラピーのためのデータとして利用することができます。「どのくらい頻繁に？（行動の頻度）」「どんな状況下で？（その行動が生起している状況）」「どれくらいひどい？（行動の強度／その行動による影響）」といった「問い」が，観察しようとするときに生じるはずです。最終的には，ジェニー自身が自分の行動やその状況を観察する担い手となるかもしれません。しかし，彼女のような状況では，しばしば，彼女の周りにいる人たち（彼女の行動を問題だと考えている人たち）がその観察を実行することになります。ジェニーの病棟のような施設場面において，スタッフの重要な仕事は，「自己破壊行動」とラベルづけされた行動を把握し理解するために観察するということです。スタッフは，次のような「問い」をもつ必要があります。

- ジェニーは何をしているのか？
- 彼女はいつ，それをしているのか？
  （つまり「その行動のきっかけになっている状況は何か？」「その行動の前に何が生じているのか？」）
- 彼女がそれをした後に何が生じているのか？

図表2-4を見てください。これは自己破壊行動を観察するために作成されたチャートの例です。

自己破壊行動は，とても深刻であることが多いため，その場面に居合わせた人はその行動だけに目を奪われてしまいます。しかし，そのようなときにこそ，次のことを思い出してください。それは「上記のような特定の行動（自己破壊行動）の観察と同じくらい重要なのは，幅広い観察情報（とくに，行動に関するもの）を集めることだ。たとえ，それがあまり印象的なものでなくて

図表2-4　自己破壊行動観察のためのチャート

時間	その前に何が起こったか？	その人は何をしたか？	その後に何が起こったか？

も，その行動が増加することでクライエントの役に立ちそうなものなら，それに関する幅広い情報を集めるべきだ」ということです。なぜなら，ジェニーの事例において，私たちセラピストが最も関心をもっているのは，彼女が自分自身を傷つけないで済むようなコミュニケーション行動はいったい何かということだからです。

　最も人目をひく「行動の過剰」についてのみ注目するのではなく，その出来事を観察するとき，より幅広い視野をもって（たとえば「行動の不足」などを含めて；第1章参照）捉えていくということが，何よりも重要なのです。とくに，頻度はさほど多くないものの，社会的に望ましくない行為（たとえば，露出症や暴力的な犯罪行為）に対するトリートメントを受けにやってくるクライエントとかかわる場合に重要になります。露出症や暴力的な犯罪行為は，ベースラインを評価するのが難しい行為の典型的な例です。なぜなら，たまにしか起こらない行動はかなり長期間の観察が必要となるからです。また，そのような長期間の観察が必要となるのは，いつ，どこでその行動が生じるかについての情報を集め，長期にわたった確実な変化を見極めなければならないからです。このような事例では，「行動の不足」を観察するほうがずっと情報を集めやすいでしょう。たとえば，露出症患者が異性に対して示すノーマルな（普段している）接近行動とは，いったいどのようなものでしょうか？　また，それはいつ生じるのでしょうか？　そして，暴力行為に関しては，その生起のきっかけを与える行動について探っていきます。たとえば，ドラッグに関係した活動へのかかわりがどの程度あるのか，暴力行為に走るような状況にどの程度身を置いているのか，ということも調べていきます。私たちセラピストは，その行為をしている個人を理解するために行動を観察します。彼／彼女の行動についての包括的な理解は，彼らが示す行動の変化や変動を視野に入れて初めて得ることができるのです。行動を観察し，さらにその行動に変化や変動をもたらす環境を観察することによって，その行動に関する「機能」がより把握しやすくなるのです。このような観察によって，セラピストはクライエントの行動に影響を与えることができるようになります。また，それだけでなく，そのようなセラピストの行動が，実際にどの程度クライエントの行動に影響を与えることができたのかということも，それによって知ることができるのです。

行動を評価するための評定尺度

　評定尺度を用いることは，臨床活動において，評価に適した情報を収集するための最も一般的な方法の１つです。このような評定尺度は，所定の様式を用いて，クライエントの困難や問題を評価していきます。また，その尺度のタイプには，クライエント以外の人が評価するもの（他者評定）と，クライエント自身が評価するもの（自己評定）とがあります。一般的には，自己評定尺度のほうが多く使用されています。ここで，このトピックについて少しだけ触れておきましょう。それというのも，より詳細な説明は，この本の主旨から外れることになるからです。

　それでは，あなたがトリートメントを実施するときのシナリオを一緒に考えてみましょう。トリートメントを開始する前に，あなたはクライエントに「気分はどうですか？」とたずねます。それから，トリートメントを実施した後に「では，今の気分はどうですか？」とたずねます。こうすることで，あなたは最初にした質問の回答と２番目にした質問の回答を比較できるようになります。しかし，これには問題があります。なぜなら，この２つの質問はまったく同じではないからです。たとえば「では」と「今の」とを付け加えて質問することによって，相手の回答が影響を受け，しかもその回答がどのように影響を受けるかが最初からセラピストに予測できてしまう，という場合がないとはいえないからです。

　このような潜在的な問題を回避するために，評定尺度を実施する場合，次のようなやり方で提示していきます。それは，同じ質問を，同じ聞き方で，同じ形式でたずねる，という提示方法です。ここでの論理は，先に説明した行動的アプローチ・テストの論理と類似していることに注意してください。つまり，トリートメントの前後で，同一の条件下で生じる行動を調べようとしているのです。ただし異なる点もあります。それは，ここでの行動的な事象（この場合は，評定尺度の質問に答えること）自体は，その人がセラピーを受けるきっかけとなった問題とほとんど無関係なものであるという点です。もし，評定尺度の質問に対するその人の回答が，他の場面で生起する，その人の別の行動クラスと一致しているなら，それは興味深いことといえます。たとえば，恐怖回避尺度「P」に対するアリスの評定が，日常場面（たとえば，彼女が仕事に行こ

うとするときのような場面）における実際の回避行動と一致するのなら，その評定から実際の回避行動に関連した何らかの情報を得ることになります。しかし，もしそうでないのなら，何も情報は得られていないことになります。

　評定尺度を使用する利点は，他のグループや母集団との比較が可能になるというところです。また，規範（基準）となるデータを収集することも可能です。そのデータは，個人の得点に対する解釈を可能にしてくれます。たとえば，うつの指標である「Ｄ」の得点について，一般的な人たちの得点，あるいはうつと診断されていた人たちの得点と，レナードの得点とを比較することが，評定尺度によって可能となるのです。というのも，すでに規範となるデータが蓄積されているからです。また，評定尺度を用いることによって，さまざまな反応がある規範と関係づけられ，トリートメント同士の比較もできるようになります。さらに，評定尺度は，個人を対象としたトリートメントにおいても有効に使うことができます。なぜなら，評定尺度で行っていることは，まさにセラピストがしていることと本質的には同じだからです。つまり，どちらも，クライエントに質問をしていることに変わりはないからです。また，評定尺度は，セラピストに，さらに検討するべき方向を示唆したり，注意を向けてこなかった情報に注意を向けさせてくれたりすることもあります。

　同時に，次のことを注意してください。心理測定法（行動や心理的能力に関する測度）は，この本で紹介している機能的な「見方・捉え方」とは異なる立場をとっているということです。心理測定法の背景にある論理は，しばしば次のような仮説に基づいています。その仮説とは，観察可能な行動は，内的な構造や内的な実体の単なる指標に過ぎないというものです。たとえば，ある人の「知性」を測定するために実施された，いくつかの下位テストの得点は，行動によって得られた結果であるから興味深いのではなく，「知性」や知的能力といった仮説的構成概念が求められているから興味深いのです。さらに同様の理由で，うつの指標の「Ｄ」の得点は，その背後にあるうつを表象しているものと見なされ，恐怖回避尺度の「Ｐ」は背後にある恐怖症の指標として扱われるでしょう。もちろん，機能的な「見方・捉え方」では，問題を説明するという目的のために，そのような背景に設定された仮説的な実体を扱うことはありません。しかし，それでも評定尺度は有効で実践的な方法の１つと考えられます。それは，クライエント自身の行動（つまり，決まった評定形式で質問に回答すること）を使って，別の状況で生起するかもしれない行動を記述させるこ

とができるからなのです。

臨床的な問題を評価する

　臨床的な問題を分析することについて，ここまで2つのステップを踏んできました。1つ目は「問題を観察可能な行動として定義する」，2つ目は「観察を通じて，その行動（もちろん，観察可能な状態で定義された行動）の出現に関するベースラインを評価する」ということです。しかし，クライエントの問題を理解するために必要な情報を収集するというところで立ち止まっているわけにはいきません。つまり，次のステップへと踏み出さなければなりません。そのステップとは「トリートメントの効果を評価することのできるデザインを組み立てる」ということです。

　もし，Aで表された期間をベースライン，Bで表された期間を特定の行動に影響を及ぼすために選定された介入手続きの導入とすれば，私たちは比較すべき2つの条件を手にしたことになります。つまり，統制条件（ベースライン）と介入条件です（図表2-5）[訳注6]。

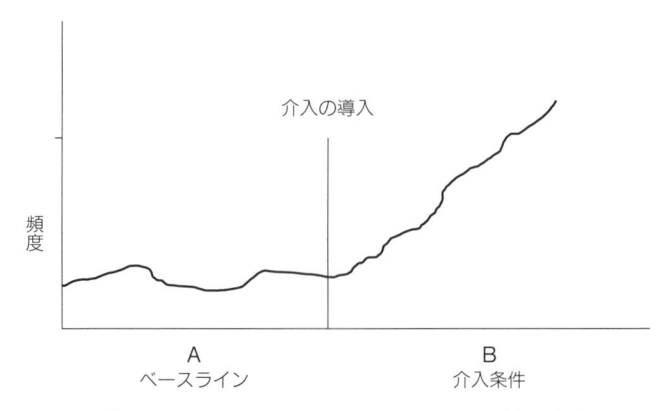

図表2-5　A-B デザイン：ベースラインおよび介入条件

[訳注6] 典型的な心理学実験で使用されるグループ比較デザインは通常，実験条件と統制条件という2つのグループが設定され，2つのグループの異なる参加者の従属変数が比較検討されます。ここで紹介するデザインも，実験条件と統制条件とを比較するという意味では同じ論理を使っています。ただし，同一の参加者「内」でそれらを比較するという点が大きな違いなのです。(TM)

ここでは，理解しやすいように仮想データが使用されています。標的となっている行動はベースラインの間，安定したレベルで生じています。そして介入が導入されると，頻度はより高いレベルに上昇しています。このような時間的な連動性は，介入と行動変容との間に因果関係が存在していることを支持しています。このような曲線（図表2-5のような，わかりやすい解釈を提供してくれる曲線）は，セラピー場面ではあまり一般的なパターンとはいえないかもしれません。たとえば，観察すること自体が行動に影響をもたらす可能性をすでに話しましたが，次の図表2-6はそれを表しています。それでは，その話に戻って検討してみましょう（図表2-6）。
　この場合，介入が導入されたときに何が生じたのかは明らかではありません。しかし，曲線の傾きを見ると，単なる観察によって引き起こされたというより，介入の効果があったと結論づけるのは理にかなっているといえます。しかし，次の場合はどうでしょうか？　図表2-7を見てください。
　この場合，介入Ｂが標的行動に影響を与えたと主張することは明らかに無理があるでしょう。しかし，もしトリートメントの前後で1回ずつ測定しただけなら（図表2-7の(1)と(2)），トリートメントの効果に関して有意差がみられたと考えてしまうでしょう。しかし，より注意深く分析してみると（つまり，図表2-7にあるようなＡ－Ｂデザインを使用して評価すれば），介入がその効果の原因となっていると結論づけるための根拠がないことがわかります。そこには，自分にとってより都合のよい解釈を無批判に受け入れてしまうという大きなリスクが存在しているのです。これは，多くのトリートメント評価において，か

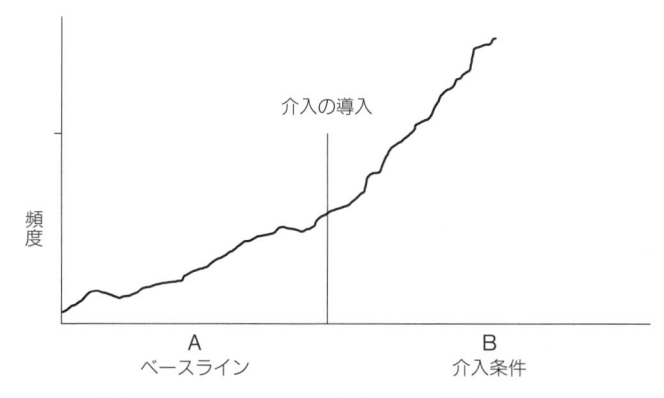

図表2-6　Ａ-Ｂデザイン：観察により影響を受けた例

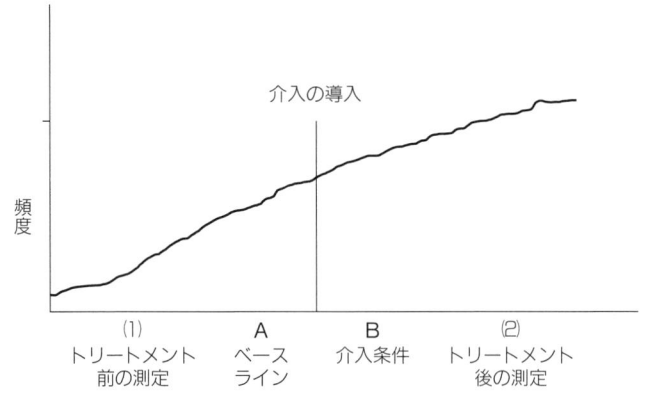

図表2-7　A-Bデザイン：介入の効果が明確でない例

なり典型的にみられることです。トリートメント中に生じた望ましい効果を観察すると，確固としたエビデンス（証拠）がまったくなくても，この効果は自分たちが行った特定の手続きによるものだと捉えてしまいがちです。

　では，もし介入後に，別の観察期間を追加してみたら，どうなるでしょう？ その観察によって，その介入の効果についての今までとは違った結論に辿り着くかもしれません。それでは，図表2-8を見てください。介入についての重要な情報が含まれているでしょうか？ 介入が導入されたとき，標的行動の増加がみられました。しかし，条件を反転させる（介入が撤去される）と，行動はベースラインのときのレベルにまで戻りました。このようなデータを得ること

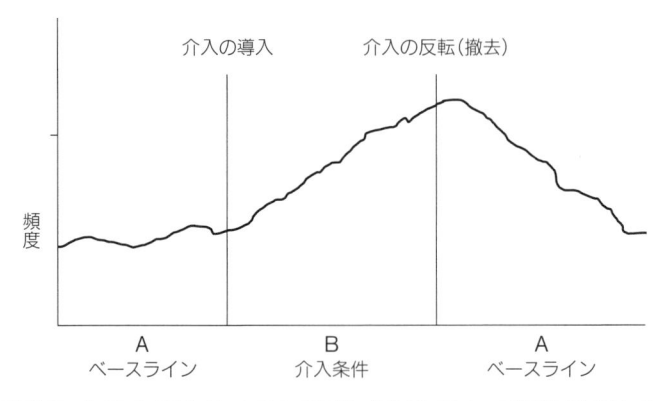

図表2-8　A-B-Aデザイン：介入の反転（撤去）によって行動が減少した例

で，私たちは影響を及ぼしている要因を同定した（突きとめた）という確信をもてるようになります。次に示す例（図表2-9）では，介入条件が撤去された後でも，標的行動が同じレベルでとどまっています。このデータが示しているのは，心理療法の中で生み出そうとしている学習のプロセス（積極的な介入がなくなってからも，それが安定した状態を維持している）なのです。

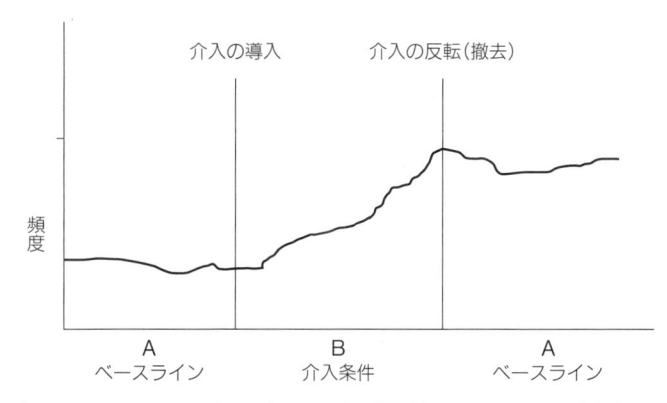

図表2-9　A-B-A デザイン：介入の反転（撤去）によって行動が安定した例

また，介入を再導入するという選択肢もあります。これは，A‐B‐A‐Bデザインと呼ばれるものです。図表2-10を見てください。

このデザインを使用して，もし効果が繰り返されれば，その介入が実際に標的行動に効果をもっているという確率を高めることになります。これは，私たちセラピストが重要な制御変数をコントロールできたことを示しています［訳注7］。それでは，このデザインを使用した，入居施設における高齢患者を対象とした研究（著者の1人に逸話的に伝わったものですが）を紹介しましょう。その施設で，家具の配置を変えたところ，患者たちの社会的な相互交渉によい影響がみられました（正確には，この時点ではまだ「仮説」に過ぎません）。しかし，このデザインに従えば，介入（つまり，家具の新しい配置）を反転する（元に戻す）ことが求められることになります。そして，実際に介入を反転させたところ，患者の家族を戸惑わせることになってしまいました。そ

［訳注7］決して「クライエントをコントロールできた」という意味ではないことに注意してください。ここでの意味は「クライエントの行動に影響を及ぼしている重要な要因を突きとめることができた。なぜなら，実際に，セラピストがその要因をコントロールできたという証拠を（このデザインを使用して）得たからだ」ということです。（TM）

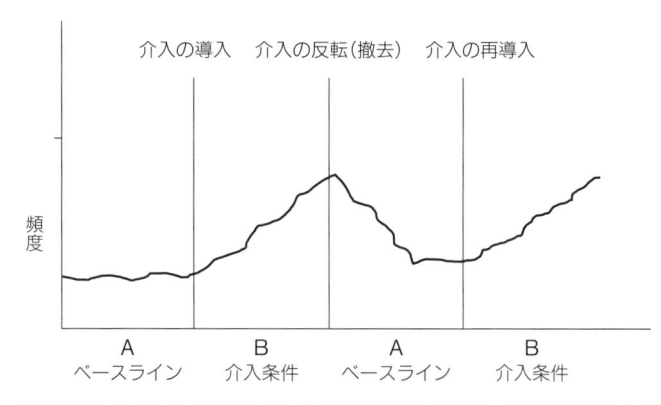

図表2-10　A-B-A-Bデザイン：介入の反転（撤去）と再導入をした例

れというのも，家族の人たちも新しい家具の配置がよい影響をもたらしていることに気づいていて，介入を撤去すれば（家具を元の配置に戻せば）ネガティブな影響が生じてしまうと考えていたからです。そのため，家具の新しい配置（介入）が再び導入されたとき，彼らは満足しました。また，研究者たちも満足しました。なぜなら，研究者たちは，仮説を検証できるデザインを手にしたからです。つまり，環境的な要因をコントロールすることによって，高齢者の社会的に重要な行動を変容できるかどうかということについて，このデザインを使用して検証できたからです［訳注8］。

今，紹介した評価方略は，環境的要因を大幅に変更できるような場面で主に使用されてきました。しかし，その有効性は，さまざまなトリートメント場面でも認識されるべきでしょう。その認識が浸透すれば，実施した援助の効果を実験的に検証するという機会が増えるからです。また，セラピーでは，その特性上，しばしば休止や中断，介入手続きの変更が生じることがあります。そのようなことが生じることによって，クライエントの行動レパートリー（behavioral repertoires）が異なる環境下で，どのように進展していくかを検証することができます（Hayes, 1981）。

［訳注8］現時点では，通常，このような研究を実施する場合は，患者本人やその家族に対してインフォームド・コンセント（説明と同意）という手続きを実施することが義務づけられています。つまり，現在では，この研究例は倫理的に問題があると判断されます。また，この研究にあった「家族の戸惑い」はインフォームド・コンセントの手続きを実施しておけば生じなかったと考えられます。（TM）

私たちがここで説明してきたことは，1人の対象者（single subject）でも使用可能な実験デザイン（experimental design）の基礎です（Hersen & Barlow, 1976）［訳注9］。もちろん，この実験的アプローチは，学習心理学を発展させていくために不可欠な方法論です。さらに，それはまた，心理療法における本質的な問題を研究対象にできる大きな可能性をもった方法論であり，行動療法（behavior therapy）と応用行動分析（applied behavior analysis）が伝統的にその領域としてきたような範囲をはるかに超えるものといえるのです（Hayes, 1981）。それは，クライエント1人ひとりを援助していく場合でも，標準化された評定尺度と組み合わせ，科学的用語を用いて介入を記述していくことができる方法論なのです。この方法論を使うことによって，さまざまなセラピーの日常的な活動や作業を科学的に評価できるようになるでしょう。また，従来「科学的な研究」といえばグループ比較研究（多くの対象者を必要とする）のことを意味するかのようにいわれてきました（セラピストの多くはそのような研究を実施しないでしょう）。しかし，この研究の方法論を使うことによって，グループ比較研究でなくても，科学的な研究を実施できるようになるのです（Kazdin, 1981）。

　この章では，行動を観察・記録する原理と実践的な方法のいくつかを説明してきました。またそれによって，機能的な「見方・捉え方」の中核的なものを理解するために必要となる基礎を明らかにしてきました。つまり「行動をそれが生じる文脈の中で理解していく」ための基礎を説明してきたのです。次章では，その「行動をそれが生じる文脈の中で理解していく」ことについて見ていきましょう。

［訳注9］この本では，A-Bデザイン～A-B-A-Bデザインのみを扱っています。他にもさまざまなデザインがありますので，Hersen & Barlow, 1976（邦訳あり；巻末「文献」参照）などにも当たることをお勧めします。（TM）

第 3 章

文脈の中で行動を捉える
―― ABC分析とは何か？

　行動的な出来事はすべて「ある文脈」の中で生じます。そして，その文脈の中で，私たちは行動を観察します。完全に文脈を抜きにして，話す，歩く，メロディを口ずさむといった人間の行動を理解することはできません。文脈を考慮に入れて初めて，それらの行動は理解できるものとなります。もちろん，これは臨床的な行動の場合にも同じことがいえます。たとえば，「避ける」「言い争う」「自虐的になる」といった行動が生じる文脈を考えなければ，そのような行動を理解することはできないでしょう。

　つまり，行動のカタチ（形態）を分析するということは，さまざまな行動的な出来事を記述しているだけに過ぎません。それだけでは，行動を説明していることにはならないのです。この点を忘れないでください。繰り返すようですが，行動のカタチを分析することが，そのまま行動を説明することにはなりません。それはちょうど，症状の記述を寄せ集め，それを要約して診断名をつけただけで，あたかも症状を説明したかのように感じてしまうのと似ています（もちろん，そのような誤解はとても危険です）。しばしば，「行動主義はうわべだけで本質を扱うことはできない」という批判を耳にすることがあります。もし，私たちが行動のカタチを記述することにしか興味がなく，前章までで話を終わりにしてしまったとしたら，そのような批判を受けても仕方がないかもしれません。もしそうだとしたら，行動的な出来事を羅列するだけで行動の分析を終えることになり，その行動と世界との関係性をまったく見出せないことになってしまうからです。また，このような行動のカタチに注目した分析は，

たくさんの行動を挙げることはできても，それによって行動を理解することはできません。「行動が生じる文脈」を考慮に入れること，それによって初めて特定の行動を理解できるようになるのです。また，それだけではなく，予測と制御という科学の目的を達成するためにも「行動が生じる文脈」を知る必要があります。つまり，観察する行動のより深い理解を与えてくれるものが，まさに文脈なのです。

　以上のような理由から，私たちは文脈を記述するために，さらなる情報が必要になります。つまり，随伴性（contingency）あるいは時系列分析（sequential analysis）と呼ばれるものが必要となってくるのです。この本では覚えやすいように，この分析のことを「ＡＢＣ分析」（ABC analysis）と呼ぶことにします。

ＡＢＣ分析──先行刺激（A），行動（B），結果（C）

　すでに述べてきたように，ＡＢＣの枠組みを使って，行動的な出来事を理解することは重要なことです。同様に，私たちの臨床的な活動においても，行動的な出来事をＡＢＣで捉えるというルールには価値があります。これまでは，ＡＢＣの中の「Ｂ」，つまり観察可能な行動（Behavior）が何であるかということに焦点が当てられてきました。そしてＡＢＣの中の「Ａ」は「先行刺激」（Antecedent），つまり行動の直前に起こる出来事のことを意味し，「Ｃ」は行動に後続する「結果」（Consequence）を意味します（図表3-1）。

　このように，ＡＢＣ分析は３つの要素から成り立っています。そして，この３つの要素は，行動を制御している環境（つまり，直前と直後の状況）を検討するときに役に立つのです。つまり，ＡＢＣ分析は，セラピストが抱える，次のようないくつかの問い（もちろん，人間の行動に関係する問い）に答えを与

A	B	C
先行刺激	行動	結果

図表3-1　ABC 分析

えてくれる便利な道具なのです。

行動（B）：何を（what）その人はしていますか？

　私たちが説明したいのは振る舞い，つまり行動です。そのため，最初の問いは「その人は何をしていますか？」となります。「どうして（why），その人はそのように行動するのですか？」という問いに答えるためには，さらに観察をする必要があります。そうすることで初めて，その問いに対する適当な答えに辿り着くことができるのです。

先行刺激（A）：いつ（when），その人はそのように行動しますか？

　では，最初の問い，つまり「B」（行動，つまりその人が何をしているか）に関する問いの「次に来るもの」は何でしょうか？　それは「いつ，その人はそのように行動しますか？」あるいは「どのような状況で，その人はそのように行動しますか？」という問いになります。これは「A」，つまり先行刺激に関する問いです。

　このように問いを表現してしまうと「ある特定の時期と場所がわかりさえすれば，先行する出来事を正しく理解できる」という誤解を生んでしまうかもしれません。しかし，「先行刺激」というカテゴリーを使って，私たちが本当に把握しようとしているのは，外的な刺激から内的な刺激までを含む幅の広いものなのです。それでは，誤解のないように，この問いを次のように言い改めてみましょう。「何がある（＝どのような刺激が存在している）ときに（in the presence of what），その人はそのように行動しますか？」

結果（C）：その人がそのように行動した後，何が起きましたか（what happens after）？

　3つ目の問いは「その人がそのように行動した後，何が生じましたか？」，あるいはより正確な言い方をすれば「そのように行動したために，どのような出来事が後続して生じましたか？」となります。つまり，私たちは「C」，つまり行動の「結果」を探していくのです。

　機能的な「見方・捉え方」において，結果についての問いは「生命線」といえるほど，とても重要なものです。行動を説明しようとするのなら，その機能（つまり「結果」）を必ず見つけ出さなくてはなりません。また「どのような目

的をその行動が果たしていますか？」という問いは，行動の結果が何であるかを問うていることと同じです。なぜ，行動の結果を知ることがそれほどまでに重要なのでしょうか？　それは，現在生じている行動が，以前に生じた類似の行動の結果によって規定されているからなのです。このような行動と結果の機能的な関係については，第5章でより詳しく見ていきます。しかし，この章でも，実際の行動と関係のありそうな結果について検討しておきましょう。

　私たちは，行動の結果（C）が何であるかを同定しよう（突きとめよう）としています。というのも，そうすることで「どうして（why），その人はそのように行動するのですか？」という問いに対する答えを見つけられるからです。そして，ここで理解しておかなくてはならない重要なことがあります。それは「すべての結果が，ある行動に対して，同じ制御力や影響力をもっているわけではない」ということです。どの結果が行動を制御し，どの結果が行動を制御しないかは，最初から簡単にわかるものではありません。そのため，まず「どのような出来事が，その行動の後に生じましたか？」というおおまかな問いを使って，行動を制御している可能性をもつ結果を探すことから始めなくてはなりません。つまり，いくつもの可能性を広く調べていくことから始めます。しかし，最終的に知りたい結果というものは，もちろん実際に行動を制御している結果です。これこそが，機能的な「見方・捉え方」の本質なのです。

　つまり，基本的なルールは，以下のようなシンプルなものとなります。そのルールとは，

　　どこに（where），Bはありますか？
　　それは，その文脈の中にあります！
　　つまり，AとCの間に！

先行刺激（A）と結果（C）を観察する

　Aのあるところで，BはCを導きます。しかし，このようなABCという形式を適用したものが妥当だと結論づけることが果たしてできるのでしょうか？もし，その問いに答えようとするなら，統制された実験を行い，実際にその先行刺激と結果を操作してみる必要があるでしょう。とはいえ，臨床場面では，この推測された随伴性（つまり，ABCで分析されたもの）が妥当であるかを検証するために，科学的なレベルで徹底的に調べ尽くすという機会などほとん

Antecedent 先行刺激	**B**ehavior 行動	**C**onsequence 結果
1人で職場に辿り着けるかわからないと感じる	フィアンセに電話し，車で送ってもらえるように頼む	車で送ってもらう

図表3-2　ABC分析：アリスの場合

どありません。しかし，私たちがクライエントの行動について理解したことをフォーミュレートしたり，クライエントの行動を変えるためにとりうる手立てについて計画したりするときに，実験的な発想から生まれたことと同じことをしているのです。

　私たちは，分析をしていくときに，探究すべき3つの基本的な領域をもっています。つまり，A，B，Cです。それでは，どのようにABC分析を始めるのかを理解するために，アリスの事例を少し振り返ってみましょう（図表3-2）。

　アリスは1人で職場に辿り着けるかわからないと感じると，フィアンセに電話をして車で送ってもらえるように頼みます。たいていの場合，彼女はフィアンセに車で送ってもらいます。

　ここで，私たちが焦点を当てるのは，次のようなことです（ただし，そのときの恐怖に関連する行動については，ここでは考慮に入れないことにします）。まず，アリスは，フィアンセに電話をかけて車で送ってもらえるように頼むという特定の行動をしていました。そして，その行動が生じたのは，彼女が1人で職場に行こうとしたときに，行けるかどうかわからないという感情が生じた（存在している）ときでした。そして，この行動に結果として後続した出来事は，彼女が車で送ってもらったということだけです。

　では，マリーの事例についても考えてみましょう（図表3-3）。

　マリーは会議に参加しなければならない状況に直面するとき，とても緊張します。たいていの場合，彼女は会議に出席しなくてもいいように，何か別の作業を見つけて忙しそうに振る舞います。そうすることで，少しの間は緊張が和らぐのでした。

A	B	C
先行刺激 **A**ntecedent	行動 **B**ehavior	結果 **C**onsequence
緊張を喚起する会議	会議に出なくてもいい ように忙しくする	緊張が低減する

図表3-3　ABC分析：マリーの場合

　このマリーの事例では，Aに2つの側面があることに注意してください。Aは会議や会議に含まれるすべての要素からなる外的な出来事であると同時に，内的な出来事をも含んでいました。つまり，マリーが緊張を感じるという出来事です。すなわち，先行刺激(A)を漏れなく記述しようとした場合，観察可能な公的な(public)出来事（会議）と，マリーにのみ観察可能な私的な(private)出来事（マリーの感情）が含まれることになります。

　ここで，アリスの別の状況について見てみましょう。とくに，複数ある結果(C)について検討してみます（ただし，図示はしていません）。

　　アリスは，家からあまりにも遠いところに来てしまったとき，とても緊張します（A）。そんなとき，アリスは来た道を引き返します（B）。そうすると，少しの間は緊張が和らぎます（C）。

　上記からわかるように，結果は，何かが減少すること，つまりここではアリスの緊張の低減です。しかし，結果はそれだけではありません。アリスはまた，職場に辿り着けなかった自分に対して失望するようになります（前章までのアリスの事例に関する記述を振り返ってみてください）。そして，彼女は職場の同僚にどう思われるかをさらに心配するようになり，どうやって職場に行こうかとますます悩むようになりました。これらはすべて，彼女が望んでいない結果です。しかし，このような結果は「来た道を引き返す」という行動が生じているときには，さしあたり重要なものとはなりません。この場合，アリスの最初のリアクションこそが重要なのです。つまり，緊張が和らいだときに生じる安堵感のことです。あらゆる行動的な出来事は，いくつかの結果を伴います。しかしながら，同定されるすべての結果が，直前の行動を制御しているとは限りません。この場合，直後の結果（緊張の低減）が，もっと後に起こる結果（たとえば，自分自身に失望する）を「上回った（wins）」と理解すること

ができます。

　あらゆる人間の行動において，A，B，C はそれぞれ，自明なものではありません。つまり，最初からABCが何であるかを同定することなどできないのです。なぜなら，人間の行動は「織物」のようなものだからです。それは，さまざまな行為という「縒（よ）り糸」が連続して絶え間なく互いに「織り合わされていく」ようなものだからです。私たちがABC分析で普段やっているのは，その「織り合わされていく順番」を分析ができるやり方で取り出してくるようなものなのです。次の例で「行動が織り合わさっている」ということを示してみましょう。その例は，ペーターとアンナが週末の過ごし方について話し合っているときにケンカになってしまう状況です。その状況で，どのようなことが起こっているのでしょうか（図表3-4）。

Antecedent 先行刺激	**B**ehavior 行動	**C**onsequence 結果
週末について話し合うために一緒にいる	週末の計画について話し合う	相手に腹を立ててケンカを始める

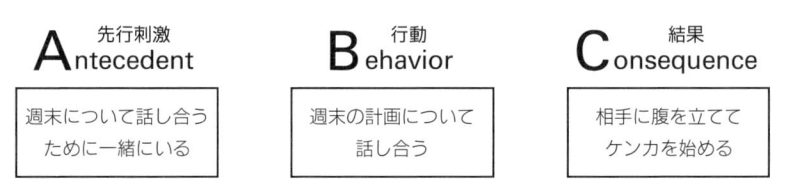

図表3-4　ABC分析：アンナとペーターの場合

　ある行動（話し合いを始める）に後続して起こった結果事象は，別の行動的な出来事（ケンカ）であることに注意してください。この結果事象は，さらに別の行動へとつながっていきます。

　相手から遠ざかることは，ケンカを終結させると同時に，相手がいる状況で感じる怒りを鎮めることとしても理解できます。しかし，今度は，ペーターとアンナは新しい問題状況に置かれることになります。つまり，彼らは，お互いを避けて週末を過ごすようになり，その行動自体がさらに別の行動の先行刺激となっていきます（図表3-5）。たとえば，このような先行刺激は，前向きに計画を立てるといった行動を導くことはないでしょう。そして，今度は，この結果がさらに別の行動に対する先行刺激となり……といった悪い流れがずっと続いていくのです！

　また，このようなペーターとアンナの行動は，異なる種類の結果，つまり「短期的な結果」と「長期的な結果」との対比についての説明も提供してくれます。短期的（ケンカをした後に，2人がお互いを避けているとき）には，避けるという行動は彼らが望む結果，つまりケンカによる不快感の減少へとつな

Antecedent 先行刺激	**B**ehavior 行動	**C**onsequence 結果
ケンカが始まる	2人ともその場を去る	互いに目の前から相手がいなくなる

図表3-5　ABC分析：アンナとペーターの場合

がります。長年にわたる実験研究から，行動に近接して生じる結果は，行動に対して強い制御力をもつということがわかっています。しかし同時に，この避けるという行動の長期的な結果は，アンナとペーターが本当に望んでいることからますます遠ざかることでもあります。お互いを避けることは，そのときの負担をいくらか減少させるかもしれません。しかし，もし彼らがよりよく，より親密な関係を目指しているのであれば，お互いを避けるという行動が，それ自体として機能する（問題解決につながる）ことはおそらくないでしょう。だからこそ，彼らはセラピストの援助を必要としているのです。そして，彼らはすぐに自分たちを引き裂く原因となった行動を認めるでしょう。しかし，残念なことに，彼らがそれを認めたからといって，彼らの行動が変わるとは限らないのです。

ここで，いったん「まとめ」をしておきましょう。ABC分析のエッセンスは，次のようになります。

> まず，なされた何か，つまり行動（B）を同定し，観察するところから始める。
> 次に，その行動が生じたときに存在していた出来事（A）と，その行動の後に生じた結果（C）を同定していく。

そして，行動を分析する目的は，単に行動のカタチ（形態）を記述することではなく，最終的にその機能を分析していくことにあります。そのため，私たちは，その行動を制御する（あるいは影響を与える）「結果」を同定することに最も力を注いでいきます。では，信頼できる方法を用いて，そのような結果をどのように同定していったらいいのでしょうか？　それを確実に同定するためには，このような機能的な関係性がどのように働いているのかをさらによく理解する必要があります。ただし，この問題については，第5章（オペラント

学習およびオペラント条件づけ）で再び扱うことにします。

結果：行動に影響を及ぼす方法

　この章で，私たちが強調している最も重要なポイントは，行動を理解しようとするときに，いつもその行動が生じている文脈を検討しなくてはならないということです。セラピー場面では，私たちセラピストは自分自身をこの文脈の「外に置く」ことが決してできません。つまり，私たちセラピストも，その文脈中に必ず含まれるものなのです。今まで見てきた例では，クライエントが話したことをＡＢＣ分析してきました。もちろん，クライエント自身の生活の中で起きていることに関する分析です。しかし，セラピストもまた，クライエント（１人あるいは複数）と一緒に，ＡＢＣで分析することができる出来事の流れの中に含まれているのです。クライエントだけでなく，セラピストもクライエントと会ったときに行動（Ｂ）します。私たちセラピストは，ある状況が存在する，つまり先行刺激（Ａ）のもとで，何かを発言したり，何かをしたりします。それでは，セラピーの場面で，セラピスト自身の行動に対する結果（Ｃ）とは，いったい何になるのでしょうか？

　意図的に結果を「足したり，引いたり」する（つまり「操作」する）ことで，人間の行動に影響を及ぼそうとする実践は，しばしばその倫理的価値について疑問視されることがあります。しかし，私たちセラピストが単にセラピールームや病棟にいるだけでも，結果に何らかの影響（と効果）を与えてしまうものです。つまり「結果を操作することで行動に変化を与えるという行為は倫理に反するのではないか」という問いは，ほとんど妥当なものとはいえません［訳注１］。むしろ，その場合，次のように問いを立てるべきでしょう。

［訳注１］第２章にも「操作」に関する内容を述べている箇所がありますので，そちらも参照してください。以下は，この節の内容に関する補足を記載します。
　セラピストは，クライエントと相対しているとき，何らかの「結果」を与えており（意図的／非意図的にかかわらず），それによってクライエントに影響を与えています。だからこそ，セラピーの場面では，クライエントへの影響を最大限に適切なものとするために，セラピストが自ら提供している「結果」に対して自覚的になり，場合によっては意図的にそれを制御する必要があるのです。つまり，以上のような考え方のもとでは，意図的に結果を操作することはきわめて「倫理的」行為になります。むしろ，それが「非倫理的」な行為となるのは，「結果を操作すること」自体によるのではなく，その「意図や目的」によるのです（もちろん「非意図的」「無目的」な状態も問題となることがあります）。（ＴＭ）

セラピストとクライエントが互いにかかわることでどのような結果が生じましたか？

その生じた結果は，どのように，またどのような状況において，特定の行動に影響を及ぼしましたか？

私たちはこの文脈から逃れることはできないのです！ 仮に文脈から逃れようとしても，別の先行刺激と結果がその文脈の中に新たに加わるだけのことです。そもそも「生きる」とは，自分自身の行動に対する結果と絶えず接していくことを意味しています。端的に言えば「生きとし生ける者，つねにC（結果）に辿り着かむ（生き物は必ずCに行き着くだろう）」となるでしょう。

長期的な結果

先に紹介した例で見てきたように，あらゆる行動的な出来事は複数の結果を伴います。行動が生じた直後に起こる結果は，長時間経ってから起こる結果よりも，行動をより制御しやすいという性質があります。たとえば，アリスが職場に行けず家に戻るとき，この行動は彼女の不安を低減させます。このような直後に生じる結果は，回避行動を形成するうえで大きな影響力をもつようになります。しかし，長期的にみれば，この回避行動によって，どうやって仕事や毎日の生活に対処すればいいのかというアリスの不安が増大していきます。ペーターとアンナがケンカの最中にお互いにその場を去ってしまったときも，その場を去るという行動は一時的に不快な情動を低減させます。しかし，長期的には，さまざまなところで生活しにくさが増し，彼らの関係にも絶望感が高まる結果となります。

すでに述べてきたように，長期的な結果の性質として，行動に対する制御力が弱いという傾向があります。それに対して，行動が生じた直後に起こる即時的な結果には制御力が強いという傾向があります。しかし，アリス，ペーター，アンナは3人とも，望ましくない長期的な結果に気がついていますし，それをより望ましい結果と比べてみることもあります。アリスは今のように過剰に心配をしたくないと思っており，日頃から自分の仕事を効率的にこなしたいと望んでいます。アンナとペーターは，自分たち夫婦の問題を前向きに解決し，親密で充実した関係を築きたいと思っています。もちろん，セラピーを行っていくうえで，クライエントが望むこのような結果は重要なものとなりま

す。自分たちが望むような結果に到達したいと思うからこそ，人は援助を求めてやってくるのです。

　しかし，理論的な視点から言えば，クライエントが望んでいる結果を，行動の説明として用いることには注意が必要です。行動に対して大きな影響力をもつ結果とは，以前同じ行動が生じたときに，その行動に伴って（後続して）生じた結果だからです（第5章参照）。一方，クライエントが望んでいる結果というものは，まだ一度も経験したことがない出来事の場合もあります。そのような未経験の出来事が，行動に対して制御力をもつことができるのでしょうか？　あるいは，定義的に，そのような制御力をもつようになることは不可能なのでしょうか？　この問いに答えるために，私たちは人間の言語や認知の領域についても検討し，これらのプロセスがどのように働いているのかについて検討しなければなりません。実は，さまざまな言語的能力を獲得してからでないと，今までに経験したことのない状況によって，行動が制御されることはありません。この話題については，第7章で「思考することによって，良くなる場合と悪くなる場合がある」ということを検討するときにもう一度触れることにします。

確立操作──行動を分析するときに検討するもう1つの要因

　著者の1人は，高齢者ケアに対する心理学的な手続きの適用について発表するという学会に参加したことがあります。その学会で，ある話題提供者（残念ながら名前を忘れてしまったので，信用できる情報に聞こえないかもしれませんが）が発表したのは，入院している高齢者が不必要にナース・コールのボタンを押すという傾向に関するものでした。そして，そのボタンを押すという行動は，看護師の行動特徴によって影響を受けているという研究でした。

　その研究では，2つの異なる条件が比較されていました。1つ目の条件は，図表3-6のようなものでした。それから，次の条件（図表3-7）へと手続きが変更されました。

　もうわかると思いますが，最初の条件では，ナース・コールのボタンを押す回数が大幅に増えました。そして，その発表者は，過剰にボタンを押すという

```
   A ntecedent       B ehavior          C onsequence
    先行刺激            行動                 結果

  ナース・コールの    クライエントが      スタッフが感情表現
    ボタン            ボタンを押す        豊かに親切に応対する
```

図表3-6　ABC分析：高齢者のケア（感情表現豊かに応答した場合）

```
   A ntecedent       B ehavior          C onsequence
    先行刺激            行動                 結果

  ナース・コールの    クライエントが      スタッフがほとんど
    ボタン            ボタンを押す        感情表現を抑えて
                                          平然と応対する
```

図表3-7　ABC分析：高齢者のケア（感情表現を抑えて応答した場合）

行動は社会的な要因によって制御されていたと結論づけました。しかし，同席していた別の発表者は，この研究を聞いてひどく憤慨して「この研究は，孤独感といった人間の状態に関する基礎的な変数を度外視して検討している。つまり，この研究は『行動分析学の皮相性』（行動しか検討しないという表面的な考え）を端的に示しているに過ぎない」と主張しました。確かに，孤独感のような変数を考慮に入れなければ，その行動は理解できなかったのかもしれません。では，正しかったのはどちら（誰）だったのでしょうか？

　行動分析学的な観点からは，どちらの立場も正しかったといえます。最初の発表者が示したように，ボタン押しは社会的な結果によって制御されていました。しかし，活発に人とのかかわりをもち，それほど孤独ではない高齢者にとって，このような随伴性が妥当であったのかどうかはわかりません。一方，2人目の発表者は，孤独感という変数に影響を与えることも，行動の過剰を軽減する方法となることを示しました。

　ここで，行動の分析をするための新たな要因について検討していきましょう。その要因は**確立操作**（establishing operation：EO）と呼ばれているものです（Michael, 1993）。それでは，図表3-8を見てください。

　確立操作は，通常「動機づけ」と呼ばれているものに影響を与える要因のことです。確立操作とは，ある特定の行動が生じる文脈の中にある「何か」なのです。そして，その「何か」は，まさにその文脈の中にある「結果」のもって

```
        先行刺激           行動              結果
       Antecedent      Behavior       Consequence
    ┌─────────────┐ ┌─────────────┐ ┌─────────────┐
    │  Antecedent │ │   Behavior  │ │ Consequence │
    │   先行刺激   │ │    行動     │ │    結果     │
    └─────────────┘ └─────────────┘ └─────────────┘
    ┌─────────────────────────────────────────────┐
    │         Establishing operation              │
    │              確立操作                        │
    └─────────────────────────────────────────────┘
```

図表3-8 確立操作（EO）の機能とABC分析

いる制御的な機能に影響を与えるものなのです［訳注2］。先の例では，孤独を感じている状態，つまり他者とのかかわりが不足しているという文脈が，ナース・コールのボタンを押して誰かがやってくるときに感じる「手応え」を変化させるのです。もちろん，このような確立操作は，行動的な出来事に対して重要な役割を果たしています。そして，それは，行動に先行する環境・状況の一部でもあります。しかし，確立操作は，実用・実践的な理由からA，B，Cとは異なる要因の領域として取り扱われます。（繰り返すようですが）それでも，確立操作は随伴性に影響を及ぼす重要な要因であることに変わりはありません。ある行動が生じる文脈に存在する他の要因（つまり，A，B，C以外の要因）として，確立操作は一連の行動を変えるために操作可能な要因の１つなのです。それでは，確立操作がどのような働きをしているのかを理解するために，次の例について考えてみましょう（図表3-9）。

　この状況は，夕飯をたっぷり食べてから来たか，腹ペコで来たかによってまったく異なるでしょう。もし空腹感を確立操作として考えるならば，この空腹

［訳注2］確立操作と動機づけがイコールで̇は̇な̇い̇ことに注意してください。確立操作とは，あくまで「外的要因の操作」なのです。ただし，その「操作」は（修辞矛盾かもしれませんが）意図的に操作されていない場合も含まれます。より正確な表現をすれば，操作可能な外的要因の変化・変動といえます。さらに，「確立する」とは「結果」の制御力を高める（あるいは，低める）ことを意味しています。つまり，「結果」の制御力が高まった状態のことを，一般的には「動機づけが高まった」状態と記述しているのです。また，以上のような定義のため，行動分析的には「内発的な」確立操作というものも存在しません。そのため，「内発的」と見なされやすい場合でも，外的変数の操作が可能であるものとして考えていきます。もちろん，臨床場面ではなおさら，そのように捉える必要があります。なぜなら，そのように捉えることで，セラピストは「内発的動機づけが低い」と見なしてクライエント本人の動機づけが高まることを「ただ待って」しまわなくなるからです。ただし，「待つ」というセラピストの行為がクライエントの動機づけを高めるための「外的要因の操作」となると予測される場合は，もちろん，その限りではありません。（TM）

```
A          B          C
先行刺激     行動       結果
Antecedent  Behavior   Consequence

[ハンバーガーの売店]  [ハンバーガーを注文する]  [ハンバーガーを得る]
```

図表3-9　ABC分析：ハンバーガーを食べる

感というのは随伴性の3つの領域（A，B，C）すべてに影響を及ぼします［訳注3］。空腹感によって，ハンバーガーの売店がより際立って見えてくるでしょう（A）。また，売店から漂うハンバーガーのにおいによって，食欲が高められるかもしれません。そして，その空腹感によって，メニューを見て注文する行動が変化するでしょうし，カウンターで注文をするときの語気も変化するかもしれません（B）。もちろん何と言っても，空腹感によって，肉汁たっぷりのハンバーガーを一口ほおばったときの主観的な体験（C）が変化するのです。一方，（ここでは詳しく見ていきませんが）夕飯をたっぷり食べた直後に，ハンバーガーの売店に行ったときはどうなるでしょう？　同じ一連の出来事がどのように変化するかについても考えてみてください。以上のように，確立操作（EO）は動機づけに影響を与える必要条件として捉えることができます。しかし，だからといって行動的な出来事を説明しようとする際に，EOだけを使用するということは決してありません。随伴性を分析する際には，必ずAやCを使ったうえで，EOという4つ目の領域を考えていきます。行動的な出来事は，いつもある状況（A）で生じ，そこにはいつも結果（C）が伴うものだからです。

　このような満腹，空腹，疲労といった基礎的な生理的過程は，しばしば確立操作として捉えることができます。しかし，確立操作は生理的過程だけを捉えるのに使用されるわけではありません。たとえば，ハンバーガーの売店の前を通りかかった人が，完全なベジタリアン（菜食主義者）だとしたら，どうでしょう？　このことも，随伴性の3つの領域すべてに影響を及ぼすでしょう。この場合の3つの領域とは，視野に入っているハンバーガーの売店がどの程度際立つか（A），ハンバーガーを買って食べるという行動（B），肉汁たっぷりのハンバーガーを口にしたときの感覚（C）のことになります。つまり，価値

［訳注3］正確には，空腹感とは，食事提示（摂取）間隔を広げるという確立操作によって生じた身体的状態を意味します。（TM） (values）が，人間の行動を随伴性によって理解する際に重要な意味をもつ場合があるのです。完全なベジタリアンは，どんなに空腹であっても肉汁たっぷりの大きなハンバーガーを注文するのを控えることができるでしょう。それというのも，彼らが現代の食肉産業の方針を嫌悪しているからです。そのような価値（一般的には「行動する〔生きる〕うえでの前提」といわれるもの）が，随伴性に強く影響を及ぼす可能性があるのです。このようなタイプの確立操作を考えていくためには，言語や認知という領域まで視野を広げて検討していく必要があります。このトピックについては第7章で扱うことにしましょう。

さて，実験心理学の研究室で行っている実験では，さまざまな動物の行動が食物を強化子に用いて研究されています［訳注4］。そこでは，動物が実験中に満腹になることはありません。もし満腹になってしまえば，動物はその課題（強化子として食物が使用されて実施される課題）に興味を示さなくなってしまうからです。同様に，人とのかかわりを十分にもっている高齢の入院患者は，自分の要求を伝えるためにナース・コールのボタンを押して看護師に来てもらうことに，それほど興味を示さないでしょう（もちろん，そのボタン押し行動への対応として，看護師がクライエントに不親切になるように訓練することを誰も真剣に勧めないでしょう……）。このような確立操作が，どのように中心的な役割を果たすのかということ（たとえば，クライエントへの治療・援助を計画するなど）については，第9章でもう一度検討します。

文脈の中で「行動」を捉える

以上のようにABC分析を説明すると「このような分析は，単にセラピストの頭の中でだけの活動である」という偏った印象を与えてしまったかもしれません。しかし，ABC分析は，セラピー場面で生じる対話（dialogue）にも非常に有用な道具として使うことができるのです。つまり，対話の中でABC分析を行う目的は，クライエントが自分自身の行動を理解するのに役立てることです［訳注5］。では，実際に，どのようにしてABC分析を利用するのかをマリーとのセッションで見てみましょう（図表3-10）。

［訳注4］強化（強化子）という用語の説明については，第5章を参照。（TM）

Antecedent 先行刺激	Behavior 行動	Consequence 結果
メールを受け取り、不安になる	帰宅する	不安が一時的に低減する

図表3-10　ABC分析：マリーの場合

セラピスト（以下T）：それで，あなたは昨日，途中で職場を出たんですね？

マリー（以下M）：はい。ただ，もうその状況に耐えられなくて……

T：何があったんですか？

M：その日の午後に「全員，プロジェクトの進行状況についてグループに簡単に報告するように」とメールが届いたんです。私は全員の前で話すことなんて，とてもできないと感じました。

T：では，そのメールを読んだ「とき」は，どうでしたか？

M：すぐに「固まって」しまいました。とにかく他の人に私が緊張していることを知られたくありませんでした。

T：なるほど。あなたはメールのメッセージを受け取り，すぐに固まってしまって，そのような状況で緊張していることを他の人に気づかれるのではないかと心配になったんですね。

M：はい。

T：それから，どうしましたか？

M：「まだ準備できていません」と言おうか，「早くに職場を出たためにメールを見逃しました」と言おうか，しばらくの間，考えていました。

T：でも，そうしなかったんでしょう？

M：そうしませんでした。「気分が悪いので，家に帰って休みます」と言いました。

[訳注5] 一般的に「分析する」という行為は，セラピー場面とは別の場所で行われる「静的」で「セラピストだけ」によって行われるものというイメージがあります。つまり，それは，ダイアローグ（対話）という語の反対語である「モノローグ」（monologue）として捉えられがちです。しかし，ABC分析は，「動的」で「セラピストとクライエントとのやりとり」の中で実施可能なものです。場合によっては，単に分析するだけではなく，セラピー場面で日常場面と同様の変数を動かして，問題となっている行動の機能を調べる（その分析の妥当性を検証する）ことも可能なのです。（TM）

T：それから，どうなりましたか？
M：どういう意味ですか？　だから，家に帰ったんです！
T：気分は，どうなりましたか？
M：始め職場から出たときは，重かった肩の荷が下りたような気分でした。でも，駐車場に着くまでには，もう心配になってしまいました。
T：心配？
M：はい。プロジェクトの進行状況は，いずれグループに発表しなければいけません。この次は，どうしたらいいでしょう？　発表があるときに毎度毎度，病気だなんて言えません。そうすればすぐに怪しまれてしまいます。しかも，このように発表をしなかったとき，つまり「するべきだと期待されていることをしなかった」ときには，私は自分自身にとても失望してしまうんです。

ここで，セラピストは一連の行動をすぐに分析することができるでしょう。

T：私が正しく理解していればの話ですが……これは，あなたを不安にさせるようなメールを受け取ったときに生じる問題のようですね。そのような場面から離れれば，あなたの不安は和らぎます。少なくとも一時的には。これは，ある種の「逃避」だということができます。他の場面でも，似たようなことがありますか？
M：そうですね……私の人生そのものが「逃避」といえるかもしれません。以前の仕事も，グループ会議で進行役を果たせなかったというだけで辞めました。今の新しい仕事でも，同じような方向に向かっています。

　不安を低減させるという結果は，それが単独に機能しているのなら，それほど問題ではありません。しかし，その他の結果も随伴する場合には問題となることがあるのです。上記の例から，短期的結果と長期的結果の違いを見つけ，長期的結果についても考慮していくことがいかに重要であるかをわかってもらえたでしょう。繰り返しになってしまいますが，マリーとセラピストの会話にみられるように，逃避行動の直後に起こった結果（つまり，短期的結果）が行動を制御しているのです。

T：それでは,この「重かった『肩の荷』が下りた」という最初に感じたことだけが「結果」ではなさそうですね？

M：はい。結局,私は仕事を台無しにしてしまって,それで余計に心配になるんです。でも,どうしても自分を仕事に向かわせることができないんです。わかりますよね？　こんな状況に,私,絶望的な気分になるんです。

T：今までの話をまとめると……不安を取り除くことは,あなたの人生に多くの犠牲を強いることになる……ということになりますか？

M：はい。控えめに言うと,そうなります。

　ABC分析は臨床活動に固有で本質的な作業です。そして,洞察のための重要な情報源となるものです。しかし,この場合,洞察（insight）よりも「外察」（outsight）と呼んだほうが妥当かもしれません。なぜなら,その分析過程の目的が,行動が起こった文脈から人の行動を理解することだからです。理論的な用語でいうのなら,このABC分析の過程は**弁別**（discrimination）といわれます。つまり,それは,行動の弁別であり,同時に行動を制御している状況の弁別なのです（「弁別」という用語については,第4章と第6章でより詳細に検討します）。

　私たちが研究しているのは,何かを感じ,行動し,望み,何らかの意味を求める人間なのです。それこそが心理学が検討しようとしているものです。さまざまな理論が提供してくれるのは,日々の臨床活動で,人間の行動を研究し測定するためのさまざまな原理です。だからこそ,私たちは学習に関するさまざまな理論を研究するのです。そして,それは（すでに述べてきたように）ABC分析を有意義に行うために必要なのです。それでは,学習に関するさまざまな理論を,自分自身,そしてクライエントを理解するための道具として使うために,第2部（第4〜8章）でそのトピックを詳しく見ていくことにしましょう。

第 2 部
行動を理解する

第 **4** 章
レスポンデント条件づけ
―― 古くて新しい原理

　「パヴロフ」という名前に心当たりはありませんか？　彼，イワン・パヴロフ（Pavlov, Ivan）は19世紀末のロシアで活躍した生理学者です。パヴロフは連合に基づく学習，つまり，**レスポンデント条件づけ**（respondent conditioning）と呼ばれる学習について，世界で初めて詳細な記述と分析を行いました（Rachlin, 1991）。しばしばこの学習の原理は，古典的条件づけ，あるいはパヴロフ型条件づけと呼ばれることがあります。イヌを被験体として用いたパヴロフの実験は，現在，専門家ではない人にもよく知られている心理学実験の1つといえるでしょう。彼は当初，イヌが餌を食べたときに，口や胃の中でどのような分泌液が出ているのかを調べようとしていました。この実験を行っている最中，パヴロフはある奇妙な現象に気がつきました。その現象とは，彼が実験室に入ると，イヌは目の前に餌が置かれなくても唾液や胃液を分泌する，というものでした。パヴロフはこの現象に強い興味を覚えました。そして，彼は心理学史に名を残すことになったあの有名な実験を始めたのでした。
　イヌは食物が目の前に置かれると，唾液を出す，というごく自然な反応をします。イヌはこのことを新しく学習する必要はありません。なぜなら，それは生物としてもともと備わっている反応だからです。パヴロフの一連の研究では，食物が目の前になくてもイヌは唾液を流す，という彼が偶然見つけた現象に対して，系統的な検証が行われました。パヴロフは，まず，ベルや音叉で音を鳴らし，その後すぐ，イヌの前に食物が入った皿を置きました。そして，この「音を鳴らして食物を与える」という訓練を数回繰り返すと，イヌは音が鳴

れば，食物が目の前になくても唾液を流し始めることをパヴロフは発見しました。すなわち，訓練開始時，ベルの音はイヌにとってほとんど意味をもっていませんでしたが（このような刺激は**中性刺激** neutral stimulus：NS と呼ばれます），訓練を行った結果，食物が通常もっている機能とよく似た機能をもつようになったのです。新しくイヌの反応を引き起こすようになった刺激は，**条件刺激**（conditioned stimulus：CS）と呼ばれます。そして，条件刺激によって引き起こされるこの新しく学習された反応は，**条件反応**（conditioned response：CR）と呼ばれます。生得的に備わっている刺激と反応の随伴性（上記の例でいう「食物」と「唾液分泌」との関係性のこと）は，**無条件刺激**（unconditioned stimulus：UCS）と**無条件反応**（unconditioned response：UCR）の随伴性と言い換えることができます。また，**刺激**という用語は，「反応に先行して存在する事象（出来事）」というように広い意味で使われます（図表4-1）。

　レスポンデント条件づけの別の典型例として，まばたきに関する現象もよく引用されます。眼に空気が吹きつけられると，人間は自然にまばたきをしてしまいます。このまばたきという反応が，生まれつき私たちに備わっている反応であることは疑いありません。すなわち，空気の吹きつけは，まばたき反応を引き起こすシンプルな刺激といえます。もし，音刺激の後に空気を眼に吹きつけるという手続きを繰り返せば，その音刺激は空気の吹きつけがもっているいくつかの機能を手に入れることになるでしょう。つまり，音刺激が鳴った後に空気が吹きつけられなくても，音刺激自体がまばたき反応を引き起こすようになるのです。この例においても，始めは中性であまり意味をもっていなかった刺激が，別の刺激に備わっているさまざまな機能の少なくとも一部分を新たに獲得しています。条件刺激と条件反応という用語をもう一度確認してくださ

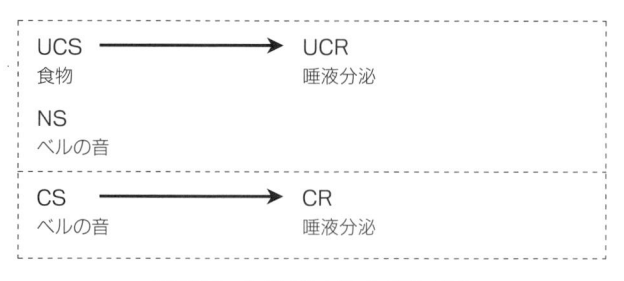

```
UCS  ───▶  UCR
食物        唾液分泌

NS
ベルの音

CS   ───▶  CR
ベルの音    唾液分泌
```

図表4-1　レスポンデント条件づけ

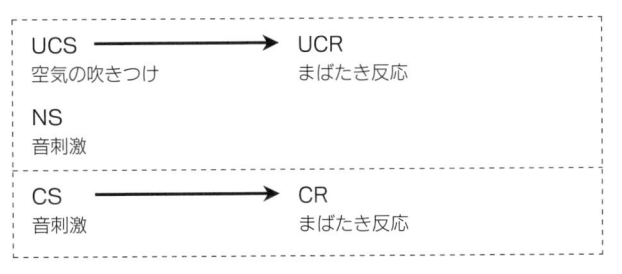

```
UCS  ───────▶  UCR
空気の吹きつけ      まばたき反応

NS
音刺激

CS   ───────▶  CR
音刺激          まばたき反応
```

図表4-2　まばたき反応のレスポンデント条件づけ

い。これらを，無条件刺激である空気の吹きつけや，この刺激によって引き起こされる無条件反応としてのまばたきと混同しないように気をつけましょう。もし空気が直接眼に吹きつけられたら，私たちはまばたきをします。このことを私たちは改めて学習する必要はありません。まばたきには生物学的な機能，つまり，眼を守る機能があらかじめ備わっているのです（図表4-2）。

条件反応と無条件反応の関係

次に，条件反応と無条件反応はどのような関係にあるのか，ということについて考えてみましょう。これら2つの反応は同じものでしょうか？　先ほど紹介したパヴロフの実験例から，両者は同一の反応だ，という答えが導かれるかもしれません。彼の実験における条件反応と無条件反応は，どちらともイヌの唾液を流すという反応でした。事実，パヴロフ自身もそのように解釈しました。つまり，両方とも同じ反応が引き起こされているのだと考えたのです。しかし，すぐに条件反応の強度は無条件反応の強度より弱くなることがある，という結果が報告されました。そして，その後の研究により，これらの反応は同じものではないことが明らかにされました（Rachlin, 1991；Rescorla, 1988）。たとえば，イヌの唾液中に含まれている化学物質の成分を条件反応と無条件反応とで比較してみると，これら2つの反応の違いがはっきりとします。この比較によって，私たちが考えている以上に，イヌが2つの反応を明確に区別していることがわかります。簡単に言えば，条件反応は「もうすぐ餌がやってくるぞ」という期待を強く反映している反応です。イヌはベルの音と餌を間違えることはありません。「ベルが鳴り終わった後に餌がやってくる」という，それ

までに築かれたベルの音と餌との関係性に基づいてイヌは反応しているのです。また，無条件反応と条件反応はどちらも唾液分泌に限られているわけではありません。つまり，唾液分泌は，食物を体内に取り込む準備としてイヌが示す多様で複雑な反応のほんの一面に過ぎないのです［訳注1］。

　これまで述べてきた一連のプロセスがもつ機能，つまり，レスポンデント条件づけの機能を要約すると次のようになります。レスポンデント条件づけは，ある有機体（生活体）が生活している文脈や環境内に存在する刺激に対し，その時点ではもっていない，生理的に意味のある機能を新たに付与する，というように働きます。言い換えれば，レスポンデント条件づけにより，あらかじめある機能をもっている（あるいはまったくもっていない）何かが，さらに新しい機能を獲得するようになる，ということです。どのような動物にとっても，このようなプロセスが生存していくうえで重要であることは簡単に理解できるでしょう。すなわち，レスポンデント条件づけは，有機体の行動に変化をもたらす機会を作り出すことによって，有機体を環境に適応させ，その生存確率を高めることに貢献しているのです。たとえば，これまで道路で危険な目にあったことがない幼い子どもが道路へ飛び出す，という状況を考えてみましょう。その子どもには，ある特定の無条件刺激（親の突然の叫び声や，攻撃的な行動）に対し，恐怖という反応（無条件反応）を示す生理的システムが備わっています。しかし，そのシステムは道路への移動に伴って出現するさまざまな刺激に対して，恐怖という反応を引き起こしはしません。子どもが道路へ飛び出した際，もしその親が大声をあげたり，攻撃的な行動をみせたりすれば，その道路（あるいはそこにある別の刺激）は条件刺激となり，恐怖（条件反応）を引き起こすようになります。このようにして，道路に対する子どもの行動は変化していくのです。もう1つの例として，ある深夜に繁華街のレストランで暴行を受けた体験をもつ若い男性の事例について考えてみましょう。事件から2，3週間経った後に同じ場所を訪れると，彼は吐き気を覚え，そして，心臓がバクバクし，汗が出てきました。つまり，もともとは快の感情や記憶と結びついていた環境が，レスポンデント条件づけのプロセスを通して，まったくそ

［訳注1］　もう1つの特徴としては，無条件反応は消去できないのに対し，条件反応は消去できるという点が挙げられます。簡単に理由を説明すれば，無条件反応は生得的な行動であるのに対し，条件反応は学習された行動のため，消去が可能だからです。消去についてはこの章の後半に説明があります。（NY）

れとは異なる反応を引き起こすようになったのです。

条件反応，無条件反応に対する基本情動の関係

　これまでの議論は，心理学の基礎的な知識の範囲内におさまります。私たちは遺伝的に決められた，さまざまな反応をもち，そして，そのような反応を引き起こす環境は個々の学習体験によって決定されます。しかしながら，上記で述べた唾液分泌やまばたきといった反応が，心理療法の対象になることはほとんどありません。それでは，文字通りまばたきをしている間に生じる，すなわち，情動のように一瞬にして生じる反応についてはどうでしょう？　成長した人間が感じる幸せ，怒り，あるいは恐怖などの反応は，数種類の要因から構成されています。これらの反応（情動）は遺伝的に決定されてはおらず，その大部分は個人の体験によって形作られています。これと同時に，これらの情動のある部分は，文化や民族的背景に関係なく，すべての人間に共通して存在していることも私たちはよく知っています。多くの研究において，ヒトは生まれつき少数の基本情動，あるいは，少なくとも1組の情動の構成要素をもっており，これらは特定の状況下で自動的に引き起こされる，という考えが支持されています（Ekman, 1992；LeDoux, 1996；Tomkins, 1982）。

　1870年代初旬，チャールズ・ダーウィン（Darwin, Charles）は，人間には他の動物と同様に，生存を有利にするためのいくつかの基本的な情動反応が備わっている，と主張しました（Darwin, 1872）。これらの基本情動，あるいはこれらに属する反応の正確な数については，現代の研究者たちの間でも論争が続いていますが，以下の5つについてはかなり意見が一致しています（Power & Dalgleish, 1997）。

- 恐怖
- 悲しみ
- 楽しみ
- 怒り
- 嫌悪

この中で最もよく研究されているのが「恐怖」であり，それは心理療法を受ける人々が抱えている多くの問題において明らかに重要な基本情動です。

基本情動を構成するものとは何か？

各基本情動には，はっきりと見てとれる個別の表現があり，それは顔に最もよく現れます。さらに，情動は生理的な反応によって区別することも可能です。各生理反応は，ある行動の潜在的な要素，あるいは行動の原因となります。たとえば，私たちが恐怖を感じているときには，心拍数の増加，そして身体の特定の部位における筋肉の活性化，血流の変化などが生じます（Ekman, 1992）。このことは，恐怖体験における統合された部分であると考えることができます。私たちが自分自身の恐怖に気づいたときにはすでに生理反応は活性化しており，回避や逃避のような特定の行動を行う準備がなされているのです（LeDoux, 1996）。ここでは，生物学が主導権を握っています。なぜなら，生物学では基本情動を扱う際に，刺激によって生じる意識的な内省に触れる必要がないからです。恐怖という基本情動によって，次に行う行動の準備が即座になされます。これと同様に，嫌悪の体験には刺激から遠ざかろうとする身体的な準備が伴い，怒りの体験には攻撃を行うための身体的準備が伴います。つまり，自分自身の怒りに気づいたときにはすでに，相手を叩く準備ができているのです。

無条件反応に基づいた情動反応

ここまで「各情動反応は，無条件反応に基づいており，それらは進化によって形作られてきた」ということを説明してきました。これらの情動反応を引き起こす環境について，あるいは別の言い方をすれば，情動反応を引き起こす無条件刺激について，私たちはどのようなことを知っているのでしょうか？　残念ながら，このことに関する私たちの知識は限られています。それというのも，実際の研究は成人，つまり，すでに長い学習歴をもった個人を対象に行われることがほとんどであり，ある情動反応を引き起こす刺激が無条件刺激であるのか，あるいは条件刺激であるのかを判断することは，とても困難な作業となっているからです。しかしながら，恐怖に関しては，学習体験がなくてもその情動反応を引き起こすことができる刺激がいくつか存在することが報告されています。たとえば，速いスピードで迫ってくる物体，大きな音，そして他者

の特定の表情などがそれに当たります（Öhman, 2002）。進化論的な観点からみれば，恐怖や嫌悪などの情動を引き起こす刺激が一種類しか存在しないとは考えにくいでしょう。もし，ある情動反応が生存していくうえで有利に働くのであれば，たとえ人生の初期において影響を及ぼす刺激の種類が必ずしも多くなかったとしても，その反応はたった1つの文脈ではなく，より多くの文脈で引き起こされる必要があるでしょう。

　私たちがもつさまざまな情動体験が，人生の初期においてどのように形作られたのか，ということを理解するうえで，レスポンデント条件づけの知識が役に立ちます。たとえば，幼児期において，ある怒りを引き起こす刺激（無条件刺激）が存在したとします。時が経つにつれて，別の新しい刺激がその無条件刺激と連合を形成します。つまり，その新しい刺激は無条件刺激がもっている機能の一部を獲得し，怒りを引き起こすようになるのです。このようにして，多くの現象が個体の外に存在する刺激（他の個体の活動，におい，特定の対象物など），そして，情動や感情といったような個体の中に存在する刺激と連合を形成していくのです。小さな女の子が悲しんでいる状況を想像してみてください。そのような状況において，その子の親が繰り返し彼女に恐怖を感じさせる行動をとっているとしましょう。レスポンデント条件づけにより，このような親の行動は，子どもが感じている悲しみという情動を，恐怖を引き起こす刺激へと変化させてしまいます。より簡単に言えば，その子どもは自分の悲しみの情動反応に対して恐怖を抱くようになるのです。このことに関連する別の例として，マリーについて彼女のおばさんが語った次の文章を見てみましょう。

　　おばさんは「あなたが幼い頃，お父さんとお母さんはあなたのことをひどく心配していたのよ」と，マリーに話しました。マリーはまだ1歳にもならない時分からとても活発で，住んでいたアパートの中をすぐにハイハイするようになったことを，おばさんは覚えていました。その頃のマリーは，周りにあるものすべてに興味があるようで，とてもうれしそうにあれこれと探索していたそうです。しかし，マリーが何か新しいものを探そうとしていると，両親はマリーを怖がらせてそれをやめさせようとしました。おばさんは，そのような光景を見て悲しくなったそうです。マリーはこの話を聞いて，今，多くの人々が興味や好奇心を示すような状況において自分が恐怖を感じてしまうのは，この子どもの頃の体験が原因だと考えるようになりました。

実際には，おばさんが語ったマリーの子ども時代の体験が，現在彼女が抱えている問題の原因である，と言い切ってしまうことはできません。それでも確かなことは1つあります。それは，レスポンデント条件づけが人生の初期の段階で私たちの行動を形作り，そしてその後の人生を通して，私たちと私たちの周りに存在する環境との間に築かれる基礎的な関係に影響を与えている，ということです。

外部刺激と内部刺激

さまざまな情動状態がレスポンデント条件づけによって引き起こされることは，行動科学の歴史上，早い段階で認識されていました。1913年，「行動主義」宣言を行ったジョン・ワトソン（Watson, John）は，パヴロフの研究結果をいち早く応用し，人間の恐怖の起源に対して説明を行いました。それは，ある刺激（たとえば，暗闇）の存在によって怯えるという体験をすると，この刺激が恐怖の引き金になってしまう，という説明です。この種の学習された情動反応についての知識があれば，次のような事例も容易に理解することができます。それは，心的外傷（トラウマ）をもった人がどのようにして外界に存在する特定の刺激（たとえば，ヘリコプターの音，煙のにおい，軍服）に反応するようになったのか，という各種の事例についてです。行動療法では伝統的に，このような外部刺激に注目してきました。

しかし，より近年になって，内部刺激に対する議論が活発になってきました。内部刺激とは，たとえば，情動，身体感覚，そして記憶といったものです。このような刺激による条件づけは，専門用語で，**内部感覚条件づけ**（interoceptive conditioning）と呼びます［訳注2］。

［訳注2］訳者が知る限り，interoceptive conditioning に定まった訳はありません。「内受容器的条件づけ」という訳が行われることもありますが，この訳語は，心臓や胃といった身体器官を対象とした条件づけに対して使用されており，本書で用いられている意味とは異なっています。したがって，本書の「内部刺激」という用語がもつ幅広い意味に合わせるために，このような新しい訳出を行いました。この条件づけの可能性は，またしてもロシアの生理学者たちによって示されており，さらに，この種の学習は消去に対する抵抗が非常に高い，つまり，一度学習されるとその連合を消し去るのは容易ではないことも明らかにされています（Razran, 1961）。この内部感覚条件づけは，特定の不安障害を理解するうえで中心的な役割を果たします（Bouton, Mineka, & Barlow, 2001）。

学習の準備性

　私たちは生まれつきいくつかの無条件刺激に対して特定の反応を行いますが，実際の生活で私たちが示す行動は，それよりもっと複雑な様相を示しています。また，私たちが「中性」刺激と呼ぶものは，必ずしも文字通りに中性であるとは限りません。あらゆる刺激が同じように条件づけられることはなく，あらゆる反応が，訓練前は中性であった刺激によって容易に引き起こされるようになることもありません。上記のまばたき反応の条件づけを例にとると，音刺激がまばたきを引き起こすようになる，つまり，音刺激（条件刺激）と空気の吹きつけ（無条件刺激）との連合を形成するためには，数回の訓練試行が行われる必要があります。しかしながら，中性的なにおい刺激が嫌悪や気分の不快感を引き起こすようになるためには，そのにおい刺激と嘔吐がたった一度，一緒に体験されるだけで十分なのです。同様の現象が，情動を対象にした研究でも報告されています。つまり，有機体は特定の学習に対する準備がなされてこの世に生まれてくる，というように考えることができます（Öhman & Mineka, 2003）。たとえば，人間は多種多様に存在する刺激の中でも，とくにヘビ，高所，そして暗闇などに対して容易に恐怖を感じます。しかし，このことは，このような特定の恐怖症に関連している刺激に対してのみ当てはまることではありません。同じことが次のような状況においても当てはまります。たとえば，他者によって自分が調べられている状況，あるいは放置されている状況，そして自分の身体に異常な感覚を体験する状況といったものです。もし，ある人が交通渋滞に巻き込まれているときに，腰の痛みとともにパニック発作に襲われたとします。これ以降，再び腰のあたりに痛みを感じたり，渋滞につかまったりすれば，その人が恐怖を体験するであろうことは，簡単に予想できます。しかしながら，パニック発作が生じたときに，その人の周りに存在していた自動車のダッシュボード，あるいは自動車それ自体が，恐怖やパニックを引き起こすようになるとは考えないでしょう［訳注3］。

　連合による学習（レスポンデント条件づけ）は，遺伝的な要因と各個体の体

［訳注3］この学習の準備性に関する問題については，味覚嫌悪学習の研究を発端としてさまざまな知見がもたらされています。しかしながら，ヒトの恐怖症における準備性の研究は文脈や対象によって結果に一貫性が乏しく，さらなる研究の必要性が指摘されています。詳細を知りたい人は以下の書籍を参照してください。ジェームズ・E・メイザー（磯博行，坂上貴之，川合伸幸訳）『メイザーの学習と行動（日本語版第3版）』二瓶社，2008年（NY）

験の組み合わせによるものです。レスポンデント条件づけのような学習をコントロールする要因には，どのようなものがあるでしょうか？　次節ではこの問いについて検討しましょう。

レスポンデント条件づけの促進

　レスポンデント条件づけは，ある刺激間の関係性に基づいた反応を学習することといえます。その刺激とは，無条件刺激と，訓練の以前は中性で，その文脈においては何の関連性ももっていない刺激のことです。これらの刺激間の実際の関係についてさまざまな性質を知ることは，レスポンデント条件づけの理解を深めるために必要です。

促進要因
　無条件刺激とその他の刺激（中性刺激）との関係性を見ていくうえで，私たちはまず次の「問い」に答えなければなりません。どのような要因がレスポンデント条件づけの形成を促進するのでしょうか？　以下に，レスポンデント条件づけを促進する決定的な要因を挙げました。

- 条件刺激（CS）と無条件刺激（UCS）の対呈示回数が増加すれば，CSが条件反応（CR）を引き起こす確率が高まります。先に示したまばたき条件づけがそのよい例となります。音刺激と空気の吹きつけが同時に起こる回数が増えるほど，音刺激はより高確率でまばたきを引き起こすようになります。
- 条件刺激（CS）と無条件刺激（UCS）がいつも一緒に呈示される場合のほうが，CSがないときにもUCSが呈示されることがある場合より，CSが条件反応（CR）を引き起こす傾向が強くなります［訳注4］。たとえば，イヌが餌を食べるときいつもベルが鳴るのであれば，ベルによる唾液分泌の生起確率が高まります。しかし，餌が呈示されるときに，ベルが鳴る場合と鳴らない場合がそれぞれあるのならば，反応が高確率で生じることはありません。別の例として，つきあっているパートナーが性的交渉を行うときにだけ香水をつけ，その他の場面ではつけていなければ，この香水の

においにより2人の性的興奮が引き起こされる確率は高まります。
- 条件刺激（CS）が無条件刺激（UCS）に先立って呈示されるほうが，その逆の順序で呈示される場合よりも，条件づけの形成が促進されます［訳注5］。もし，イヌを「クッキー」ということばに反応するように訓練したければ，あなたはイヌに実物のクッキーをあげる直前，あるいは与えているときにそのことばを言わないといけません。もし，与えたクッキーをイヌが食べ終わった後にあなたが「クッキー」と言っても，イヌは決してクッキーという単語と実物のクッキーとの関係を学習しないでしょう。この手続きをどれだけたくさん繰り返しても学習は成立しないはずです。レスポンデント条件づけを促進させるためには，刺激の呈示順序が固定されている必要があります。つまり，CSがUCSに先行して呈示されるという順序です。
- 条件刺激（CS）と無条件刺激（UCS）の間の時間間隔も，促進要因の1つです。その時間間隔が長くなるほど，CSが条件反応（CR）を引き起こす確率は低下します。もし，あなたが「クッキー」と言って，しばらく経ってからイヌにクッキーを与えても，学習プロセスは働かないでしょう。

刺激間の実際の関係だけが，レスポンデント条件づけの促進に対して影響を及ぼす要因ではありません。たとえば，強い準備性がこれらの要因に変化をも

［訳注4］CSとUCSを一緒に呈示することを**強化**（reinforcement）と呼びます（オペラント条件づけにおける**強化**と混同しないように気をつけてください）。そして，CSとUCSを毎回一緒に呈示する手続きを**連続強化**と呼びます。これに対し，CSが呈示されたときにUCSを呈示する場合と呈示しない場合がある手続きを**部分強化**と呼びます。一般的に連続強化のほうが部分強化より速く条件反応を形成します。しかしながら，その反応を消去する場合，部分強化によって形成された条件反応のほうが，連続強化によって形成された条件反応より消去されにくいことが知られています。このような現象を**部分強化効果**（partial reinforcement effect）と呼びます。また，この章の訳注で紹介される専門用語に関して，さらに詳細な情報を得たい人は以下の著作に当たることをお勧めします。実森正子，中島定彦『学習の心理―行動のメカニズムを探る』サイエンス社，2000年／Bouton, M. E. (2007). *Learning and Behavior: A Contemporary Synthesis*. Sunderland, MA: Sinauer.

［訳注5］このようにUCSの後にCSが呈示されることを，**逆行条件づけ**（backward conditioning）と呼びます。逆行条件づけにより条件反応を形成することは決して不可能ではありませんが，ここで説明しているように，CSの後にUCSが呈示される場合（これを**順行条件づけ** forward conditioningと呼びます）と比べて非常に困難である場合がほとんどです。

たらすことがあります。吐き気がその最もわかりやすい具体例となるでしょう。吐き気という反応は簡単に条件づけることができます。仮に，あなたが豪華な食事をし，その夜に気分が悪くなったとしましょう。その食事の一部として存在する味やにおいなどの感覚が条件刺激（CS）となり，吐き気という条件反応（CR）を引き起こすようになります。この学習は，食事の嗅覚・味覚刺激が呈示されてから，該当する無条件刺激（UCS）が呈示されるまで，そして，無条件刺激の呈示によって無条件反応（UCR）が生じるまでに数時間が経っていたとしても起こります。つまり，このような遅延があったとしても，においや味のような感覚刺激によって，気分の不快感や吐き気を引き起こすことができるようになるのです。

条件づけをさらに進める：二次条件づけ，般化，弁別

　条件反応（CR）を引き起こすようになった条件刺激（CS）に対して，さらに条件づけを行うことができます。仮に，子どもが暗い場所や暗闇を怖がり，これらが条件刺激となって恐怖を生じさせるようになったとします。そうすると，その暗闇という文脈に存在する他の刺激（たとえば，特殊な音）もまたCS として機能し，恐怖を引き起こすようになります。もちろん，子どもが暗闇の中で最初に恐怖を感じた状況には，この特殊な音が存在していなかったとしても，です。このような現象は，**二次条件づけ**（second-order conditioning）と呼ばれます［訳注 6］。

　レスポンデント条件づけに影響を与える別の重要な要因に**般化**（generalization）と呼ばれるものがあります。これは，レスポンデント条件づけが類似した刺激にも広がる傾向がある，というものです。パヴロフのイヌにもう一度話を戻してみましょう。イヌがベルの音に対して反応するように条件づけられ，餌が目の前になくてもベルの音が鳴るだけで唾液を流すようになったとします。ここで，今まで鳴らしていたベルではなく，それとは少し違った音色をもつベルに変えてみたとします。新しいベルの音が元のベルの音とどの程度違っ

［訳注 6］つまり，まず，CS 1（暗闇）と何かしらの怖い出来事（無条件刺激：UCS）を一緒に呈示し，CS 1 が CR（恐怖）を引き起こすように条件づけます。この後，CS 2（特殊な音）を CS 1 と一緒に呈示すると（このとき，UCS は呈示されません），CS 2 も恐怖を引き起こすようになる，という現象です。ちなみに，先ほど述べた準備性が，この例においても一定の役割を果たしています。つまり，暗闇は人間にとって「中性」ではなく，他の刺激より容易に恐怖と結びつきやすい刺激なのです。

ていたら，イヌは唾液を流さなくなるでしょうか？　この問題にはさまざまな要因が絡んでいるので，正確に答えることは難しいですが，元のベルとまったく同じ音でなくても大丈夫だとはいえます。つまり，「十分に似て」いればイヌは唾液を流すのです［訳注7］。

　別の例として，ある小さな子どもがイヌに襲われて怪我をしたとします。その子どもは，実際に襲われたイヌだけでなく，それとよく似た他のイヌを見ても怖がるでしょう。もし，その子どもがジャーマン・シェパードに襲われ，そのイヌの体の大きさが条件刺激（CS）として中心的な役割を果たしているのであれば，その子どもがダックスフンドを恐れることはないでしょう。しかし，イヌの吠える声がその子どもにとって重要であったならば，ダックスフンドの場合でも，その吠え声がCSとして機能し，条件反応（CR）である恐怖を引き起こすでしょう。

　このように般化とは，本来の条件刺激（CS）だけでなく，そのCSがもつ性質をある程度共有している別の刺激でも，条件反応（CR）を引き起こす，つまり，反応がさまざまな刺激によって生じることを意味しています。日常的には，ヘビ恐怖の人が芝生にあるホースを見て不安を感じてしまうという例が般化に当てはまります。

　般化と反対のプロセスは**弁別**と呼ばれます。これは，ある刺激間の差異に対して反応する能力のことです。私たちはこのプロセスをパヴロフが行った実験から再び学ぶことができます。イヌは最初，さまざまなベルの音に対して唾液を流すというように般化を示していたとします。続いて，実験者であるあなたが，ある音のベルが鳴ったときにだけイヌに餌をあげ，別の（それとよく似ている）音のベルが鳴ったときには餌をあげないという手続きを行います。そうするとイヌは弁別を示すようになり，より限定された範囲内の音が鳴ったときにだけ唾液を流すようになります。

　般化と弁別，そしてこの2つのバランスが，学習する有機体の適応と生存にとって重要であることは，容易に理解できるでしょう。ある場合には，高い弁

［訳注7］本来の条件刺激の性質を順次変化させていくと，それによって引き起こされる条件反応の強度も次第に減少していきます。こうした現象は**般化勾配**（generalization gradients）と呼ばれ，行動療法における**系統的脱感作**（systematic desensitization）で用いられる不安階層表も，この般化勾配の概念をもとに作成されています。なお，系統的脱感作で用いられるエクスポージャー法や不安階層表については第13章で説明があります。（NY）

別を示し，特定の刺激に対してのみ反応することが，非常に重要となります。たとえば，雪に覆われた氷の上を歩く必要がある動物は，そこを歩いても安全なのか，それとも氷が割れて危険なのかということを，雪の白さの加減から評価しなければなりません。別の状況では，般化がより重要になる場合があります。ある動物が，捕食者に襲われ，その餌食になってしまうリスクが高い環境に住んでいたとしましょう。そのような状況では，周りで何かが少しでも動いたら，とりあえず反応するほうが賢明です。

条件づけは永久に残る？　それとも消し去ることは可能？

　先に述べた，二次条件づけ，般化，そして弁別の各現象をみればわかるように，レスポンデント条件づけは固定したものではなく，次々と変わりゆくダイナミックなプロセスといえます。さらに，条件づけられた反応に対して，その強度を弱めたり，あるいは反応自体をなくしたりすることも可能です。このことは先に述べたように，**消去**（extinction）――反応を「消し去る」こと――として知られています。最も基本的な意味において，消去は理論上単純なものとして考えられています。つまり，消去は条件刺激と無条件刺激との関係を絶たせてしまうのです。パヴロフのイヌに話を戻しましょう。まず，ベルの音と餌の対呈示を繰り返し，イヌがベルの音を聞くだけで唾液を流すように訓練します。その後，ベルの音を，餌を伴わせずに繰り返し鳴らし続けると，その音は最終的に条件刺激（CS）として機能しなくなります。つまり，条件反応（CR，この例では唾液分泌）を引き起こす能力が消えてしまうのです。あるいは，暗い場所を怖がる子どもに対し，何も怖いことが起きない暗闇の中で一定時間過ごさせる，という手続きを繰り返せば，暗闇がその子どもの恐怖を引き起こす可能性は低くなっていくでしょう。つまり，暗闇がもつCSとしての機能はなくなり，CR（恐怖）を引き起こさなくなるのです。しかし，消去が生じるということは，有機体が条件づけを行う前に戻る，ということではありません。条件づけられ，そして消去された反応は，簡単に再び条件づけることができます。パヴロフは，このことについても明らかにしていました。彼は2頭のイヌに対して，次のような訓練を行いました。まず，1頭のイヌに対しては，最初に唾液反応を条件づけ，そしてその後に唾液反応を完全に消去しました。もう1頭のイヌには，ベルの音に対する学習は何も行いませんでした。この後，パヴロフはこれら2頭のイヌに対し，ベルの音と餌の関係性を改めて学

習させました。その結果，前者のイヌのほうが音と餌の関係性に対して反応することを，後者のイヌよりも素早く学習しました。

　もう1つ別の例を考えてみましょう。仮に，あなたが高所恐怖症だったとして，夏休みの1週間をかけて自分の家に新しい屋根を取りつけることになったとしましょう。この取りつけ作業中，恐れるような出来事が何も生じなければ，あなたの高い場所に対する条件性恐怖はこの1週間の間におそらく弱くなるでしょう。屋根の上から地面を眺めるという体験により，高い場所がもつ条件刺激（CS）としての機能は消え去り，もはや条件反応（CR）である恐怖は，少なくとも以前のように強くは引き起こされなくなったはずです。さらに，屋根を新しくした後，翌年の夏まであなたは屋根に登らなかったとしましょう。おそらくあなたは，昨年屋根を1週間かけて新しく取り替え終えた時点よりも，屋根に登ることに対して恐怖を強く感じるようになっているでしょう［訳注8］。しかし，この恐怖は昨年の取り替え作業を始めた時点ほど強くはないはずです。そして今年，屋根に対する恐怖を取り除くのに，昨年ほどの時間はかからないでしょう［訳注9］。

レスポンデント条件づけと精神病理

　私たちがこれまで説明してきた，このタイプの学習が，専門家の助けを必要としている人たちが抱えるさまざまな問題に関連していることは，容易に理解できると思います。たとえば，歯医者へ行くことに対して非常に強い恐怖を感じているクライエントが，私たちのところへ相談に訪れたとしましょう。おそらく，そのクライエントは，治療室で何回も痛い体験をした結果，治療室の独特のにおい，音（ドリルや金属の治療器具），そして身体の位置（治療用の椅

［訳注8］この例のように，消去したにもかかわらず，一定期間後に条件反応が自然と復活してしまう現象を，**自発的回復**（spontaneous recovery）と呼びます。この現象からも，消去によって条件反応が完全になくなってしまうわけではない，ということがわかると思います。

［訳注9］消去に関しては，先に紹介した自発的回復の他，新奇な刺激が呈示されることによって，消去されていた反応が再び生じる**脱制止**（disinhibition）と呼ばれる現象や，消去後に再度CS-UCS連合の条件づけを受けると，1回目の条件づけ過程に比べ**再獲得期**（reacquisition phase）の学習が非常に早いといった現象が知られています。これら3つの現象を説明する理論として，**興奮**（excitation）と**制止**（inhibition）の関係からこの現象を説明する**制止理論**（inhibition theory）というものがありますが，まだ十分な結論は得られていません。（NY）

子にもたれたときの姿勢）に対して不快な条件反応を示すようになったのでしょう。あるいは、心的外傷後ストレス障害（PTSD）に悩んでいるクライエントがやってきたとします。彼は紛争地域で生活していた間、苦痛を伴う出来事をたくさん体験しました。今、そのクライエントは紛争地域で生活してはいませんが、以前に体験した無条件刺激や無条件反応が、さまざまな新しい現象に関連づけられ始めていました。つまり、これらの新しい現象が条件刺激（CS）として機能するようになり、紛争地域で引き起こされていた反応（UCR）と類似した反応（CR）を引き起こすようになったのです。このクライエントの置かれた状況について、もう少し詳しく見てみましょう。

　長年にわたって、ミルザと彼の家族はボスニアで暮らしていたのですが、民族の異なる周囲の住民からの嫌がらせが日ごとに増していきました。そして、それはついに、日常的なテロ行為へと変わってしまいました。ミルザが住んでいた町も戦火に見舞われ、暴行を受ける人、そして殺される人が頻繁に目撃されるようになりました。ある日、ミルザの弟も連れ去られてしまいました。それ以来、彼は弟の姿を二度と見ることはありませんでした。弟は殺されてしまったのだ、といつしかミルザは考えるようになりました。このように数年間、ミルザは暴力、虐待、そして死の恐怖と隣り合わせに暮らさざるをえなかったのです。彼と彼の両親は自己防衛できず、屈辱を受け続けたのでした。
　今、ミルザと彼の両親はスウェーデンに住んでいます。現在の環境はとてもすばらしいのですが、過去に受けた体験が彼の生活に影を落としていました。それは、何でもない日常の出来事（さまざまな種類の音、制服を着た人、煙、そして火）に対して痛みや苦痛を感じてしまう、というものでした。ミルザが示すこれらの反応のいくつかは、常識的な観点から容易に理解できます。たとえば、テレビで戦争の場面を観たミルザが強い恐怖反応を示すということについては、多くの人々が納得するでしょう。しかしながら、次のような反応は理解に苦しみます。その反応とは、家の外でスウェーデンの警察官に出会うと、強い恐怖が生じてしまう、というものです。ミルザは、警察官が自分にとって脅威の対象ではないことはわかっているのですが、どうしても強い恐怖を感じてしまうのです。彼はしばしば、「スウェーデンの警官はボスニアで何もしなかった、そうだろ？」と自分自身に言い聞

かせることもあります。ミルザ自身，自分の反応が普通ではないと考え始め，理解できずに苦しんでいました。「俺に危害を加えるために警官がここへ来てるんじゃないってことぐらい，俺だってわかっている。なのに，なんでこんなに怯えなきゃいけないんだ？」

　ミルザは，自分の反応には論理的に不一致な点があると考えています。つまり，彼は実際に恐怖を感じてはいるのですが，怖がるようなものはまったく目の前にないということを理屈ではわかっているのです。しかし，ミルザの身体に存在する神経システムの働きに矛盾はありません。彼の反応は，レスポンデント条件づけに基づいて生じているのです。その反応は「論理的」に生じているのではありません。そして，「論理的思考」により自らの反応を止めること，あるいは制御することもできません。もし，私たちがミルザのこのような反応を理解したいと思うのであれば，彼自身と彼の身内に脅威をもたらした過去の体験を考慮しなければなりません。ここで注意すべき点は，ミルザの反応はボスニアでの過去の体験によって形成されたものですが，そのような反応を引き起こす刺激は，現時点で実際の脅威とはなっていない，ということです（図表4-3）。しかし，現在の条件刺激は過去にあった刺激と形式的に類似しており，そしてこの条件刺激が存在することにより，身体が次の活動（つまり，逃走か闘争）のための準備を行うのです。

　戦争のような劇的な背景をもたない問題に対しても，同じ考え方で理解することが可能です。戦争の生存者だけでなく，それと似たような惨事を体験した人の中にも，レスポンデント条件づけにより形成された問題や困難を，私たちは見つけることができます。それではそのような問題を，アリスの事例で見ていきましょう。

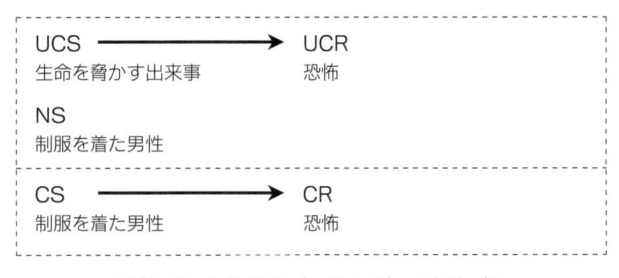

```
UCS ─────────→ UCR
生命を脅かす出来事    恐怖

NS
制服を着た男性

CS ─────────→ CR
制服を着た男性    恐怖
```

図表4-3　心的外傷（トラウマ）の条件づけ

アリスの生活には，あまりに多くのことが起こっていました。長い間，彼女は働きすぎていました。しかも，その日その日の仕事をどの部署で行えばいいのかは知らされておらず，彼女は次第に仕事を困難なものと感じるようになってしまいました。また，彼女のフィアンセであるボブも同様に仕事に忙殺されていました。そのうえ，アリスは自分の母親に関する問題も抱えていました。彼女の母は，アルコールに依存しており，また毎日アリスへ電話をかけてくるのでした。そんな中，ある水曜日，アリスはひどい疲れを感じ，調子がとても悪くなりました。彼女は自分の身体が緊張していることに気づき，「どこか不自然な」感じをもちました。その夜，彼女がベッドに潜り込んだちょうどそのとき，事態はさらに悪化しました。アリスは強い目眩がし，そして，心臓がバクバクいい始めました。さらに，腰のあたりに圧迫感を感じ，息をするのもやっとの状態になってしまったのです。

　この事例においてアリスは，私たちが「パニック発作」と呼ぶ症状を体験したのです。パニックはそれ自体，脅威が差し迫った状況では誰にでも生じる自然な反応です。私たちがもっている基本情動のシステム内に，このような反応を行う準備があらかじめなされているのです。アリスの事例では，長期間にわたるストレスの結果としてパニック発作が生じました。このようなパニック発作は，生死にかかわる状況に対処するように発達した反応システムが発信する，フォールス・アラームの一種として考えることができます（Bouton, Mineka, & Barlow, 2001）。パニック発作は，たとえそれが一時的な体験であっても，実際に目の前にある脅威と同じように，レスポンデント条件づけを形成する効力をもちます。それでは，この事態における条件刺激（CS）とは何でしょうか？　通常は，その状況でよく目立つ刺激（たとえば，強い身体感覚）がCSとなります。このことは先に述べた，自分の身体に生じた変化に対して恐怖を感じるようになる，という学習の準備性も反映しています。では，アリスの置かれた状況をさらに詳しく見てみましょう。

　パニック発作を体験してからずっと，アリスは緊張と疲労を感じていました。そして，あの同じ症状に悩まされ続けており，発作を体験していなくても，腰のあたりに重みを感じていました。しかしながら，次第に落ち着きを

取り戻し，週末をゆっくり過ごした後には，極度の疲労，緊張，そして腰の違和感はほとんどなくなりました。それから数週間が過ぎたある日の夜，友人とのお祝いで夜遅くまで外出したため，アリスは普段より睡眠をとることができませんでした。次の日の朝，仕事に出かける準備をしていると，アリスは疲労と身体の不調を感じました。そして，玄関に降りたまさにそのとき，彼女は目眩と腰の重みを感じ，そして心臓がバクバクし出し，パニック発作に再び襲われたのでした。

アリスが被った体験を，私たちはどのように理解すればよいのでしょうか？この2回目のパニック発作が起こったとき，アリスは1回目のときのように，極度に疲れ果てていたわけではありません。実際，彼女は疲れていましたが，それは睡眠不足によるものでした。その夜睡眠不足になることを，アリスは大きな問題として考えていませんでした。なぜなら，以前から睡眠がとれない夜は頻繁にあったし，それによって問題が生じたことなど一度もなかったからです。しかし，疲労感や，疲労感に関連した身体感覚のような「体の内側」にある刺激が，条件刺激（CS）として機能し，心拍の増加や腰の違和感などの条件反応（CR）を引き起こしたのです。これらの反応は，彼女が自分の身に起こっていることを頭の中でどのように解釈しているかに関係なく引き起こされてしまいます。内部感覚条件づけは，悪循環が生じるうえで中心的な役割を果たしています（図表4-4）。

どのようにしてレスポンデント条件づけが精神病理に影響を及ぼすのか，ということを理解していくうえで，強迫現象も1つのよい例となります。ここで，アリスの人生に生じたまた別の出来事を見てみましょう。

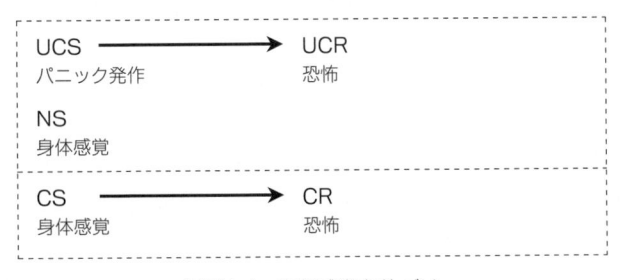

```
UCS ─────→ UCR
パニック発作      恐怖

NS
身体感覚

CS ──────→ CR
身体感覚       恐怖
```

図表4-4　内部感覚条件づけ

アリスは最近，自分が何か物忘れをすることについて，昔より強く怖がっていることに気がつきました。その一番よい例はコンロです。アパートから出かけるとき，彼女はよく玄関のドアの前で立ち止まり，「コンロの火，消したっけ？」と自問しました。彼女はキッチンに戻り，コンロの火が消えていることを確認し，そして再び玄関へと向かうのでした。そして，もう一度ドアの前までやってくると，同じ考えがまた頭をよぎるのです。「うーん，私，本当に消したのかしら？」このように，アリスは出かけようとするたび，コンロを確認しにキッチンへ何回も戻ってしまうのでした。

　アリスの強迫的行動がどのようにして始まったのか，という問題はここでは扱いませんが，どのようにしてコンロの火を何度も確認しに行く行動がレスポンデント条件づけにつながっているのか，ということをみるのは簡単です。玄関それ自体，または玄関へ近づくという行為が，不安を引き起こす条件刺激（CS）となっています。この事例は，どのようにしてレスポンデント条件づけが精神病理の一部となっているのか，ということをよく表しています。このようにレスポンデント条件づけは，ある症状がどのようにして始まったのかということだけでなく，どのようにその症状に組み込まれていて，その症状を悪化させるのか，ということを説明することができるのです。

回避と逃避

　これまでの議論で，条件刺激と無条件刺激との間にある関係性がなくなるとき，どのようにして条件反応が減少するのか，あるいは消え去るのかを見てきました。屋根に登り，何も危険な目にあうことなく「高い場所の体験」をすることにより，この「高い場所の体験」がもつ，不安を引き起こす機能は次第になくなっていきます。つまり，消去が起こったのです。しかし，もし不安を感じ始める前に屋根から降りてしまったら，このような自然な消去は起こりません。このことは，屋根を修繕する必要がなかった過去において，まったく屋根に登らなかったことにも通じています。不快な体験，あるいは嫌悪的な体験をしたとき，それから遠ざかろうとすることを**逃避**（escape）と呼び，そのような体験と関連した状況にそもそも近づかないことを**回避**（avoidance）と呼びます。また，しばしば「回避」という専門用語は，これら2つの行動を指して使うことがあります。

苦痛を伴う体験から逃避すること，あるいはその体験を事前に回避することは，ごく自然な行動です。そのため，危険をもたらす事象を回避するという行動は，当然のものとして学習されます。もし，有害な物質が含まれた食べ物を食べる，あるいは，獰猛な動物に襲われるという体験をしたのであれば，その将来，これらを事前に避けようと行動することは，生存上有利に働きます。
　次に，この回避の過程が，どのようにして，望まれているのとは逆の効果をもたらす行動を引き起こし，問題を生じさせてしまうのか，ということを説明します。高い場所へ行くと恐怖を感じるので屋根に登らないでおくという対処方法は，実際に恐怖を体験しなくて済む，という短期的な利点をもっています。しかし，屋根に登ることで得られる長期的な利点を得ようとするのであれば，このような対処方法をとっていると，その利点を得る可能性は失われてしまいます。また，まったく消去の体験をすることなく，その将来，屋根（あるいは他の高い場所）にやむをえず登ることになってしまったとしたら，高い確率で恐怖を感じることになるでしょう。
　専門家の助けを必要としている人たちは，屋根に登ることができないということ以上に，普段の生活においてさらに高いコストを払っています。たとえば，もし私が紛争地域での生活において心的外傷後ストレスを受けたとしたら，私の周りにあるさまざまな刺激が条件刺激として機能し，地獄のような紛争体験に対する恐怖反応を引き起こすようになることを防ぎきることはできないでしょう。すなわち，私はどこにいようが，苦しみを伴う条件反応が引き起こされてしまうのです。また，強い不安を感じることがあれば，それを避けようとするのは，当然のことでしょう。しかしながら，皮肉なことに，この回避するという行動では消去の過程が生じないため，長期にわたって不安反応を維持することになってしまいます。先ほどのアリスは，どのようにしたら玄関を回避することができるのでしょうか？　もちろんそうすることは可能ですが，奇妙な結果を引き起こすことになるでしょう。この種の葛藤に直面すると人は，さまざまな奇妙な行動をとるようになる，ということは，極度の強迫神経症的な問題を抱えたクライエントをよく知る人にとっては自明なことです。たとえば，汚れるという体験により強い不安が引き起こされ，自分の手を何度も強迫的に洗ってしまうという問題を抱える人がいます。その人を手洗いの儀式から抜け出させるためには，手を洗う行為を完全にやめさせればいいのです。また，パニック発作を抱える人々が非常に受動的である（外出せず，外でも恐

る恐る歩く）という事実は，条件刺激，条件反応，回避，般化，そして消去の欠如などから構成される悪循環を理解していれば，容易に納得できるはずです。

　これらの事例には，他のプロセスも含まれています。そのプロセスとは「結果（C）」による学習（オペラント条件づけ）として理解することができます。私たちはこのレスポンデント条件づけとオペラント条件づけの相互作用を第8章と本書の最終セクションである第3部「行動を変える」において再び検討します。本章では，回避する対象は多くの場合レスポンデント条件づけの結果によるものであり，このことによって回避行動が絶望的にいつまでも続くものとなっている，という点を強調しておくにとどめておきます。これらの反応は意識的なコントロール下にはなく，消去への道筋は回避行動によって妨害されているのです。

レスポンデント条件づけと思考

　考えるということ，つまり思考は，感情，記憶，そして身体感覚と同じように内的な現象であり，レスポンデント条件づけの一部分となることがあります。たとえば，思考は条件反応（CR）となり，条件刺激（CS）により引き起こすことが可能です。もし誰かが「9月11日」と口にすれば，きっとあなたは内なる眼で，ある心的イメージを見ることになるでしょう。しかしながら，「10月7日」と言っても，ほとんどの読者には明確なイメージは生じないでしょう。また，思考はCSとして機能し，CRの発生源になることもあります。心に浮かんだイメージによくよく思いを巡らせてみれば，その日生じた感情があなたのもとに再び戻ってくることがわかるでしょう。

　このことは臨床的な問題に大きく関係しています。あなたが嫌悪的な体験（無条件反応：UCR）を伴うある診断（たとえば，「あなたは普通ではない」）を聞いたとします。その後，もう一度この診断を聞いたとする（あるいは，そのことを考えさせる状況に置かれたとする）と，本来の反応とよく類似した情動反応（条件反応：CR）が引き起こされるでしょう。次に，思考がCRになる過程を示す例として，長期にわたって不眠症に悩まされているクライエントの事例を挙げてみましょう。そのクライエントは，ベッドに入り枕に頭を乗せると，「眠ることができない」という思考が浮かび上がってきます。そのとき，枕（あるいはベッド）は「眠ることができない」という思考を引き起こす条件

刺激（CS）として機能しており，このような思考（CR）がなくなるまで，実際に眠ることはできません。このときベッドは，通常の望ましい結果である睡眠ではなく，それとは逆の目を覚まさせるという反応を引き起こすCSとなっているのです。

　思考，イメージ，感情，そして身体感覚のような内的な現象が互いに結びつき，そしてさまざまな外的状況と結びつくという事実は，人間の機能において非常に重要な意味をもっています。人間の反応は，レスポンデント条件づけの絶え間ない働きにより，つねに変化しており，各個人の周りに存在する環境がもっている機能も変化し続けています。ある時，それまでまったく自分と関係がなかった出来事が突如重要な機能をもつことがあります。あるいは，1つの機能しかもっていなかった出来事が，ある時，別の複数の機能をもつようになることもあるのです。

　ここまで詳しく説明してきましたが，この「思考」という現象を本当に理解するためには，実はレスポンデント条件づけの知識だけでは不十分です。確かに，レスポンデント条件づけは人間の言語や認知において一定の役割を果たしてはいます。しかし，この学習の原理が，言語や認知がもつ本質を十分に捉えていないことはすぐに納得がいくでしょう。人間の言語や思考が，この種の条件づけより，はるかに柔軟性に富んでいることを，次のマリーの事例で見てみましょう。

　　現在，マリーは生活を送っていくうえである不快な症状に悩まされていて，それを初めて体験したときのことを鮮明に覚えていました。彼女は規則正しく教会に通っており，いつもうしろの席に座って礼拝に参加していました。ある日曜日の礼拝中，いつもの席に座っていると，不意にマリーは今までそこで体験したことのない恐怖に襲われました。まず，マリーは自分が汗をかいていること，そして顔が火照っていることに気がつきました。さらに，心臓がバクバクいい始め，目眩もしました。これらはマリーにとって非常に不快な症状でした。それからというもの，マリーはその場所に座るとほとんどいつも，同じ症状に苦しめられるようになりました。それでも，彼女は礼拝に集中するように努め，症状があろうとなかろうと（ほとんどの場合あったのですが），いつもうしろの席に座り続けました。このように，彼女は不快な症状が引き起こされる状況を避けようとはしませんでしたが，なぜ

か聖餐式に参加することだけはやめてしまいました。そして，この体験の後，さまざまな困難がマリーの生活全般に広がっていったのです。しかし，ここではその困難がどのようにして始まったのかを述べるにとどめておきます。

　私たちはマリーの話をどのように理解したらよいのでしょうか？　もし，マリーにたずねれば，彼女はきっと次のような返事をするでしょう。「聖餐式でしょ，私はそれをやり遂げることがきっとできないわ。もし，その最中に気分が悪くなって，心臓がバクバクしだしたらいったいどうしたらいいのか……」もし，一般の人に同じ質問をしても，彼女の言っていることや行動はおそらく理解されないでしょう。また，思考をレスポンデント条件づけによって理解しようとしても，マリーの行動を説明することは，とても困難です。その時点で，彼女はその避けた出来事を体験したことがありません。つまり，実際の聖餐式において，彼女は決してこの種の不快感や心拍の増加を体験していないのです。さらに，不快な症状は彼女が最初に体験したものより悪化してはいませんし，不快感を引き起こす場所も避けられてはいません。まるで彼女の（そして私たちの）思考が彼女を今までに訪れたことのない場所へと連れて行き，そこから不快感を引き起こす機能を手に入れたかのようです。この問題が学習の観点からどのように理解されるのか，ということについては第7章で検討します。現時点では，思考と通常呼ばれているものには，レスポンデント条件づけ以上の「何か」が含まれていることを押さえておくだけで十分です。

第 5 章
オペラント条件づけ(1)
—— 4つの随伴性と消去

　想像してみてください。あなたは，買ってきたばかりの火災報知器（スモーク・アラーム）を自宅に取りつけました。天井に取りつけられた，その小さい白い箱，そして，その箱にある小さいライトがゆっくりと点滅しているのを見て（正常に作動しているときに点滅する），あなたは一安心します。ところが，数日後，何の前触れもなく，その警告音が鳴り出しました。しかし，火の手はどこにも見当たりません！　あなたは，新しい料理の本に書いてある通りのことをしていただけでした。そこには「スパイスは，コンロであらかじめ熱したフライパンで乾煎りしておきます」と書いてあっただけなのです。しかし，火災報知器は，そんなことには「お構いなし」です。その代わりに，煙に反応し，強烈な110デシベルの警告音をけたたましく鳴らしていました。その音は，家のどこにいようと，どんなに深い眠りについていようと，人を叩き起こすだけの威力をもつように細心の注意を払って設計されていました。あなたは飛び上がり，心臓はバクバク，全身の毛穴が開き，頭の毛が逆立ちそうなほど……つまり，恐ろしさを感じるほど，ビックリ仰天してしまったのです。
　その警告音は，依然として，大きく，不愉快な甲高い音を鳴らし続けています。あなたは，ガレージまで行き，ハシゴをひったくるようにもってきて，それを火災報知器の下に置くと，駆け上がるようにそれを登りました。そして，その火災報知器についているボタンをやみくもに何度も押し続けました。しかし「変化なし」です。警告音は，その甲高い音を鳴らし続けています。あなたは，ついに，その火災報知器のカバーを外し，電池を中から取り出しました。

それで，やっとのこと静寂を手にすることができたのです。

　もし，この一連のあなたの行動を説明してほしいと言われたら，どう答えますか？

　　質問者：なぜ，飛び上がった（ビックリした）のですか？
　　あなた：だって，火災報知器が鳴り出したから！
　　質問者：なぜ，ハシゴを登り，その火災報知器のカバーを外し，電池を取り
　　　　　　出したのですか？
　　あなた：だって，火災報知器が鳴り出したから！

　それぞれの質問に対する回答は同じです。しかし，有機体（この場合は，あなた）の活動と刺激（この場合は，火災報知器の警告音）との間には，2つの異なる関係があります。その違いとは何でしょうか？　あなたが思わず飛び上がってしまったり，心臓がバクバクするほど脈打ったりすることは自動的に生じました。一方，あなたは警告音を止めるために，フライパンをコンロから下ろし，シンクの中で水をかけ，ハシゴを取りに一目散にガレージに急行しました。しかし，原理的に言えば，あなたはハシゴを登る前に，悠然と冷蔵庫まで行き，牛乳を1杯飲むこともできたはずです。つまり，その警告音を止めるまでの過程には，かなり幅のある，さまざまなアクションをする余地があったはずなのです。一方，あなたの直後のリアクション（飛び上がり，心臓がバクバクし始める）は，警告音が何度鳴っても同じでしょう。実際に火災報知器が鳴りやんでから「警告音が鳴ったとき，ああすればよかった，こうすればよかった」といろいろと考えることができるだけなのです。

　それでは，たとえば，電池を取り外しても，火災報知器を止めることができなかった場合を考えてみましょう。まだ警告音はけたたましく鳴り続けています。あなたならどうしますか？　火災報知器本体を叩く。その基盤全体を取り外す。スピーカー部分に接続しているコードを引きちぎる。それでも，まだ警告音は鳴り続けています。あなたは，とうとうダイニングテーブルの角(かど)にそれを叩きつけます。それで，やっと静寂が訪れました。もちろん，それ以上することは何もありません。そこで，おしまいです（火災報知器自体が破壊されてしまったのですから）。それでは話を元に戻しましょう。2つの反応の違いは何でしょうか？　その違いとは，一方（レスポンデント・タイプ）は多様性に

乏̇しい̇のに対して，もう一方（オペラント・タイプ）は多様性に富̇ん̇で̇い̇る̇，ということです。

しかし，その2つの種類の反応には共通点もあります。それは，ともに体験によって変容可能である，ということです。たとえば，今夜，あなたは戦争体験のある男性を夕食に招いたとします。彼は，真夜中に空襲警報で叩き起こされ，すぐに家族を集めてシェルターに逃げ込まなければならないという体験を繰り返ししてきました。もし，今（食事をしている最中に）突然，火災報知器がけたたましく鳴ったら，彼のリアクションは，あなたのリアクションとは違うはずです。おそらく，その人の心理的リアクションは，より強烈で，通常パニックと呼ばれている特徴を呈しているはずです。つまり，あなたも，その人と同じような体験をしていたら，より強烈でパニックのようなリアクションをする可能性があるのです。では，ここで別の例を挙げてみましょう。たとえば，あなたがアラームを切るための賢い方法を知ったとしましょう（おそらく，それは操作マニュアルの説明書きに従うという方法です。そこには「警告音を切るためにはボタンを10秒間長押ししてください」と書かれていました）。もし，あなたがそれを知っていたら，警告音を止めるのにこの方法を使うはずです。つまり，操作マニュアルという言語指示を読むという体験によって，火災報知器を叩き壊すという行動が変容されるでしょう。

それでは，もう一度，あなたが火災報知器をダイニングテーブルに叩きつけて壊す，という最初のシナリオに戻ってみましょう。あなたの家族が「ことの次第」を目の当たりにしたとします。そのとき，おそらく彼らは「その新しい火災報知器を壊す必要があったのか？」と思うでしょう。確かに，それは正当かつ適切な疑問です！　しかし，飛び上がったり，心臓の鼓動が早まったりすることが必要だったのか，と思う人はいないでしょう。とくに，戦時中の体験をもった男性に対して，そのような疑問をもつ人はいないはずです。このような直後に生じてしまうリアクションに対して，個人的な責任があるとは通常あまり考えないものです。

ここで私たち著者が試みようとしているのは，刺激（stimulus）と反応（response）の間の関係を俯瞰̇的に整理していくことです。ここまでの話には異なる2つの関係が含まれています。つまり，レスポンデント条件づけ（respondent conditioning）とオペラント条件づけ（operant conditioning）です。レスポンデント条件づけによって学習されたものが，ある刺激に対する直

後のリアクションです。一方、オペラント条件づけによって学習されたものが、けたたましく鳴っている警告音を切るというアクションです。そして、そのリアクションやアクションは、ともに学習されたもの（生得的なものではなく）です。この章では、オペラント条件づけのほうに焦点を当てていくことにします。

オペラント条件づけとは何か？

オペラント条件づけは道具的行動の学習として定義されます［訳注1］。つまり、結果（C）によって制御される行動の学習ということです。人が何か（たとえば、火災報知器のけたたましい警告音）から逃れようとしているとき、「逃れようと努力している」ということは、「環境を変化させるためにアクションしている」ということです。そしてこの場合、環境の変化とは、けたたましい警告音といった嫌悪刺激（aversive stimulus）を終わらせることです。ここで理解しておかなくてはならない最も重要なことは、特定の環境下で以前に生じた、類似した状況において、特定の行動に特定の結果が伴っていた、ということです。つまり、この特定の結果によって、類似した環境下の類似した状況で、類似した行動が生起する可能性が高められているのです。私たちは繰り返し体験することによって、アクションすること（B）と特定の結果（C）との間に、特定の関係を成立させていくのです。

レスポンデントとオペラント、この2つの「学習」の違いを区別すること

［訳注1］「道具的」とは"instrumental"の訳語です。この語には、その他にも「手段となる、役立つ、助けとなる」という意味があります。つまり、道具的行動とは、何かの目的（結果）を達成するのに役に立つ行動（手段）という意味になります。（TM）

［訳注2］原語に忠実に、かつ対比的に訳すとすれば、反作用する（react）、作用する（act）となるでしょう。しかし、これらは「日常的」な日本語ではないと考えられたため、「苦肉の策として」本文にあるように訳出しました。同様のニュアンスとしては、「誘発する（elicit）」と「自発する（emit）」、あるいは「応じる／反応する（respond）」と「働きかける（initiate）」という対比が挙げられます。以後も、このような対比が頻出しますが、文脈に応じて、ここで列挙した日本語表現を交換可能なものとして使用していきます。その場合、ここでの対比を想起しながら読んでください。また、オペラント（operant）という造語の素となった"operate"ということばは「働く」「作用する」などの能動的な働きかけを意味することばです。つまり、この文脈で使用されている"act"と非常に類似した意味をもっています。（TM）

は,「リアクションする (react)」と「アクションする (act)」という2つの日常的なことばを区別することと似ています [訳注2]。レスポンデント行動は, その行動に先行する誘発刺激 (eliciting stimuli) との関係によって分類されます。つまり, その行動は, 誘発刺激に「応じる (respond)」, あるいは「リアクションする (react)」のです。一方, オペラント行動, つまり「アクションする (act)」は, 目的的あるいは道具的な行動を意味します。もちろん, オペラント行動も, 特定の環境があらかじめ存在している場合に, 先行する刺激によって制御されることがあります。しかし, オペラント行動は, 何よりもまず,「行動が生起した後に生じる環境と特別な関係をもっている」と理解されています。つまり,「行動 (B)」に後続する「結果 (C)」との特別な関係こそが重要なのです。たとえば, 幼いリサの「よだれ」が, 買ったばかりのキャンディを母親から見せられたときに増加するということは, 純粋にレスポンデントの視点から理解することができます。なぜなら, よだれ反応はリアクションだからです。しかし, その後すぐに, リサが (母親がキッチンにいない隙に), いつもキャンディのしまわれている食器棚を開けるということは, 他の視点から理解する必要があるでしょう。つまり, それはオペラント学習 (オペラント条件づけによる学習) として捉えられるべきなのです。なぜなら, この反応はアクションだからです。言い換えれば, リサが以前に体験した, 何らかの結果に影響を受けたアクションの1つだからです。その体験とは, リサが食器棚を開け (彼女のアクション), そしてキャンディを見つけた (結果) というものです (母親は, うまくキャンディを隠していると思っていましたが)。つまり, 母親がキャンディを買ってきたときに, どのようにしたら, それを探し, 見つけ, 食べられるか, ということを彼女は学習したのです。

　私たちは, オペラント学習によって, 絶えず変化している環境に適応できるようになります。生得的なリアクションのパターンでは, そのような環境に, 決して対応することはできません。たとえば, もし母親がキャンディを新しい場所に隠してしまったら, リサはそれをもう一度食べられるようになるまで探し続けるでしょう。リサは, 自分のアクションの「結果」によって学習しているのです。つまり, この種の学習によって, 適応に関する新たな可能性が増大していくのです。私たちは, 最初から, クレジットカード, 電動車椅子や携帯電話を使えるような状態で生まれてくるわけではありません。しかし, 私たちは, これらの道具を使いこなすことを学習するだけの能力を十分にもっていま

す。もちろん，私たちの基礎的な生物学的特性が変化して，それによって種としての適応が促進されるということもあるかもしれません。しかし，それによる適応のスピードはとてもゆっくりとしています。一方，私たちは，オペラント条件づけによって，そのスピードを劇的に向上させることができるのです。また，このオペラント条件づけによって，私たちが生まれたときには考えもしなかったような，発明や環境の変化に対応できるようになるのです。

どのように結果が行動に影響を及ぼすのか？

結果（C）によって何を学習するようになるか，言い換えれば，どのように結果が行動に影響を及ぼすのか，ということをさらに詳しくみていきましょう。それでは，まずシンプルな2×2の「表」を作ることから始めてみましょう（まず，3×3の表枠を作ってみてください）。次に，この表の「行（横方向）」の一番上の枠内にそれぞれ，特定の結果によって，特定の行動の生起確率が増加したのか，あるいは減少したのか，ということを記入します。そして，「列（縦方向）」の一番左の枠内にそれぞれ，その結果が提示・付加されたのか，撤去・除去されたのか，ということを記入します［訳注3］。この作成した表からわかるように，行動に影響を与える基本的な方法は4つあります。

- **正の強化**（positive reinforcement）：特定の結果を提示・付加することによって，特定の行動の生起確率が増大する。
- **負の強化**（negative reinforcement）：特定の結果を除去・減弱することによって，特定の行動の生起確率が増大する。
- **正の罰**（positive punishment）：特定の結果を提示・付加することによって，特定の行動の生起確率が減少する。
- **負の罰**（negative punishment）：特定の結果を除去・減弱することによって，特定の行動の生起確率が減少する。

［訳注3］ただし，この表は本文中には記載がありません。実際に，手元にある紙に，この表を作成してみてください。最上行の枠内には「行動が増加・増大（強化）」と「行動が減少・軽減（罰）」，最左列の枠内には「結果を提示・付加（正の）」と「結果を撤去・除去（負の）」というように簡略化して記入するとよいでしょう。（TM）

見てわかるように，これは純粋に関数関係を表す（functional）定義となっています［訳注4］。つまり，行動（B）はその結果（C）によって制御されるという定義です。しかし，この定義は，特定の結果がどのような機能をもっているのかということを示していません。何らかの体験をしたときに，どのような種類の結果が，特定の行動の生起確率を増大させるのだろうか，と考えてしまうのは無理もありません。たとえば，どのような種類の結果によって，「リサがキャンディを探す」確率が高くなるのでしょうか？　しかし，私たちは，「結果」の物理的な特性・特徴だけから，ある「結果」がその人の行動に対してどのような機能をもっているのか，ということを同定することはできません。たとえば，キャンディがもっている甘さという特性だけから，その機能を決めることはできないのです。

　もちろん，特定の結果が嫌悪的なものであるということから，その結果が罰の機能をもつだろうと考えることはできるかもしれません。一方，別の特定の結果が食欲をそそられるものであるということから，その結果が強化的な機能をもつかもしれないと考えることもできるかもしれません。しかし，機能は，結果それ自体がもっている特性に還元することはできないのです。なぜなら，機能（function）とは（「関数関係」と訳されることからもわかるように），人と結果との間の相互作用（inter-action）の中に生じるものだからです。このことについては，後ほど，この章の中でもう少しだけ論じることにします。

　ここで覚えておいてほしい重要なことは，もともと結果自体は，機能分析において，それほど重要なものではない，ということです。最も重要なことは，行動に対する結果の「効果」なのです［訳注5］。つねに「強化」という表現は，特定の環境下において，特定の行動の生起確率が増加することを指し示しているものなのです。一方，「罰」とは，つねに，特定の環境下において，特定の行動の生起確率が減少することを指し示しているのです。これこそが，行

［訳注4］もちろん，"functional" は「機能的」と訳されることがあります。ただし，この場合は「関数的」と訳出するほうが適切でしょう。「関数的な」とは，$y=f(x)$ という意味です。つまり，"x（独立変数）" が「結果の操作（提示／除去）」を表し，"y（従属変数）" が「行動の生起確率」を表します。また，"f" は "function（関数）" の語頭文字です。よって，ここでは「結果の操作（提示）／除去）」よって「行動の生起確率」が変化するという「関数」関係を意味しています。（TM）

［訳注5］スキナー（Skinner, Burrhus F.）によるオペラント条件づけの定式化に先立ち，ソーンダイク（Thorndike, Edward L.）は同様の現象を「効果の法則（Law of Effect）」と呼んでいました。（TM）

動的にものごとを理解するときの「肝心，要（かんじん，かなめ）」なこと(heart)なのです！　また，このことによって，次のようなコメントが「強化」や「罰」という概念の最も典型的な間違った使い方であることがよくわかります。そのコメントとは「私たちは，持てるすべてのものを使って強化したけれど，行動には何も変化が生じなかった！」というものです。しかし，このコメントからわかることは，「それが，強化随伴性（a contingency of reinforcement）として機能しなかった。少なくとも，強化しようとした行動の強化随伴性としては機能していなかった」ということなのです。このように，ある結果の性質がアプリオリに強化的機能をもつかのようにいわれることがあります。言語賞賛がその典型的な例として挙げられるでしょう。また，「強化」という概念が「強化しようとして行ったこと」として誤って使用されることも多々あります。それが「強化」として機能していたかどうかを判断するには，影響を与えようとした行動に対して，それが「効果」をもっていたかどうかを実際に観察する必要があるのです。

「正」と「負」という用語

　正の強化や負の強化における「正」と「負」は，「正（positive）」が「良い（good）」を表し，「負（negative）」が「悪い（bad）」を表すといったような，評価的な意味で用いられる形容詞とはまったく違います。しかし，これが，正の強化や負の強化に対する，最も一般的な誤解です。これらの用語を用いるとき，覚えておかなくてはならない重要なことは，

　　「正」という語は，特定の結果が「提示・付加」されることを意味する
　　「負」という語は，特定の結果が「除去・減弱」されることを意味する

ということなのです（もちろん，その特定の結果が「提示・付加」あるいは「除去・減弱」されることで，行動に強化的あるいは罰的効果を与えます）。
　たとえば，負の強化は，正の強化と同じくらい基本的で必要不可欠なものです。私たちは，屋外の凍てつく寒さを避けるために，厚手のニットのセーターを着ることがあります。その場合，私たちの行動は負の強化による制御下にあ

ります。つまり，その行動が，凍てつくような寒さという嫌悪的な事象を除去することになるからです。次のような場合も，負の強化です。悲しみに暮れているときに誰かに慰めてもらおうとした場合，この悲しみの感情は誰かがいてくれることで和らぎます。つまり，このような慰めを求める行動は負の強化を受けていることになるのです。一方，もしドラッグを使用して得られる強化子が快感をもたらしてくれるものであれば，ドラッグを使用するという行動は正の強化で制御されていることになります。また，もし他人に暴力を振るったり，強奪をしたりすることに続いて生じた強化的な特性が，暴行や強奪に伴う興奮であったり，金銭の入手といった要因であったなら，その行動は正の強化に制御されているということになります。なぜなら，その行動の結果は，暴力を振るったり強奪したりする人にとって，強化的な特性の提示あるいは増大を含んでいるからです。しかし，明らかにわかるように，これらの行動に「正＝良い」部分はまったくありません。

以上の説明で，オペラント条件づけに関連して「正」と「負」が使われるときに，これらの意味が少しでも明確になることを期待しています［訳注6］。それでは，強化（とくに正の強化）がどのようなものであるかをさらに詳しく見ていきましょう。

正の強化：先行刺激（A）が存在しているとき，行動（B）が結果（C）をもたらす

先に述べたように，**正の強化**とは，特定の行動の生起確率を増加させるような特定の結果を提示（あるいは増大）することをいいます。「正の強化」と言えば，皆さんはすぐにイヌにお座りを教えるような場面を思い浮かべるかもしれません。イヌがお座りをしたとき，ごほうびを与えて，この反応を強化します。しかし，イヌに何かを教えるときに，最初にアドバイスされることは，手ごろさと効率の点から，次のようなものであることが多いでしょう。それは，

［訳注6］以下に，おそらく「日本語ならでは」の説明を付記しておきます。数学では「正」は「プラス（＋）」，「負」は「マイナス（－）」を意味します。（もう察しがついた人もいるとは思いますが）「プラス」は「足す」，「マイナス」は「引く」のことです。つまり，特定の結果を「足す＝提示・付加」という場合は「正」，「引く＝除去・減弱」という場合は「負」と覚えるのです。たとえば，正の強化とは「結果を足す（プラスする）ことで行動が増える」，負の罰とは「結果を引く（マイナスする）ことで行動が減る」といった読み替えをするのです。（TM）

Antecedent 先行刺激	**B**ehavior 行動	**C**onsequence 結果
「お座り！」	お座りをする	ごほうびがもらえる

図表5-1　正の強化：イヌにお座りを教える

　ごほうびと別の刺激（軽くなでる，あるいは「いい子！」などの言語賞賛）との結びつきです。そのような結びつきを教えておかないと，あなたは多くのごほうびをイヌに与えすぎてしまうことになるでしょう。もし，そうなってしまったら，イヌは満足してしまい，お座りを学習することに興味をなくしてしまうのです（ここで言いたいのは，ごほうびだけを使って，お座りの練習が繰り返されたら，イヌに食べ物を与えすぎてしまうというリスクのことでは・あ・り・ま・せ・ん）。それでは，イヌにお座りを教えるというこの例を使って，正の強化をわかりやすく図示してみましょう（図表5-1）。

　この随伴性においては，イヌの行動（お座り）の生起確率は「お座り！」という指示が存在しているときに増加すると考えられます。なぜなら，その行動はイヌにごほうびを与えることによって強化されるからです。このように「正の強化」という用語は，何かの報酬と同等のものと見なされることがあります。しかし，この理解は不十分です。そして，正の強化がもっている重要な（しかし，おそらく微妙で捉えにくい）側面を見落としてしまうことになります。ここで，皆さんに，もう一度思い出してもらいたいことがあります（第3章参照）。それは，

　　私たちがここで扱っているのは，何らかの文脈の中で機能している行
　　動なのです

　では，次のような例を挙げてみましょう。あなたが大工だったとしましょう。そして，クギを打って，2枚の板を張り合わせるよう求められたとします。「クギを打つ」というあなたの行動は，クギが木の中に打ち込まれていくのを見ることや，それによって2枚の板がお互いに張り合わされていくことで強化されます。正の強化は，あなたが求められた仕事（ここでは，板をクギで打ちつけること）を行うことができたことで成立します。これは，お座りを教

えられたイヌと同じようなことといえます。イヌの立場からみれば，お座りをするということが「機能している」のです。つまり，お座りによって，ヒトからごほうびをもらえるようになるのです。

　しかし，正（positive）の強化という学習原理が，必ずしも「ポジティブ」に受け止められているわけではありません。というのも，それがコントロール（制御）や操作ということばと結びつくことがあるからです。この結びつきそれ自体は，間違いというわけではありません。とくに，科学的な（そして，よりニュートラルな）定義に従って，これらのことばを使うのであれば間違いではありません（第 2 章参照）。コントロールや操作ということばは「出来事を予測することができる」ということや「ある変数を変化させることによって，別の変数に変化を生じさせることができる」ということを意味するものでしかありません。たとえば，水を沸騰させるために，容器に入った水の熱エネルギー量を上昇させます。それによって，水は液体から気体へと変化するでしょう。ここで操作されたのは，エネルギー量です。同じように，先ほどのイヌの例を考えてみましょう。その例で，私たちが操作したのは，イヌを取り巻く文脈です。その操作は，ある特定の行動に続いてごほうびが提供されるという随伴性を設定することでした。そして，この操作によって，イヌの行動は影響を受けていました。しかし，ここで明らかにしておきたいことが 1 つあります。それは「そのとき，イヌも，ヒト（あなた）に影響を与えている」ということなのです。それというのも，もし，今述べてきたようなイヌ用のトレーニング・プログラムがうまく機能したら，その体験は，あなたが今後，ドッグ・トレーナーとして，どのように行動するかということにも影響を与えることでしょう（たとえば，子イヌにお座りを教えようとする場合など）。

　オペラント学習の原理は，相手（対象）をコントロールするために，相手に一方的に（to subjects）適用するものではないのです。その原理は，相手と一緒に（together with subjects），つまり互いに使っている（使われている）ものなのです。なぜなら，私たちが社会的な環境の一部として生きている（つまり，社会的な存在である）ということは，他者の行動に何らかの影響を与えているということだからです。このようなプロセスが，オペラントという概念を使うことによって，改めて理解できるようになるのです。では，そのような例を挙げてみましょう。あなたと私は，一緒にコーヒーを飲んでいます。そして，私が仕事で直面している問題をあなたに相談したとしましょう。私がその

話をしようと思ったのは，あなたが同様の状況をうまく切り抜けていたからでした。このような話を理解してくれる人と話すのは気持ちのいいものです。私が話をしている間，あなたは私の話に耳を傾けます。耳を傾けることで，あなたは私の話を理解することができます。そして，話を理解したことで，あなたはその話に応答できるようになります。逆に，あなたが話をしているとき，私はあなたのアドバイスを聞いています。そのアドバイスを聞くことで，今度はそれに対して，私は応答できるようになるのです。このようにして会話は続いていきます（図表5-2）。

この例における私の行動（話をする）は，あなたと会ったことに対する反射（reflex）として誘発（elicit）されたものではありません。より合理的に考えれば「あなたが私の話を聞く」という結果によって，「私が話をする」という行動が制御されていると理解できるでしょう。それは機能的な行動が相互に連続しているのです。私が話をするという行動は，あなたの「聞く」行動にとっての先行刺激です。「私が話し，あなたが聞く」というかたちで，それは機能しています。しかし，もしあなたが私の話を聞かなかったとしたら，私は話すのをやめてしまうでしょう。このことから，私の行動が，それに続く結果によって制御されていることがわかります。しかし，この例における結果は，キャンディやイヌのごほうびのような形態をとっていません。その代わりに，ここでの結果とは，ヒトにとって，かなりなじみの深い強化子（つまり，対人関係的な強化子）なのです。

また，日常会話のレベルでは，私があなたと話を"したい"から，そうしているのだという表現をすることがよくあります。一方，もし，自分の反射反応

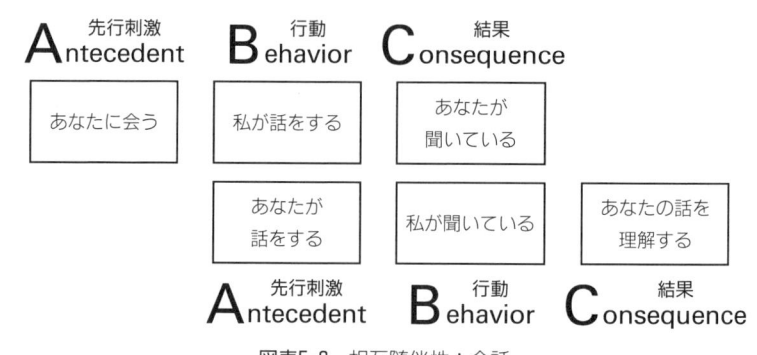

Antecedent 先行刺激	**B**ehavior 行動	**C**onsequence 結果
あなたに会う	私が話をする	あなたが聞いている
	あなたが話をする	私が聞いている	あなたの話を理解する
	Antecedent 先行刺激	**B**ehavior 行動	**C**onsequence 結果

図表5-2 相互随伴性：会話

がなぜ生起したのかということを誰かに説明するとき，おそらくあなたは「したいから，そうしているのだ」とは言わないでしょう。もちろん，オペラント学習とは，自発的な（voluntary）行動を学ぶことです。しかし，次のことに注意してください。それは「なぜ，行動が自発（emit）されるのか，ということを説明するときに，内的に実在するような"意思（will）"という概念は使わない」ということです。「意思」とは，むしろ，そのときに生じているアクションの一部に過ぎないのです。すなわち，今までの自分のヒストリー（個人史）の中で確立されてきたアクションと結果との関係に基づいて，そのアクションが特定の結果へと方向づけられているということが，「意思」と呼ばれているものなのです。

　B. F. スキナー（Skinner, Burrhus F.）のイメージ，それはラットやハトの行動を一方的にコントロールしている，というものではないでしょうか。それは，まるで，ラットやハトなどの「対象（subjects）」が受動的な影響力を外部から受けていることを象徴的に表しているかもしれません。しかし，そのように捉えてしまうと「ラットやハトが，スキナーの生活や人生に対して大きな影響力をもっていた」ということを完全に見落してしまうことになります。つまり，影響は，相互的な（mutual）ものだったのです。スキナーの行動は，彼が発見したパターンでキイをつつくハトの行動によって，強化を受けていました。それはちょうど，ハトの行動が，キイをつつき，目の前に餌が出てくるということによって，強化されていたのと同じです。もし，これらの動物たちが，スキナーの行動に影響を与えていなかったら，彼の人生はおそらくまったく違ったものになっていたでしょう。だからこそ，ここでもう一度，先ほど述べたことを繰り返しておきたいと思います。

　　オペラント学習の原理は，相手をコントロールするために，相手に対して一方的に適用するものではありません。
　　その原理は，互いに使っている（使われている）ものなのです！

条件性強化子（conditioned reinforcers）
　先に紹介した例の中では，イヌが学習したのは，刺激（ごほうび）となでられること，あるいは「いい子！」という賞賛との結びつきでした。この結びつきがトレーニングされることで，後者の刺激（なでられること，言語賞賛され

ること）が，行動を強化するのに使用できるようになるのです。イルカ・ショーを見に行ったことがある人なら，誰でもホイッスルが鳴っていたのを何度も耳にしたことがあるのではないでしょうか。イルカは，ホイッスルの音が鳴っているときに魚を受け取るということを何度も繰り返されることによって，その結びつきを学習していきます。次第に，そのトレーナーは，イルカの行動に影響を及ぼすために，ホイッスルを使用できるようになります。そして，イルカに魚を与える時間間隔を延ばしていけるようになります。イルカにとっては，ホイッスルの音が「もうすぐ魚がもらえるよ」ということを意味するものになります。つまり，その音が強化子として機能するようになるのです。ホイッスルは「飽和しない（与えすぎて飽きてしまうことがない）」という際立った利点をもっています。しかし，その強化的な特性を維持させるために，時々ホイッスルは実際の魚と対にして与えなければなりません。ある意味では，ホイッスルは魚を表す初歩的なシンボルとして捉えることもできるでしょう。イルカは，自分の生育歴の中で体験してきた，ホイッスルの音と魚との間の「実際の関係（actual relationship）」に対してリアクションしているのです。つまり，このイルカの話は，レスポンデント条件づけの章（第4章）で説明したことと類似した，2つの刺激間の関係について述べたものです。条件刺激（ホイッスルの音）は，無条件刺激（魚）と実際に接近して体験されることで，無条件刺激から強化的な機能を獲得するようになるのです。このタイプの強化子は**条件性強化子**と呼ばれます。

般性強化子（generalized reinforcers）

　私たち人間は貨幣経済の中で生きています。そのため，私たちは人生の初期に，お金との関係を学びます。お金を受け取ったときに満足し，お金を失ったときに失望することを学びます。一方，イルカやイヌが金銭によって影響を受けるということはほとんどないでしょう（逆に，人間に影響を与えようとしたときに，生のニシンやイヌ用のごほうびが意味をもたないのとまったく同じように）。お金はそれ自体として，本能的な欲求を充たしてくれることはありません。つまり，それは食べることができるわけでも，寒さから守ってくれるわけでも，肌触りが気持ちいいものでも，よい香りがするわけでもありません。それでも，ポケットいっぱいに現金を持っていたら，私たちはとても満ち足りた気分になります！　今までの経験を通じて，私たちは「お金」と「他の刺

を得ること」との結びつきを学んできました。たとえば，お金で魚を買うことができます。しかし，お金で買えるものは魚だけではありません。すなわち，お金との結びつきには制限がないのです。一方，イルカ・ショーのホイッスルは魚としか結びついていません。つまり，お金は他のさまざまな刺激との接近を可能にしてくれるのです。人生のありとあらゆるところで，お金は，さまざまな体験を通して，その条件づけられた特性を獲得していくのです。たとえば，週のおこづかいをもらう喜び，奨学金を受けられるようになったときの安堵感，十分なお給料をもらえるというありがたみなどから，その特性が獲得されるのです。お金は，私たち人間に影響力を与える大きな潜在的な力をもっています。つまり，お金が人に影響を与えるための手段となるからです。それゆえに，お金は**般性強化子**なのです。なぜなら，それは柔軟性のある手段だからです。それによって，たくさんの一次性強化子（primary reinforcers）への接近を可能にするからです。それでは，次に，一次性強化子の話に移りましょう。とくに，それが，オペラント条件づけにおいて，どのような役割を演じているのかを見ていきましょう。

一次性強化子（primary reinforcers）

一次性強化子とは，無条件性強化子のことです。それでは，その条件づけられていない強化子の基本的特徴とは，どのようなものなのでしょうか？　こうした強化子は，ヒトの基本的欲求を充足させるものです。たとえば，食料，水，雨露をしのげる場所，親しい人間関係，そしてセックスなどが当てはまります。別の言い方をすれば，以上のような基本的な人間の欲求と結びついた行動が強化されることが，進化していくときに有利だったということです。

このように言うと「人間の欲求に関する理論（なぜヒトがそのように行動するのかを理解するために）を作り上げることも，立派な人間の欲求なのではないか？」と考える人もいるかもしれません。もし，ヒトの行動を生存に寄与するという点からのみ分析するということであれば，学習理論もその基本的な欲求に関する理論として捉えることができるかもしれません。そのような考え方に基づけば，理論を作り上げることも人間の基本的な欲求なのだ，という意見も妥当なものといえるでしょう。しかし，ここで私たちが注意しなくてはいけないのは，このような「欲求」は，それ自体として，観察可能な出来事ではな い，ということなのです。つまり，多くの場合，そのような欲求は，アクショ

ンを単に言い換えたものに過ぎないのです。たとえば，その人に「接近に関する強い欲求」があると結論づけるのは，どのようなときでしょうか？　おそらく，接近するという目的を充足するような行動を著しく生起させている（たとえば，信頼している人のそばから一歩も離れず，つねにその人がどこにいるのかをチェックしているなど）のを実際に目にしたときでしょう。つまり，観察しているのは，このようなアクション，すなわち行動なのです。「欲求」と言ったところで，それ以上に何かを観察できるようにはならないのです。それは，観察された活動の単なる言い換えに過ぎません。それでは，「欲求」が単なる観察された行動の言い換えだとすると，一般的にヒトが生起させる行動傾向から「それがヒトの基本的な欲求である」と言うことも可能です。たとえば，セックスは基本的欲求のように思われます。それというのも，ヒトは，セックスを行うために労力を惜しまない傾向があるからです。しかし，その一方で，セックスをしなくても，完璧に正気を保ち，健康的な生活をしている人もいるのです［訳注7］。

　ここで注意しておかなくてはならない重要なことがあります。ヒトの基本的欲求とは，先に挙げたもの（食料，水など）だけにとどまらないということです。その他の基本的欲求もあります。すなわち，条件づけられる必要のない（つまり，無条件性の）強化的機能をもっている，人間に固有な，その他の出来事も存在するのです。新生児の研究は，ヒトにおける一次性強化子を理解するうえで，とくに価値があります。それというのも，新生児は，成人と同じレベルの条件性強化子をまだ確立していないと見なすことができるからです（Novak, 1996）。新生児研究の知見によれば，模倣行動はそれ自体として強化的な特性をもっています。たとえば，周囲の人たちによって用いられている母語の音声と似た音声を産出するといった場合に，そのような事実が確認されています。また，ハイハイをしたり，歩いたりといった運動行動の場合も同様です。この知見から示唆されるのは，音声反応や運動反応を発達させるために，外的な強化子を付加する必要がない，ということです。なぜなら，そうした行

［訳注7］つまり，観察可能かどうかという点だけからみれば，「セックスは基本的欲求ではない」ということになってしまいます。これは，この節の冒頭にある「セックスは基本的欲求である」という記述と矛盾することになります。つまり，基本的欲求であると判断する基準は，観察可能であるかどうかだけではないということなのです。（TM）
［訳注8］原文では「自己強化」という表現が使用されています。しかし，「生得的な一次性強化」という表現が適切であると考えられます。（TM）

動はそれ自体として，強化的な機能が含まれているからです。また，乳児期の初期にみられる喃語には，自己強化的な特性［訳注8］が含まれているということも主張されてきています。喃語によって発せられる音声が，喃語行動を強化するのです。そして，このような初歩的なアクションが，社会的に制御される世界に組み込まれ，言語として洗練されていくのです。さらに，いくつかの実験によれば，乳児には，自分自身の行動と物理的環境における結果の間の結びつきを探索したり，発見したりする行動それ自体に，強化的な特性が含まれているということが報告されています（Bower, 1977）。実際のところ，このような知見はとても魅力的な見解のようにみえます。なぜなら，私たちは生まれながらの行動主義者（behaviorists）なのですから（社会的に制御される世界に組み込まれる前から）！　もう少しきちんとした言い方をすれば，このような実験から，自分自身の行動をコントロールするという体験の中に，先述したような基礎的な強化的特性が含まれている，ということが示唆されているのです。それゆえ，こうした自分の行動によって生み出された刺激がその行動に対する強化的機能をもつようになるというプロセスが，いかに発達の促進に役立っているかがわかるでしょう。

さまざまな臨床文脈における強化

　臨床場面では，社会的文脈の中に，結果（C）を探っていくことは，しばしば実り多いものとなります。さらに，クライエントが情緒的な問題をどのように制御しているのか（制御しようとしているのか）という点から，その結果を探っていくことがしばしば重要となります。それでは，苦痛な体験を避けるという機能をもった行動を取り上げて検討していくことにしましょう。
　自傷行動を例に考えてみましょう。この行為は，多くの場合，同じ社会的文脈にいる人たちからの注目を多く集めます。残念なことに，このような行為は「彼女は，注目を集めたいから，ああいうことをしているだけなのだ」という表現によって軽く扱われてしまうことがあります。このように自傷行動を捉えることは，ヒトにとっての基礎的な強化子の1つ（他者から関心を向けてもらうこと）に対する価値を著しく低く見積もってしまうという危険があります。注目されることそれ自体は，生存に必要不可欠なものではないかもしれませ

ん。しかし，たとえそうであったとしても，私たちは乳児期にミルクをもらうとき，他者から注目されている，ということを必ず学習しています。また，抱っこしてもらったり，濡れたオムツを取り替えてもらったり，やさしくなでてもらったりするときには，必ず他者からの注目が伴うものでしょう。愛されているという経験は，多くの場合，他者から注目されているという文脈で生じるものなのです。私たちの基本的な欲求が充たされるときには他者からの注目が伴うものだということは，私たち皆がもっている基礎的な体験なのです。つまり，他者からの注目を集めることが「取るに足らない」「たいしたことのない」ものでは決してないのです。

　ここで，ジェニーの事例に少し戻ってみましょう。ジェニーの自傷行動の機能とは，いったい何なのでしょうか？　私たちの観察によれば，その行動は看護スタッフがいるときに生じていました。さて，この行動に続いて，どんな出来事（事象）が生じているのでしょうか？　そのような結果事象の可能性は複数考えられます。しかし，ここでは，最も明らかなものを取り上げてみましょう（図表5-3）。

　図表5-3のように，ジェニーの行動は，正の強化によって制御されており，特定の人たちからの注目を維持する機能をもっていると仮定されました。さらに，その他の「正の強化子」の存在についても考えられるでしょう。たとえば，刺激の変化に乏しい環境下でアドレナリンが分泌されること，そして周りの人たちをコントロールしたり，影響を与えたりする手段を手にすることなどです。しかし，ジェニーの行動が，正の強化だけで制御されているとは考えにくいでしょう（図表5-4）。

　ここでは，ジェニーの行動が，先述した正の強化によってではなく，負の強化によって制御されていると仮定しています。ジェニーのアクションは，他者への接近を可能にし，さらに，その接近によって，不安を低減させる機能も満たしているのかもしれません。小さなお子さんがいる人なら（おそらく，そう

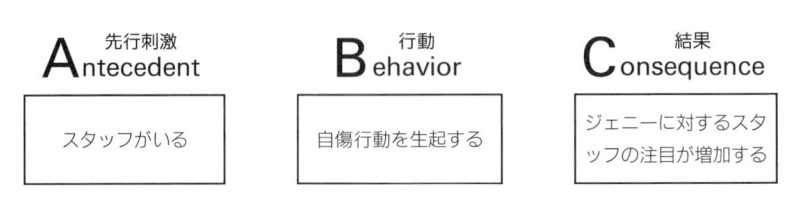

先行刺激 Antecedent	行動 Behavior	結果 Consequence
スタッフがいる	自傷行動を生起する	ジェニーに対するスタッフの注目が増加する

図表5-3　随伴性：正の強化とジェニーの自傷行動

Antecedent 先行刺激	Behavior 行動	Consequence 結果
スタッフがいる同時に「見捨てられ不安」がある	自傷行動を生起する	注目が増加する同時に不安も減少する

図表5-4　随伴性：負の強化とジェニーの自傷行動

でない人たちも），あなたが他のことに忙しく，彼らに注意を向ける余裕がないとき，「いかに彼らがしつこく注意を自分に向けさせようとするか」をよく知っていると思います。自分にとって大切な人が注意を向ける素振りをみせてくれないことは，嫌悪的な刺激として機能するものです。そして，それはかなり強い嫌悪性をもちます。そのため，ヒト（幼児もオトナも同様に）は，こうした状況を終わらせようとするのです。つまり，私たちは「不安（になる）」ということだけでなく「安心（する）」ということについても，同時に検討していることになります。ただし，機能的な観点から「安心（する）」ことをフォーミュレートしているのです。私たちは，他者と関係をもち，その他者のそばにいることを維持するよう生物学的にあらかじめ規定されている，と仮定するのには，正当な理由があります。なぜなら，その結果が一次性強化子として機能するからです。もし，ジェニーのアクションがスタッフの注目を引き出すのなら，今度は，これが彼女の不安を低減させる（あるいは，安心を増大させる）機能をもつことになるでしょう。

　このように考えると，セラピストとして，私たちは次のような「問い」に直面することになります。それは，その行動が刺激の存在（何らかの結果）を増大させるのか，あるいは低減させるのか，という「問い」です。しかし，臨床場面においては，しばしば，増大なのか，低減なのかを決めることは難しいものです。そこで，ジェニーの自傷行動の例のように，その行動は同時に，刺激の存在を増加させ，かつ減少させると仮定することになります。

負の強化：先行刺激（A）が存在しているとき，行動（B）が結果（C）の除去をもたらす

　先に述べたように，**負の強化**は，特定の嫌悪的な結果が除去（ないしは減弱）することで生じ，特定の行動の生起確率を増大させるものです。それで

Antecedent 先行刺激	**B**ehavior 行動	**C**onsequence 結果
見捨てられるという苦痛を伴うイメージ（夢）を見て，真夜中に目が覚める	自傷行動を生起する	一時的に苦痛を伴うイメージが低減する

図表5-5 随伴性：負の強化とジェニーの内的な出来事（私的事象）

は，ジェニーの事例に含まれる，この現象を見ていくことにしましょう。

ジェニーの自傷行動は，外的な社会的文脈と関係して生起しています。そのような社会的文脈という観点から，（心配や不安といった）内的な出来事が，行動に対して，どのような機能をもっているのかということを述べてきました。それでは，この内的な体験（出来事）に関係するプロセスについて，もう少し検討してみましょう。それというのも，自傷行動が，痛みを伴う内的体験を和らげる手段としても機能しているからです（図表5-5）。

ジェニーの自傷行動を維持している結果は，負の強化によって機能しています。苦痛はヒトにとってつねに取り除きたいものであるのに，新たに自分自身に苦痛を与え，それが強化的特性をもっているのです。このようなことを，いったいどのように理解すればよいのでしょうか？　その問いに対して，少なくとも2つのことが考えられます。まず，ジェニーは身体的な苦痛を，彼女の記憶にある苦痛よりも我慢できるものとして感じているのかもしれません。あるいは，自分ではコントロールできない苦痛（たとえば，痛みを伴う記憶）を，自分でコントロールできる苦痛（彼女自身を傷つける）に「トレード（交換）」しているのかもしれません。このようなことによって，コントロールできない嫌悪的な体験を弱めることができるのかもしれません。ここで，注意しなくてはならないのは，私たちが自傷行動のような「非機能的（dysfunctional）」な行動を記述する場合でも，ある意味では，その行動は（その行動を生起している人にとって）機能的なものである，ということです。つまり，そのような行動の中に，何らかの「意味」を見出すことはできるのです。しかし，同時に，この行動の問題点は明らかです。それは危険なものであり，消えることのない身体的ダメージを残すことになります。それ以上に，ジェニーの行動を制御している結果（つまり，周囲の人たちの注目を得て，苦痛を伴う内的体験が弱まること）は，短期間しか機能しません。もちろん，自傷によって，その場にい

る周りの人たちの注意がジェニーに集まります。しかし，長期的には，この自傷行動によって，その人たちが怖がり，距離を置くようになるというリスクをもっています。さらに，感情をコントロールする手段としても，それは短期的な効果しかありません。自傷行動は，ジェニーに，感情をコントロールするための長期的な方略を提供するものではないのです。

　しかし，ジェニーのアクションは，2つのことを私たちに教えてくれます。1つ目は，彼女の行動レパートリーには，より適応的な方略が欠けているということです。そして，2つ目は，ジェニーがこの行動を自発している状況に関する情報です。思い出してください。オペラント学習は，相手（対象）に対して一方的に何かを行うことではありません。私たちは，お互いに影響を及ぼし合っているのです。それゆえ，「文脈的」な視点から考えれば，自傷行動を説明しようとするときに「彼女は，周りの人たちを操ろうとしている」と理由づけしてしまうのは間違っています。その代わりに，私たちはこの状況の中に生じる，自傷行動の強化子を探す必要があるのです。私たちは，その強化子のうちのいくつかについて，何らかのかかわりをもっていないでしょうか？［訳注9］

　この例で説明してきたように，1つの行動が複数の強化子をもっているということがあるのです。逆に，複数の行動が同一の強化子と機能的な関係をもっているということもあります。それでは，次に，その後者に関する話題を検討していきましょう。

行動の機能的クラス（Functional Classes of Behavior）

行動の機能的クラスは，特定の強化子に対して同一の機能を果たすような，複数の行動から構成されています。たとえば，マリーの事例で観察されたのは，彼女がさまざまな社会的状況に直面したときにとても強い不安を感じる，というものでした。彼女は，しばしば社会的な相互交渉を求められる状況のすべてから，逃避あるいは回避しようとしていました。このような方法で，彼女は自分の不安体験を低減していたのです（図表5-6）。

［訳注9］問題としている行動の原因を環境や文脈の中に求めずに，特定の個人の特性に帰属して非難するという構造を「個人攻撃の罠」と呼ぶことがあります。それは問題を解決するどころか，逆に問題をさらに深刻化・複雑化させていきます。詳細は，以下の文献に当たることをお勧めします。島宗理『パフォーマンス・マネジメント―問題解決のための行動分析学』米田出版，2000年（TM）

Antecedent 先行刺激	Behavior 行動	Consequence 結果
パーティに招待される（不安が喚起される出来事）	招待を断る	不安が喚起される状況に直面することを回避する
大勢の人がいるパーティに参加している（不安が喚起される出来事）	パーティーの途中で帰る	不安から逃避する

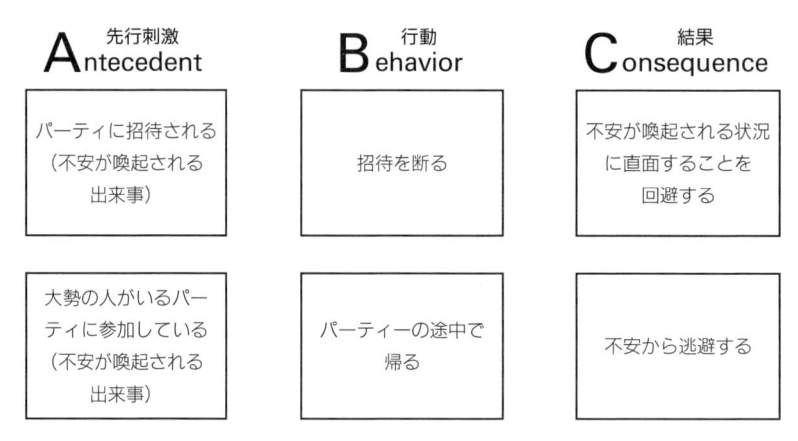

図表5-6　随伴性：社会的状況における回避と逃避（マリーの場合）

ここに，2つの基本的な**機能的関係**（functional relationships；行動と強化子との関係）があります。1つは回避，もう1つは逃避です。回避とは，嫌悪刺激に直面するのを避けることに役立つ行動のことを指します。一方，逃避とは，今さらされている嫌悪刺激から逃げるか，あるいは何か他の方法でその影響を減少させることに役立つ行動を指します。逃避行動と回避行動は負の強化で機能しています。マリーがパーティに招待されたり，参加したりしているときに，図表5-6のように彼女がアクションすることによって，少なくとも短期間は不快な体験が弱まります。

こうした不快な体験を弱める方法はいくつも存在します（図表5-7）。彼女は招待を断ることができます。あるいは断る代わりに，マリーは単に参加しないようにすることもできます。あるいは，同じ日時に他の予定を入れて欠席の口実を作ったり，日時を間違えたふりをしたりすることもできます。これらの行動の機能はすべて回避です。そして，もしマリーがパーティに出席して不安を感じた場合にも，彼女には実行可能な選択肢がいくつかあります。たとえば，会場にいたとしても，気づかれる危険性の低い会場の隅に移動することができます。あるいは，自分の不安感を和らげるために酔っぱらうまでお酒を飲んだり，こっそりトイレでトランキライザー（精神安定剤）を飲んだりすることもできます。これらすべての例では，彼女はまだ社交場面に居続けてはいます。しかし，彼女は嫌悪刺激への接触を低減する目的に役立つようなアクションをしています。ここで注目すべき点は，こうしたカタチ(形態)としてはさまざま

先行刺激 **A**ntecedent	行動 **B**ehavior	結果 **C**onsequence
パーティに招待される （不安が喚起される出来事）	①招待を断る ②パーティに行かない ③同じ日時に他の予定を入れる ④日時を間違えたふりをする	不安が喚起される出来事を回避する
大勢の人がいるパーティに参加している （不安が喚起される出来事）	①パーティ会場から出てくる ②会場の隅で過ごす ③お酒を飲む ④トランキライザーを飲む	不安の感情から逃避する

図表5-7　随伴性：社会的状況における回避と逃避の行動の機能的クラス（マリーの場合）

に異なる行動が，その人にとっては同一の目的を果たしている，ということです。以上のような場合，これらの行動は**機能的に等価**（functionally equivalent）なものとして見なされます。

　これらの行動はすべて，1つの機能的クラスです。形態的には似ていませんが，その機能的特性から，これらの行動は1つの単位（ユニット）として考えられます。つまり，逃避は1つの機能的単位であり，回避は別の単位ということになります。これは，オペラント行動がもっている重要な特徴です。すなわち，多数の行動が単一の目的のために機能するのです。一方，レスポンデント条件づけによって獲得された反応は，このような多様性を示すことはありません。たとえば，マリーが不安を感じたときに体験する生理学的反応は，この章の冒頭で検討した火災報知器の例と同様に，何度体験しても，かなり首尾一貫して同一であると考えられます。

オペラント消去（operant extinction）：先行刺激（A）が存在しているとき，行動（B）が何の結果（C）ももたらさなくなる

　強化子として機能するような結果（C）が，必ずしもすべての行動的アクションの後に続くわけではありません。場合によっては，その行動が機能しない

Antecedent 先行刺激	**B**ehavior 行動	**C**onsequence 結果
「お座り！」	お座りをする	ごほうびをもらえない

図表5-8　オペラント消去：イヌのトレーニング

ことがあります。そのような場合，この行動はやがて自発（emit）されなくなるでしょう。つまり，それは消去される（extinguished）のです。これは，種の保存（survival of species）という進化論の原理と機能的に似ています。すなわち，周囲の環境との関係でうまく機能しているものは生き残り（survive），うまく機能しないものは消滅・絶滅（extinction）の対象となるのです。**オペラント消去**（operant extinction）とは，「特定の行動の後に特定の結果が伴わなければ，その行動の生起確率は減少していくこと」と定義されます。それでは，「お座り！」をトレーニングされたイヌの話に戻ってみましょう。たとえば，イヌがこの命令に従ってもごほうびをもらえないとします（図表5-8）。

　何回か続けると，イヌはこの命令に従ってお座りをすることをやめてしまうでしょう。お座りをするという行動が，もはや強化子（それまで，その行動をコントロールするために使われていた）を得るという目的を果たさなくなるからです。つまり，随伴性が変化してしまって，何の結果ももたらさなくなったからなのです。よって，消去は，次のように定式化されます。

　　先行刺激（A）が存在しているとき，行動（B）が，もはや何の結果
　　（C）ももたらさなくなる

　ここで，先に紹介した，仕事上の問題について誰かに相談するという例に戻ってみましょう。もし，自分の話しかけている人が耳を傾けてくれなくなったら，話を続ける確率は減少していくでしょう（図表5-9）。これはわかりやすい例といえます。それというのも，明らかに自分の話に耳を傾けてくれない人に，話をし続けようと動機づけられることがいかに難しいことかを誰もが知っているからです。さらに，この例は，消去の最も本質的なことを含んでいます。つまり，私たちが「動機づけ」と呼んでいるものが，どのように機能しているのか，ということを示しているのです。動機づけとは，神秘的で内的な力

A先行刺激 ntecedent	B行動 ehavior	C結果 onsequence
別の人と会う	話をする	その人は耳を傾けない

図表5-9　オペラント消去：会話

(force)ではなく，文脈との関係でアクションするときに感じるものなのです。

　しかし，ここで「でも，もし誰も話を聞いてくれないのなら，そのときは，さらに話を聞いてもらおうと頑張ったり，大声を張り上げたりするじゃないか！」と反論する人がいるかもしれません。まさに，その通りです！　もし，自分が話しているにもかかわらず，相手が聞こうとしないのなら，自分の発話行動はおそらく簡単におさまりはしないでしょう。少なくとも最初のうちは，相手に話を聞いてもらおうと，さらに努力するはずです。しかし，それでも相手が耳を貸さないときには，おそらくギブアップするのではないでしょうか。行動をコントロールしている強化子が，以前のように伴わなくなると，その行動の多様性は増大し，その強度も増大していきます。

　もし，あなたが私の話を聞こうとせず，私の発話行動に対する強化子を除去しようとしたとします。そのとき，私は大声を張り上げることで，先に生じていた結果（つまり，あなたが私の話を聞いてくれること！）を得ることに成功するかもしれません。この現象は，**消去バースト**（extinction burst）と呼ばれ，実験的研究においても実証されています。

　消去バーストは，臨床的な観点からみると，きわめて重要なものになります。それというのも，消去バーストが，さまざまな種類の行動がエスカレートしていくという現象の中にみられるプロセスだからです。たとえば，何らかの脅迫行動がうまくいかないときには，もう少し強い脅迫の仕方を考えるでしょう。そして，この新しい脅迫行動がうまく機能するならば，その新しい（そして，もしかするとより危険な）行動に対して随伴する強化を得ようとするでしょう（もちろん，それは危険なことです）。たとえば，ジェニーの事例にそのような行動がみられます。

　病棟では，皮膚や手首の表面を切るというジェニーの行動化に対して，スタッフはだんだんと慣れ，そしてうんざりするようになっていました。彼女

には深刻な自殺念慮があるとは見なされていなかったため，彼女の自傷行動は，もはや今までと同じようなスタッフからのリアクションを引き出せなくなっていました。しかし，ジェニーがその次に自傷行動を生起させたとき，その傷は血管に届くまで深かったのです。そのため，縫合手術を施すために緊急処置室まで連れていかなければなりませんでした……また，そのようなことがあったので，スタッフはジェニーを監視の行き届いた閉鎖病棟へ転棟する必要があるかどうかを検討しました。

行動のエスカレートは危険をはらんだプロセスです。消去しようとして強化子を除去していく手続きは，実際のところ，バランスを保ちながら実施するのが難しいものです。自傷行動のような場合，以下の3つのことについてバランスをとらなくてはなりません。それは，①法的な責任の取り決め，②クライエントの周りの人たちが自分自身の不安に耐えられる程度，③自傷行動の低減を確立・維持できるように随伴性を変更するときの目標，となります。

罰——その「罪」とは何か？

罰という概念はしばしば混乱を招きます。それというのも，このことばは日常会話の中にも存在しており，強制的矯正や復讐といった意味と結びつけられてしまうからです。しかし，学習理論の中で，そのことばが使用される場合，次のことを思い出してください。

ここで論じているのは「行動に影響をもたらす関係性」のことなのです

私たちは，その罰ということばを，法律上の意味や道徳的な意味で用いてはいないのです。さらに，自分自身の生活の中で，罰が行動に影響を及ぼす例を見つけ出すのは簡単なことでしょう。たとえば，苦痛，不安，あるいは不快に感じるものすべてが，特定の行動によって導かれるとき，私たちはその行動をしなくなります。同様に，私たちが大切にしているものを著しく損なわせる行動もしなくなるでしょう。また，学習理論の視点から言えば，罰金は必ずしも「罰」ではありません。罰金が科せられることで望ましくない行動が低減され

て初めて，それを罰刺激（punisher）と見なすのです。このことは，区別しなければならない重要な点です。

　学習理論では，行動に対して実際の効果があったときにだけ，それを
　罰と呼びます

　一方，日常会話では，行動を修正・矯正するために意図された出来事（あるいは，罰すること自体を目的として行われた出来事）のことを，罰と呼んでいます。つまり，この本の中で使用されている「罰」とは，特定の行動が再び生起する確率を低減させる結果のことを意味しているのです（ただし，その結果が呈示されるまでは，その行動は生起していることが前提です）［訳注10］。

正の罰：先行刺激(A)が存在しているとき，行動(B)が嫌悪的な結果(C)をもたらす
　正の罰は，特定の結果が付加したり増大したりすることによって，行動の生起確率が減少するプロセスとして定義されます。正の罰の典型的な例としては，子どもがストーブの上にあるヤカンの取っ手に手を伸ばしたときに指先に感じる鋭い痛みが挙げられます。しかし，「罰」という用語は，両親が厳しく叱責したり，大声で怒鳴ったりするのと機能的には等しく用いられることを思い出してください。このような2つの結果は，その後，子どもがヤカンの取っ手をつかもうとする可能性を弱めるかもしれません。では，ここで，もう一度，次のことを強調しておきましょう。

　この文脈における「正」とは，何かを付加する（足す）ことを意味す
　るだけなのです

　ただし，正の罰は「罰」なので，付加された結果によって行動が減少するのです。そして，その他に行動が減少する随伴性がもう1つあります。それは，

［訳注10］日本では，このような混乱を避けるために「罰」を「弱化」，「罰刺激」を「嫌子」という名称で使用するようになっています。詳細を知りたい人は以下の文献に当たることをお勧めします。杉山尚子，佐藤方哉，マリア・E・マロット，島宗理，リチャード・W・マロット『行動分析学入門』産業図書，1998年（TM）

特定の結果が除去されることによって行動が弱められるという場合の随伴性です。たとえば、お金、注目、安全のような欲求に関係した結果が除去・減弱されたときに、特定の行動が減少する可能性があります。つまり（「結果を除去〔＝負〕」かつ「行動が減少〔＝罰〕」なので）必然的に、これは「負の罰」とラベルづけされます。それでは、今から、少しだけ負の罰について見ていくことにしましょう。

負の罰：先行刺激(A)が存在しているとき，行動(B)が望ましい結果(C)を除去・減少させる

負の罰は、特定の結果が除去・減弱されることによって、行動の生起確率が減少するというプロセスとして定義されます。この場合、典型的な例として、図書館の本の返却を延滞したときに科せられる罰金が挙げられます。望ましくない行動（返却期日を過ぎても本を返さないなど）に対して、自分の財産の一部が没収されることになります。そのことによって、特定の行動を自発する傾向が減少することになるでしょう［訳注11］。しかし、罰という手段を用いることが、別の問題を引き起こすことはないでしょうか。それは、法律的な問題でも、道徳的な問題でもなく、経験論的な性質をもつ問題（つまり、実証科学的な問題）です。スキナー自身が、行動を変容させる手段として罰を用いることの効果のなさを指摘しています（Skinner, 1953）。

罰に基づく学習を用いることの1つの問題は、罰刺激を導入することによって、回避機能をもたらす刺激も導入してしまうことです。これは、多くの自然に生じる罰の随伴性からも明らかです。もし、身動きをしたために、銃で背中を撃たれたとしたら、身動きをする可能性は減少するでしょう（正の罰）。しかし、同時に、痛みを回避するために、静かにじっとして動かないままでいる可能性も増加するでしょう（負の強化）。また、もし、他の人たちに近づこうとして、不安に押しつぶされそうになったら、そうしようとすることは減少するでしょう（正の罰）。このプロセスには、もともと不安を避けるために他者

［訳注11］図書館の本の返却延滞に対する罰則として「貸し出しの停止」というのもあります。これも「負の罰」の例に該当します。また、スポーツにおける反則に対する罰の随伴性も「負の罰」といえるでしょう。そして「負の罰」の随伴性それ自体を「ペナルティ」と呼ぶこともあります。詳細については以下の文献を参照してください。Malott, R. W. (2008). *Principles of Behavior* (6th ed.). New Jersey: Pearson Prentice Hall. (TM)

を避ける傾向が増大する（負の強化）ということが含まれています。このように，罰刺激を導入することと回避を強化することの間には密接な結びつきがあります。そして，この結びつきが示唆しているのは，行動変容を生じさせるために，罰を用いても，それは意図した効果をもたらさない，ということなのです。何か悪いこと（たとえば，ランプを壊すなど）をしてしまって，それを両親に正直に話した子どもがいたとしましょう。もし，その両親がその子を罰したとしたら，それは明らかにリスクを冒したことになります。なぜなら，その子は両親に特定の事柄については話さないようになってしまうからです。つまり，罰の随伴性は，多くの場合，今まで強化されてきた行動に対してはほとんど制御力をもたないのです。

　罰を問題の解決に使うことは，厄介な副次的効果をもたらすにもかかわらず，人間にとって直感的な魅力をもっているようです（Sheldon, 1995）。望ましくない行動をコントロールする手段としての体罰を容認することは，ここ数十年で減少してきていますが，厳しく叱責したり，ことばで脅したり，激しく敵対したりすることに頼ってしまうという傾向は根深いように思われます。不幸なことに，このことは，多くの臨床的場面でさえも当てはまることなのです。

　人間の歴史は，罰と嫌悪性制御の歴史だと言っても過言ではありません。私たちは，望ましくない行動を矯正するために，罰などを用いることは効果的な手段である，と信じています。しかし，その手段は効果的ではありません。つまり，私たちは，効果のない手続きを使い続け，信頼し続けている，という矛盾したことをしているのです。たとえば，もし，私たちから怒鳴りつけられても，子どもたちが従おうとしなかったら，私たちはさらに大きな声で怒鳴りつけるでしょう。そして，それでも子どもたちが従おうとしなかったなら，さらに子どもたちを脅すようなことをするでしょう。皮肉にも，私たちは，正の強化に対して，罰に対するのと同じような直感的な信頼を置くことはないようです［訳注12］。

臨床的文脈における罰

　罰の機能をもった結果（C）は，人々の生活に多大な影響を及ぼしていま

す。たとえば，罰に関係する臨床的症状として「うつ」が挙げられるでしょう。人がうつになったときに観察される現象のすべてが，罰の機能をもった生活状況からの影響である，と理解することが可能です（Martell, Addis, & Jacobson, 2001）。レナードは，この例に当てはまります。

　レナードは，自分の子どもたちと一緒にいるときにはいつも，思い描いていた良い父親に，自分がなれていないことに強い罪の意識を感じていました。このように感じてしまうので，彼は子どもたちと一緒にいたいと，以前より言わなくなりました。そのため，子どもたちは母親のところで，ずっと過ごすようになりました。たとえ，それが「パパと一緒に過ごす週末」と決められていたときでさえも。

　レナードにとって，自分の子どもたちと実際に一緒にいることが，罰の随伴性になっているということがわかってきました。罰的な結果は，彼が子どもたちに近づいたときに増大する罪悪感です。つまり，正の罰です（図表5-10）。
　そして，この例では，先述したように，負の強化との相互作用もみられます。罪の意識を感じることが，回避の先行刺激として機能しているのです（図表5-11）。
　罪の意識を引き起こす状況を回避したとき，嫌悪的な体験は一時的に減少します。しかし，回避（子どもたちと会わない）が，その罪悪感が生じる状況（彼自身は望みながらも，子どもと普段から会っていない）を除去することは

[訳注12]「罰」は，短期的に行動を低減することしかできないため，一度使用したら，罰刺激を使い続けなくてはならず，さらにその罰刺激の強度を増大させていかなくてはなりません。そのうえ，新たに回避行動が副次的に生起・維持するようになり，問題は解決するどころか，逆に不可視化かつ複雑化していくことになります。つまり，他者に罰刺激を使用して行動を低減する場合は，標的となる行動の生起が生命の危機にかかわるという状況のみであるといえます（高層マンションの15階のベランダから身を乗り出している子どもを厳しく叱らない人がどこにいるでしょうか？）。また，オペラント条件づけや行動療法が「罰によるコントロール」と結びついてイメージされることがあります。しかし，オペラント条件づけを提唱したスキナー本人は，罰の使用を避け，正の強化に基づく社会設計を生涯にわたって主張し続けていたのです。詳細を知りたい人は，以下の文献に当たることをお勧めします。望月昭「ノーマライゼーションと行動分析―『正の強化』を手段から目的へ」『行動分析学研究』8巻，4-11頁，1995年／坂上貴之「悪くない出発―行動分析学的ユートピア」坂上貴之，宮坂敬造，巽孝之，坂本光編著『ユートピアの期限』375-391頁，慶應義塾大学出版会，2002年（TM）

A先行刺激 ntecedent	B行動 ehavior	C結果 onsequence
子どもがいる	レナードが自分の子どもに近づく	罪悪感が増大するという感覚

図表5-10　正の罰：レナードと彼の子どもたち

ありません。逆に，回避は，罪悪感という体験を増大させる原因となっているようにもみえます。それというのも，子どもたちとともに過ごす時間をもたないということは，レナード自身が考えている良き父親の行動ではないからです。

　また，レナードの回避行動は，重要な強化子との接触を失わせるような結果も招いてしまうでしょう。子どもとの日常的なかかわりあいが減ってくると，子どもと一緒にいたときに実際に機能していた多くの行動レパートリーが，彼の中から消去されていくというリスクがあります（たとえば，日頃の練習もなしに，どうやって思春期の子どもと会話する行動レパートリーを維持することができるしょう？）。これは，子どもたちが成長するにつれて，さらに問題となっていくものでしょう。つまり，彼の行動がもたらす結果はどれも，彼が最も価値を置いているもの（＝彼の子どもたち）との接触を失わせてしまっているのです。このように，レナードの生活の中には，潜在的に罰的な影響をもつ，数多くの嫌悪的な体験を含んだ文脈が形成されています。そして，この文脈によって，彼の行動レパートリーの幅はさらに狭くなっていくのです。さらに，彼の子どもたちとは直接関係のない状況についても，同じことが生じる可能性があります。たとえば，頻繁に友だちを訪れたり（彼の友だちにはすべて家族がいました），職場で雑談したり（いつもの話題は家族に関するものでした），あるいは仕事をすること自体（家族を養うということが，その強化的機能であったと考えられます）も嫌悪的な文脈になりうるのです。

　うつになった場合にみられる行動的な特徴は，適応的なアクションが顕著に

A先行刺激 ntecedent	B行動 ehavior	C結果 onsequence
子どもに対する罪の意識	子どもたちを母親のところで過ごさせる	罪の意識が一時的に減少する

図表5-11　負の強化：レナードと彼の子どもたち

減少することです。学習理論の視点からすれば，適応的なアクションが，広い領域で，罰と消去によって影響を受けているような状況に置かれているのです。非活動性，欲求不満，気分の落ち込み，そして不安などは，このような文脈でみられる特有の症状といえるでしょう（Martell, Addis, & Jacobson, 2001）。これらの症状は，うつの人たちがしばしば自分の生活を「もう何もできることはないし，すべてのことがとてもしんどく感じる」とコメントすることからも，うかがい知ることができます。

臨床的な文脈で行動の機能的側面を分析することは，編み物の糸を丹念に辿っていくこととよく似ています［訳注13］。私たちは，この探偵のような分析的な作業から，重要な理解を得ることができるのです。それというのも，その作業によって，実行可能な介入をよりよく決定することができるようになるからです。このレナードの事例で重要となるのは，罪の意識という嫌悪的な体験を減少させることを主な目的としていない行動を強化していくことです。とくに，彼の子どもたちと，より長く，より双方向的な，正の強化に基づく人間関係を築くために，機能する可能性がある行動を強化していく必要があるのです。ここでのセラピストの主な作業は，レナードが長期的な視点からみて望ましいもの（子どもとの安定的で継続的な関係）と接触するために，短期的に生じる罰的な結果（たとえば，子どもたちに近づこうとしたときに生じる罪の意識）に耐えることができるように援助する，ということなのです。

この章では，結果（C）が，どのように個人の行動（B）を制御するようになるかということについて焦点を当ててきました。しかし，この章の冒頭でも述べたように，（レスポンデント学習だけでなく）オペラント学習も，行動に先行して存在する刺激（A）によって制御されるようになるプロセスを含んでいます。それでは，次章でそのことについて詳しく見ていくことにしましょう。

［訳注13］セーターやマフラーは1本の糸で編み上げられています。そのため，たとえ複雑に編まれていようと（実行しようと思えば）その糸の端から，それを丹念に辿っていくことが可能です。また，このような丹念に辿っていく作業をすることから，応用行動分析家をシャーロック・ホームズなどの「探偵（detective）」のようなものとして捉えることがあります。たとえば，以下のようなタイトルの書籍から，それをうかがい知ることができます。Newman, B., & Reinecke, D. R. (2007). *Behavioral Detectives: A Staff Training Exercise Book in Applied Behavior Analysis*. Bohemia: Dove and Orca. (TM)

第6章
オペラント条件づけ(2)
──刺激性制御

　オペラント条件づけは「結果（C）」による学習です。しかし，単に結果を検討するだけでは，オペラント条件づけにどのような効果があるのか，そして，私たちの生活にどのように影響を与えているのか，ということは理解できません。結果により学習するということは，行動（B）が先行刺激（A）の制御下に置かれるようになる，ということでもあるのです。
　つまり「ある人のヒストリー（個人史）の中で，ある特定の行動が強化された」ということは「その行動の頻度が，いつでもどこでも無秩序に増加する」ということではないといえます。たとえば，ある人が金づちでクギをうまく打つことができたとします。しかし，このような成功体験をしたからといって，ありとあらゆる状況で，その人がクギを打ち始めることはありません。この行動を再び行う可能性は，成功体験をしたのと類似した状況（大工仕事をする，壁に絵を掛ける，といった状況）において増えるのです。
　「行動が強化される」ということは，その行動が，ある刺激の制御下に置かれることを意味します。行動的な出来事は必ず，何かしらの環境や状況下で生じています。そのため，行動が強化されるときには，それに先行して何らかの刺激が存在している，という体験を私たちはすることになります。さらに，その体験によって，ある状況のもとで強化された行動は，同じ状況，もしくは類似した状況が再び生じたときほど生起しやすくなるのです。
　このことを説明するために，ここでエピソードを1つ紹介しましょう。これは，マサチューセッツ州ボストンで起こった，手の込んだイタズラについての

話です（その真偽のほどは定かではありませんが）。ボストンには，ハーヴァード大学とマサチューセッツ工科大学（MIT）という2つの超名門校があります。そして，そこの学生たちは，伝統的にライバル関係にあります（スポーツだけでなく，さまざまなことで）。たとえば，以下に紹介するような，手の込んだイタズラをお互いにやりあうことで知られています。

そのイタズラは次のようなものでした。ある年のこと，MITの学生たちがハーヴァード大学のフットボール場にこっそり忍び込み，そこで鳥に餌を与えていました。しかも，その餌やりは，その夏の間に何度となく行われました。彼らは，まずホイッスルを吹き，そして餌をまきます。次の日も，そのフットボール場に忍び込み，ホイッスルを吹き，餌をまく。来る日も来る日も，それが繰り返されました。鳥たちはやってきて，そのごちそうをついばみます。そして，鳥の数は日に日に増えていきました。やがて夏が過ぎ，いよいよ，フットボールのシーズン到来です。すべてが整い，開幕戦が今まさに始まろうとしています。観客たちは席につき，選手たちはフィールドに入場し，ラインズマンは位置につきました。そして，主審がフィールドに入ってきました。いよいよ試合開始の合図です。試合開始のホイッスルが今まさに，吹かれようとしています。読者の皆さんは，その後に何が起こったか，もうわかるでしょう。そうです。どこからともなく鳥たちがやってきて，まるでフィールドが「鳥の絨毯」で覆われたようになってしまったのです。その鳥たちが餌を目当てにやってきたのは言うまでもありません。それというのも，鳥たちは，その夏の間中，MITの学生たちから餌をもらっていたからです。そして，肝心の試合はどうなったか？　もちろん，あまりの鳥の多さで，試合開始どころではありませんでした……これが実話かどうかはわかりません。しかし，この話が，学習理論のユニークな応用であることは確かです。それも，**刺激性制御**（stimulus control）の応用です。つまり，この話は，ある行動の生起確率が，先行する出来事（刺激）によってどのように影響を受けるのか，ということを示しているのです［訳注1］。

このイタズラの中で，MITの学生は，先行刺激（ホイッスルの音）の確立

［訳注1］スキナーはハーヴァード大学の教授でした。つまり，このMITの学生たちは，ライバル関係にある「ハーヴァード大学教授のスキナーが定式化したオペラント条件づけ」をわざわざ使用して，ハーヴァード大学のホーム・ゲームを妨害したという「手の込んだ」イタズラをしたのです。（TM）

に成功しました。つまり，この先行刺激が存在するときに，鳥たちが生起させる行動（地面に降り立って，餌を見つけるために芝をついばむ）が，強化子（餌）へ接触できる可能性を高めるようにしたのです。この一連のプロセスの中でホイッスルの音は，オペラント心理学において，**弁別刺激**（discriminative stimulus）と呼ばれるものになっていたのです。この「弁別刺激」という用語は「それが存在しているときに，特定の行動に強化が随伴しやすくなることを示す刺激」を意味します［註］。鳥たちが餌を食べにくる様子を見て，日常会話の中では「鳥たちは餌を得るために，その行動をしている」と，たいていの人は言うでしょう。しかしそれでは，あることを見落としてしまうことになります。なぜなら，この表現は，科学的な観点から捉えると，誤った推論の仕方を含んでいるからです。この表現では，行動の理由とされているモノ（ここでは，餌）は，時間的に，行動が生起した後に生じています。つまり，行動の理由が，まだ起こってもいない結果によって説明されている（あるいは，まだ生じてもいない未来を原因や理由とする）ということが問題なのです。人間と同じように，鳥も，時間の流れに沿って生きている（historical）存在であることは言うまでもありません。そのため，現在の行動が未来の出来事によって制御されている，と言うことはできないのです。そのように言うことがどんなに難しいことなのかは，映画「ターミネーター」を観たことのある人ならおそらくわかるでしょう［訳注2］。

このフットボールの開幕戦で鳥たちの行動を制御しているのは「餌がもらえるだろう」という未来の出来事では決してありません。実際，鳥たちは，開幕戦の当日に餌をもらうことはありませんでした。彼らの行動を制御しているのは，類似の状況で餌をもらったことがある，という過去の出来事なのです。つまり，それは，特定の刺激が存在する状況で強化されたことがある，という過去の体験によるものです。おそらく皆さんも，自分自身の体験の中に，似たよ

［註］弁別刺激は通常，S^Dと表記します。強化子でないものに関連した刺激は，$S^Δ$（Sデルタ）と表記します。罰が後続する行動の可能性に関連した刺激は，S^{D-}と表記します。この本では，それらすべての刺激機能を「先行刺激」として呼んでいます。

［訳注2］ジェームズ・キャメロン監督，1984年製作のアメリカ映画。この映画では，主人公の女性が未来の世界から現代に送られてきたアンドロイドに命をねらわれますが，同じく未来の世界から送られてきた男性とともに必死に抵抗します。この主人公の抵抗こそ未来の出来事によって制御されている行動といえますが，現実世界で起きることはまず考えられません！（NY）

うな例を見つけ出すことができるでしょう。もちろん，それは，ホイッスルや餌についての例ではなく，ましてや空から地面に降り立つことについての例でもありません。そうではなく，未来の出来事とつながっている（未来の出来事が，現在の自分の行動に影響を与えている）と思えるような，主観的な体験のことです。そういった体験は，以下のように詩的なことばで表現されたことがあります。「現在における，未来としての過去（the past as the future in the present）」（Hayes, 1992）［訳注3］。

　しかし，鳥たちは餌をもらえると「信じて」いなかったのでしょうか？　鳥たちの行動を制御しているのは，餌がもらえるかもしれないという「鳥たちの期待」なのでしょうか？　それとも，餌をもらおうとする「鳥たちの意図」なのでしょうか？　そもそも，鳥たちは，信じたり，期待したり，意図したりすることができるのでしょうか？　しかし，私たちは，この疑問に結論を出すことができる立場にはありません。なぜなら，鳥たちは，自らの私的な出来事について，これらのプロセスをわずかながらでも証明できるようなやり方で，私たちに語ることが決してできないからです。とはいえ，私たちは「鳥たちの行動は意図的なものである」と言うことができます。しかし，この「行動は意図的なものである」という表現は，行動を説明するためのことばではなく，単に「その行動には特定の方向性がある」ということを記述しているに過ぎません。これに対して，行動を，その行動が起こった文脈（つまり，先行刺激，結果など）と関連づけて記述することには，次のようなメリットがあります。行動を行動の起こった文脈と関連づけて記述することで，その行動に影響を及ぼすことに利用できる変数を理解できるようになる，ということです。先行刺激と結果はともに，原則として操作可能な変数です。クリニックなどの臨床現場では，クライエントたちが，自らの生活を変えるために，セラピストの専門的な

［訳注3］ただし，ある行動が刺激性制御下にあるということと，その特定の刺激性制御下にあるということを「その人自身が自覚できているか（言語化できているか）」ということとは本質的には無関係です。たとえば，受話器を耳に当てながら，急に立ち上がって何度も頭を下げながら謝っていたり，首を振って否定をしたりすることがあるでしょう。しかし，そのような行動を生起させている当の本人は，「今，電話から聞こえてくる会話内容によって，非言語行動（急に立ち上がる，頭を下げる，首を振る）が制御されているなぁ」とその場で自覚していることはほとんどありません。また，海外旅行に行って「ある会話場面では現地のことばでこのように言う」ということ（つまり，随伴性を言語化できているということ）をわかっていても，実際には，それがすんなりと出てこず，タイミングを逸したギクシャクしたものになってしまう，という経験があるのではないでしょうか。(TM)

援助を求めてやってきます。だからこそ，機能分析（ＡＢＣ分析）は，そのようなクライエントの行動に対して実際に影響を与えるために，セラピストに必要なものなのです。

臨床的に関連のある刺激性制御

アンナにはわかっていました。ペーターがお酒を飲んでいるときに，飲酒について意見を言っても，彼は聞く耳を持とうとはしないのです。

これと同じ文章を，ＡＢＣの随伴性で言い表すと次のようになるでしょう。A（ペーターがすでに飲酒している）が存在するところで，B（飲酒について彼女が意見すること）は，C（ペーターが彼女の意見に耳を貸すこと）を導いていません。このような状況で機能する行動（意見を言うこと）に強化が伴いそうもないということを，アンナは自らの経験によって知っているのです。

しかし，なにも「アンナがあらかじめ何が起こるかわかっている」ということが，この刺激性制御を生じさせているわけではありません。もし，それが事実なら，アンナは超能力をもっていることになってしまいます。とはいうものの，これまで飲酒中のペーターに意見をするたび，いつもどんなことになっていたのか，アンナはよくわかっていました。この場合，刺激性制御が示唆しているのは「その状況では，アンナがその行動（意見すること）を自発する可能性は低いだろう」ということなのです。それというのも，彼女が意見を言うという行動は，ここで述べた先行刺激の存在下で消去されてきたからです。

また，刺激性制御は，特定の行動に罰が随伴してきたという状況でも生じます。それは，次のような例の中にみることができます。

最近，ペーターがアンナを抱きしめようとしたとき，彼女から「そんなことをして，私にいったい何のご用かしら？」と，不機嫌そうに言われてしまいました。このことでペーターはものすごく傷つきました。それからというもの，彼はアンナへの身体的な接触を避けるようになったのです。

ペーターの行動の随伴性は，以下のように表すことができるでしょう。A

（アンナ）が存在するところで，B（アンナへ身体的に触れようとすること）は，C（ペーターが傷ついてしまうような，彼女からの不機嫌なコメント）を導いています。ペーターがアンナに触れようとする可能性は，減少するでしょう。なぜなら，アンナの存在（A）と，過去に彼女に近づいたときに随伴した罰（C＝傷つくような不機嫌なコメント）が，結びつけられているからです。

しかし，Aとなる刺激は，個人の外部で生じる出来事に限定されません。以下のマリーの体験は，そのことを明確に示しています。

　　マリーは会社の月例会議に出席します。この会議では，全員が各自の企画の進捗状況について，簡単な報告をすることになっています。会議が始まると，彼女の中で不安が募ってきます。集団の前で自分のしたことについて明言し，その明言したことに責任を負わなくてはなりません。このような状況は，彼女が知るうちで最悪な状況です。たとえ彼女の仕事について，同僚からの批判的なコメントがほとんどなかったとしても，彼女にとっては，この会議がまさに悪夢のような時間になることもあるのです。

ここで重要なのは，外的な状況そのものではありません。外的な状況（会議）に加え，その外的な状況が引き起こしている不安が重要なのです。この不安は，レスポンデント条件づけによって，会議のような外的な状況に関係づけられた反応と見なすことができるでしょう。この反応（すなわち，不安）はマリーの過去の体験によって確立されたといえます。マリーは，その体験を今でも鮮明に覚えています。たとえば，高校時代，クラスメイトたちの前に立ち，一言もことばが出ずに，不安で立ちすくんでしまったこと，10代の頃，からかわれて赤面してしまったこと，前の職場で，同僚に批判され，思わず泣き出してしまったこと，といった体験です。しかし，この会議中に嫌悪的だったものは，外的な状況だけではなかったのです。実際には，マリーは，この会議の席で誰かから批判されるというような嫌悪的な体験をほとんどしたことがありませんでした。その一方で，猛烈な不安感を抱きながら会議に出席するという嫌悪的な体験は繰り返ししてきました。つまり，この不安も，会議に出席するという行動の結果（C）として機能していたのです。

こういった状況（会議＝A）に接近するという行動（B）は，外的な状況だけでなく，内的な状況における嫌悪的な結果（C）にも関連づけられてきまし

た。そのため，この行動（B）が生起する確率は減少していきます。また，マリーは会議を回避することによって，このような嫌悪的な結果と接することを減らす，という体験もしてきました。この体験も強化随伴性の1つとして考えられます。つまり「ある状況において，行動とその行動の結果との間に，これまでどのような関係が存在してきたのか」を，先行刺激は個人に「教えてくれる」と言うこともできます。以上のようなプロセスで，先行刺激は行動に影響を及ぼすようになるのです。

ただし，ここまでのマリーの話の中で，1つ注意しなければならないことがあります。それは，彼女の行動を理解するために，内的に起こったことと，外的に起こったことをはっきり区別するのは，それほど意味のあることではない，ということです。基本的に，内的な出来事と外的な出来事の双方が，アクションし，リアクションする文脈を構成しているのです。つまり，マリーの場合，その文脈は「怖い会議」（もしくは，怖いものとして経験してきた会議）なのです。このマリーの例では，レスポンデントによる学習とオペラントによる学習は絡み合っていることがとても多い，ということも示しているのです。

般化

学習理論では，次の2つのことがとても重要な役割を果たしているということが強調されます。1つは，人は学習をしていくときに体験を繰り返して積み重ねていくことが必要である，ということです。もう1つは，その繰り返され蓄積された体験によって，刺激性制御が確立されていく，ということです。しかし，このことは，個人が適応性に富んだ行動レパートリーを身につけるために，個々に異なった状況と，それぞれの行動の結果を1つひとつすべてについて経験していかなければならない，ということではありません。もし，そうしなくてはいけないとしたら，学習は絶望的なほど時間のかかるプロセスになってしまいます。レスポンデント条件づけの章で，刺激般化のプロセスについて説明したことを思い出してください。それと同じ原理が，オペラント条件づけにおいても機能しているのです。特定の状況下で強化されてきた行動が自発する確率は，そのもともとの状況と類似した状況においても増加するのです（図表6-1）。

もし，子どもの頃，親とのかかわりあい方を学んだときに，親ではない他者との人間関係に対して，それを般化させることができなかったら，学習された

```
A ·············▶ B ━━━━▶ C
⋰⋰⋰⋰
A ⋰⋰⋰⋰
⋰⋰⋰⋰
A ⋰⋰⋰⋰
⋰⋰⋰⋰
@ ⋰⋰⋰
```

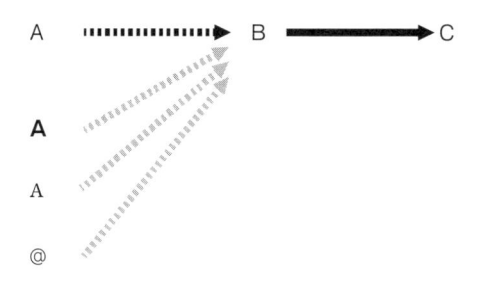

> 「A」が存在するところで，BはCを導く
> そして「**A**，A，@」が存在するところでも，BはCを導く

図表6-1 般化［訳注4］

行動レパートリーは限定した価値しかもたないものになってしまうでしょう。たとえば，何かをお願いする仕方を学習したら，それを自分の親とどことなく似ている他者に般化させていきます。つまり，般化は今までの経験を，より効果的なものにしてくれるのです。ただし，その一方で，多少の「犠牲」も伴うことになります（その「犠牲」については後述します）。

弁別学習

「私は，あなたの母親じゃないの！」は，おそらく，男女間のケンカで使われる，最もありがちなフレーズの1つでしょう。このジレンマは，刺激般化の「犠牲」の一例に過ぎません。そして，般化と正反対に位置しているのが，弁別学習（discrimination learning or discriminatory learning）というものです（図表6-2）。

たいていの行動は，特定の状況で生起したときにだけ強化が随伴されます。その特定の状況を弁別（すなわち，区別して取り出すことが）できるかどうかが，学習プロセスにとって重要なことなのです。もし，さまざまな先行刺激の違いを区別していないとしたら，私たちはすべての先行刺激に対して，その行

［訳注4］この図は，A＝「せ」という刺激だとすると，「セ，世，丗」という刺激が存在する場合でも（**A**＝「セ」，A＝「世」，@＝「丗」），同様の行動生起を生じさせる可能性がある，ということを意味します。ただし，般化によって生じた行動が強化されるか否かは「その文脈」に依存します。また，この場合，「**A**，A，@」という刺激は，Aと同一の「刺激クラス」であると記述されます。(TM)

```
A ·············▶ B ━━━━▶ C
       ╲╲╲ ✗
A   ╲╲╲ ✗
A      ✗
@
```

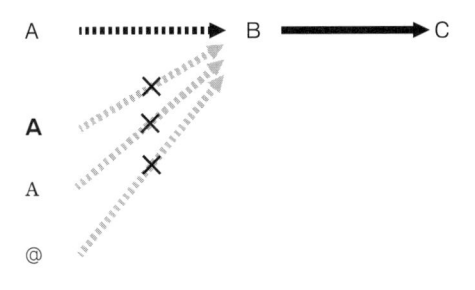

> 「A」が存在するところで，B は C を導く
> ただし「**A**，A，@」が存在するところでは，B は C を導か̇な̇い̇

図表6-2　弁別学習

動を生起させることになってしまいます（たとえ，まったく強化が得られないような場合であっても）。以下の例は，まさに弁別学習の能力がきわめて重要な社会的な場面についてです。たとえば「場をわきまえる」ということは，弁別学習の能力によるものだということを示しています。葬儀に参列するときには，ある程度控えめで品位ある行動レパートリーが求められます。それはたとえ，他の参列者たちがパーティのような服装で葬儀会場に来ていたとしても，です。もし私たちの行動が，あまりに広すぎる刺激クラスの制御下にあったら，私たちは社会的に不適切なやり方で振る舞ってしまうリスクを冒すことになるでしょう。

　弁別学習の概念は，私たちにとって重要な，もう１つの側面に光を当ててくれます。それは，自らの行動に影響を及ぼしている，すべての刺激を自覚しているわけではない（たとえ目が覚めている間でも）ということです。これは感謝すべきことなのです。なぜなら，仮に，自覚的なコントロールをしないと適応的な行動がとれないとしたら，その他のことを考える時間がほとんどなくなってしまうでしょう。そうなってしまったら，適応なんてできません！　しかし，その一方で，自覚的なコントロールをしていないということは，自分が好まないやり方で振る舞ってしまうかもしれない，ということでもあります。あるいは，自分のためにならないやり方や，自分でも理解していないようなやり方で，振る舞ってしまうかもしれないということなのです。たとえば，自分がしたいことではないし，する必要もないことなのに，突然命令されるとついついそれに従ってしまうような場合が考えられるでしょう。以上のようなことか

ら，自分の行動を制御している随伴性を弁別できているかどうかという問題が，そのまま自己知覚・自己認識の問題へと発展していくことになるのです。

刺激性制御のもとで

　私たち人間は「制御（control）」ということばに不快感を覚えます。「人間は，刺激性制御（stimulus control）のもとで生きている存在なのだ」と言われても，まったく魅力的に聞こえません。どちらかと言うと，この表現は，自律的な動きのできない，心をもたない（mindless）ロボットを連想させるでしょう。私たちは，「コントロール／制御」ということばから，自分が「誰かの手のひらの上」で生かされているようなイメージを連想しがちです。このような理由もあって，刺激によって「コントロールされる／制御される」というよりも，刺激に「影響される（influenced）」のほうが誤解もなく，言いやすいかもしれません［訳注5］。

　それでは，ここでの本題に移りましょう。たとえば，あなたは歩いていて，道路を横断しなくてはならないとします。交差点の赤信号で待っているとき，その信号は，さまざまな行動の生起確率に影響を与える刺激（すなわち，A＝先行刺激）として機能しています。赤信号は「自動車などが交差点に進入してきて，あなたにぶつかったり，ひいたりする可能性がある」という合図を出す機能をもっているのです。しかし，そこに立って待つことを，何かしらの絶対的な方法で強制されているわけではありません。それでも，あなたは信号の影響を受けて，いったんはそこで立ち止まるでしょう。そして，周りを見渡し，車が来ていないことを確認できたので，赤信号でも横断できそうに見えました。この場合，あなたの行動は，赤信号とは別の刺激によって影響を受けています。その別の刺激とは，あなたの視野に見えているものです。つまり，車が近くに来ていない（だから，あなたが車にひかれることはない）という視覚的なシグナルが刺激となっているのです。そのような確認ができたので，あなたは道路を渡ろうとしました。しかし，ちょうどそのときに，子どもとその母親らしき女性の話し声が聞こえてきました。子どもが「今，渡ってもいい？」と言うと「ダメよ。信号が青になるまで待ちなさい」と母親が答えます。それを聞いて，あなたは渡ろうとするのをやめました。それというのも，子どもの前

［訳注5］この本では，このような理由からほぼ「制御」と「影響」を同義語として使用しています。（TM）

ではよいお手本となるように振る舞うことが大切だ，ということがわかっているからです。しかし，青信号ではないけれども，車も来ない状態のまま時間が経つにつれて，あなたの中で落ち着かない感覚がだんだんと大きくなってきました。ここで，あなたに影響を及ぼし，行動を生起させる可能性に影響を与えるような，また別の刺激を同定できるでしょう（長くなるので，このあたりでやめておきましょう）。

　このような簡単な例であっても，行動に影響を及ぼす刺激のリストは長いものになります。私たちは，たくさんの刺激によって制御されています。しかし，私たちが特定の方法で行動するように強制（force）している刺激は，1つもありません。刺激は私たちの行動を強制しているのではなく，私たちの行動に影響を及ぼしているだけなのです。ただし，信号が変わるまで待つように強制された場合でも，そうすることを自ら選んだ場合でも，私たちがすること（信号が変わるまで待つこと）自体は同じです。しかし「なぜ，そのように行動するのか」を説明しようとして「私はここに立っていなければならない」あるいは「私は自分の意志でここに立っている」と言ったとしても，それで説明し切れるものではありません。この例が示しているのは，次のようなことです。それは，さまざまな刺激の影響力が潜在的に競合していて，それらが共存しているときは，その刺激のもつ影響力が互いに相殺され，中和されていくだろう，ということです。つまり，赤信号は，周囲の環境の視覚的な刺激（車が来ない），聴覚的な刺激（親子の会話），モラル（その会話内容），その状況における自分の内的な身体的感覚（落ち着かないという感覚）と関係があります。そして，それらの刺激が競合し，共存し，互いにその影響力を相殺していくことになるのです。もちろん，その刺激の影響力が集約されていくところは「私たち自身」です。そのため，私たちがこれらの刺激と深くかかわっていけばいくほど，ある方法で行動する確率が高まっていきます。そして，その場合の「ある方法」とは，自分の健康や，周りの人たちとの良好な人間関係といったような「何よりも大切なもの」を維持していけるような方法なのです。言い換えれば「人生においてよい選択をする」のに有効な方法で行動するということになるのです［訳注6］。

［訳注6］ここでも『よい選択』を自ら言語化して，それに基づいて行動する」ということを意味しているのではありません。結果的に，どの刺激に行動が一番影響されるのかということは，主として，その人のこれまでのヒストリー（個人史）に依存するのです。（TM）

第6章　オペラント条件づけ(2)　163

リモート・コントロール：モデリング

　オペラント行動の中には，特別な行動クラスがあります。その行動クラスは，生活していくために必要な学習をするときに，大きな意味をもっています。それは，他者の行動をコピーする（まねる／模倣する）というクラスです。その行動クラス自体は発達初期に学習されます。そのため，模倣することは，遺伝的にプログラムされている，といわれています。私たちは，人生で最初に面倒をみてくれる人の行動を模倣するように生物学的に準備されているのです。このように「模倣する」こと自体が般性行動として強化されているのです。このような模倣行動の初期形態は，人生を通し，**モデリング**(modeling)として知られている学習の形態に発展していきます（Bandura, 1977）。般化と同様，モデリングも効率的に学習するために有効な方法の1つです。直接的な経験によって，すべての行動をありとあらゆる場面で学習していこうとすると，非常に長い時間を必要とします。その代わりに，私たちはモデルとなる人の行動を観察することによって学習していくのです。さらに，無数の状況で，1つひとつ試して，1つひとつ検証していくには，莫大な時間と労力を要してしまいます。しかし，そうしなくても，他者を観察するというプロセスによって，多くの行動を学習するために莫大な時間と労力を費やさなくても済むようになるのです。つまり，強化となる状況に接触するために，モデル（となっている人）が何をしているのかを，私たちは観察すればよいのです。たとえば，子どもがごく小さいうちから「お父さんとそっくりなことをしている」姿を目にすることができるでしょう。このような学習方法は，私たちの生涯を通して存在していくものなのです。多くの社会的な行動レパートリーは，モデリングによって学習されています。私たちは，人を観察し，人とかかわることによって，社会生活の営み方を学習しているのです。そのため，セラピーにおける学習プロセスにも，モデリングは関係していることがあります。セラピー中に生起したさまざまな問題にアプローチしていくとき，クライエントはセラピストの模倣をすることによっても，新しい行動を学習していると捉えられます。

　私たちは，モデリングによって，ある行動の生起確率を増加させる近道を手にすることができるのです。裏を返せば，その行動に後続する強化を得る近道が手に入るのです。しかし，モデリングは，特別な種類の強化子も確立します。すなわち，大きな影響力をもつモデルと同じように行動することは，それ自体が強化となりうるということです。そうでなければ，ロックスターがロッ

クスターになるずっと前からロックスターらしく振る舞うことを学んでいる，という現象の背後にある学習プロセスは，どう理解すればよいのでしょうか？

　自傷行動を起こすようになる場合，おそらくモデリングが非常に大きく影響していると考えられます。このことを，ジェニーの事例で見てみましょう。

　　ジェニーがその病棟に紹介されてきたとき，彼女が意図的に自傷をしたという既往歴はまったくありませんでした。より正確にいえば，彼女が意図的に自分自身の体を切ったことは，それまで一度もありませんでした。しかし，同時期に，クリニックで自傷を繰り返してきた少女の1人が，ジェニーと同じ病棟で治療を受けていました。傷跡が残った彼女の前腕は，ジェニーのような若い患者たちに強烈な印象を与えたのでした。

　この一連の出来事の中には，2つの強化随伴性が想定できるでしょう。それらは，同時に起こってはいますが，本質的に異なった随伴性です。1つは，大きな影響力をもつモデルの行動（自傷行動）と類似した行動をすることで，そのこと自体が強化されているという随伴性です。もう1つは，このような行動（自傷行動）をすることで，これまでの章で述べてきたような強化子（他の人からの注目など）にジェニーが接触するという随伴性です。

　モデリングによって，私たちは，文化的に伝えられてきた行動的な習慣を実行できるようになります。しかし，それだけではありません。モデリングによって，周りの環境に対して，より大きな自律性（autonomy）を獲得することもできるのです。私たちはモデリングによって，（わざわざ自分自身で体験しなくても）すべての行動レパートリーに対して刺激性制御を確立する必要がなくなるのです。つまり「リモート・コントロール（遠隔制御：remote control）」によって，それができるようになります［訳注7］。ただし，他の学習プロセスと同じで，これは両刃の剣なのです。つまり，有益ではない行動を確立する可能性も，同時に生み出されることになります。また，周りの環境において自律的に行動していくという可能性は，ヒトがもっている言語的能力によっても飛躍的に進歩します。それについてのより詳しい説明は，次章で話すことにしましょう。ただし，言語的能力とモデリングの類似点は，有機体の能力を劇的に

［訳注7］これを「代理学習（vicarious learning）」と呼ぶこともあります。（TM）

向上させるということです。とくに、モデリングによって（言語的能力によっても）、直接経験してきたものではない要因の影響下で、私たちはアクションできるようになるのです。

ルール支配行動（rule-governed behavior）

　ここまでこの本で説明してきたことは、個人が実際に積み重ねてきた経験に基づいてなされる学習のプロセスについてでした。これらのプロセスによって、さまざまな刺激性制御が確立されます。そして、私たちの行動は、多くの刺激によって影響を受けている、と捉えることができます。私たちは横断歩道に近づくと、立ち止まり、車が来ないかを確認します。しかし、それが適切な行動だということを、どうやって学んできたのでしょうか？　実際の体験によって、それを学んだのでしょうか？　つまり、実際に「周りを気にせずに道路を歩く」という行動の後に「車にひかれそうになる」という嫌悪的な出来事が何度も生じたのでしょうか？（「罰」の随伴性を体験したのでしょうか？）　それとも、立ち止まり、車が来ないかを確認することで、実際に車にひかれそうになるのを避けることができたという体験を、何度もしてきたからでしょうか？（「負の強化」の随伴性を体験したのでしょうか？）　おそらく、答えは「NO」です。実際にさまざまな行動を試してみて、その場面でうまく機能する行動を発見したと考えるには無理があります。

　私たちは「道路を横断するのに適した行動レパートリー」といったものを直接の体験を通して学ぶことは決してありません。有効で、しかも経験に基づいた適切な道路の渡り方を身につけるために、小さい子どもたちを交通量の多い道路まで連れて行き、そこでその危険性を直接体験させたら、どのようなことが起こるでしょうか？　それは、間違いなく「死」を意味します。もちろん、私たちはそのようなことはしません。まず、私たちは、子どもたちに道路の渡り方を話し、この状況における適切な行動のモデルを示します。次に、何を教えますか？　（実は、ここからがこの節の本題なのですが……）そうです。「道路を渡る前に、立ち止まって、右左を見る」というようなルールを教えます。このようなルールによって制御されている行動を、**ルール支配行動**（rule-governed behavior）といいます［訳注8］。このルール支配行動は、私たちが学

習できる内容と範囲，そして行動の制御の受け方に劇的な影響を与えることになります。それでは，もう少しこれまでのたとえを続けて，ルール支配行動の確立とモデリングが，どのようにして一緒に生じるのかを説明しましょう。皆さんも子どものときに経験したことがあるかもしれませんが，交差点で道路を横断する方法を教えるために，小学校へ警察官が来校したことはありませんでしたか？　そこでは，まず警察官は正しい行動をやってみせます。子どもたちは皆，一列に並んで，その印象的な警察官の姿をじっと観察します。警察官は始め注意深く右左を見て，それから道路を横断します。その後，すべての子どもたちが，1人ずつ順に，道路に近づき，立ち止まり「右見て，左見て，もう一度右見て」といったことばを復唱します。そうしてから，子どもたちは道路を横断します。警察官は道路を渡ったところに待っていて，正しい行動ができた子どもをほめてあげます。それから，子どもたちはまた一列に並んで待ち，同じ手続きを繰り返して道路を渡り，元の場所に戻ります。

　それでは，オトナになった今，道路を渡るときに，私たちはどうしているでしょうか？　そうです。「右を見て，左を見て，もう一度右を見て」います。では，実際に，その左右確認するという行動が，功を奏したり，危険を回避したりするのに役立っている，と自信をもって言えるでしょうか？　少なくとも，私自身は確かなエビデンスに基づいて，そのように言うことができません。あるいは，左右確認を怠ったために，危うく車にひかれそうになったことはあるでしょうか？　そのような経験をした覚えは，私にはありません。もちろん，車にひかれそうになる可能性はあったでしょうが，実際にそのような経験をしたことはなかったと思います。しかし，今でも，この左右を確認するという行動は，まったく変わらず同じままで，とても安定して生起しているのです。もし，道路を横断しようとして，歩道の縁から降りる前に，この一連の行動をしなかったら，どうなるでしょう？　おそらく，近づいてくる車を直前でかわすことになるため，聴覚，嗅覚，動体視力，反射神経といった，さまざまな感覚や運動能力を集中させなくてはならないでしょう。つまり，ここでは，ある種の学習プロセスが機能しているのです。具体的に言うと，私たちは「道路を横断するような状況に結びついている危険にさらされないようにする」という機能をもった，ルール支配行動を学んだということなのです。私たちが子

［訳注8］特定の随伴性における経験を通じて獲得された行動のことをスキナーは**随伴性形成行動**（contingency-shaped behavior）と呼びました。（NY）

どもたちに教えるのは,「道路を渡るときは,どんなに用心しても,用心しすぎることはない」ということと「たとえ安全な状況のように見える場合でも,必ず左右を確認する」ことの2つです。そのおかげで,実際に,子どもたちは,車にひかれるという嫌悪的な刺激に触れないで済むようになります。私たちは,モデリングとルール支配行動の確立という2つの方法を使うことによって,子どもたちに道路の安全な渡り方を教えているのです。

　次章では,ルールに支配された学習がどのように機能しているのかについて詳しく見ていきましょう。とくに「なぜ人間だけが,このような学習をすることができるのか」ということを説明する「基本的な行動原理」について探究していきます。

第7章
関係フレームづけ
――行動分析からみた「言語と認知」

　ここで，少し立ち止まって，思考という現象について考えてみましょう。学習という「見方・捉え方」から，この思考という現象をどのように理解することができるでしょうか？　そのような「見方・捉え方」から，思考がどのような働きをするのか，どのように影響を受けるか，ということをうまく説明できるでしょうか？　それに答えるためには，人間の言語について，より詳しく検討していかなくてはならないでしょう。

どのように関係づけるか？――言語と思考

　わが家の隣には，ヘイズさんという人が住んでいます。私が，その彼に「木曜日から3週間ほど出かけるつもりなんです。その間，うちの植物に水をやっておいてくれませんか？　そうしてもらえるなら，あなたがこの夏に海外に行くとき，私があなたの植物をお世話しますよ」と言ったとしましょう。この発言は，実際にその植物が目の前になくてもすることができます。たとえば，スーパーマーケットで，ヘイズさんとばったり出会ったときに，そのようなお願いをすることができます。ところで，このような発言には，何が使われているでしょうか？　それは「音」です。私たちは，たくさんの音を組み合わせて会話をしています。そして，ここで使われている音（あるいは，音の組み合わせ）それ自体は，もともと恣意的な（arbitrary）ものです［訳注1］。たとえ

ば，もし私たちがトルコで生まれ育ったとしたら，会話で使う音は，今とはまったく違ったものになっているでしょう。さらに，私の家と植物がヘイズさんに対してもっている刺激機能を変えるのも，先ほどの会話で使用した音の組み合わせ（「木曜日から……お世話をしますよ」）なのです。つまり，この音のやりとり（つまり，会話）によって，次週からのヘイズさんの行動（水やりなど）の生起確率が高まるのです。同様に，ヘイズさんの家と植物も，私の行動を制御する機能をもつようになるでしょう。たとえ，彼の植物を実際に世話するのが数ヵ月先で（ヘイズさんの旅行中に），それまでに，その植物を一度も目にすることがなくても，私は水やり行動を生起させることができるのです。

　皆さんもよく知っているように，このような音のやりとりは，日々の生活の中で体験されます。しかし，このようなありふれた出来事の中にも，とても高度なプロセスが隠されているのです。たとえば，いくつかの音を組み合わせただけで，植物に対する私の行動（水やりなど）を指定することができたり，数ヵ月後に生じる外的な変数に対応できるようになったりするのです。ヘイズさんは「晴れたときは，よく水をやってくれよ。とくにキッチンの植物にはね」あるいは「留守中は，たぶん息子が家にいると思うんだ。だから，もし息子が家にいるときは，彼が植物の世話をするよ」と言うかもしれません。そう言われるだけで，私たちはそれに応じた行動を生起させることができるのです。

　お隣のヘイズさんとの会話の中で使われた音の組み合わせはすべて，第6章で「ルール」と呼ばれていたものです。また，もし私や彼が実際に，お互いの植物に水をあげたのなら，それはルール支配行動，つまり言語によって制御された行動の例であるといえます（Hayes, 1989）。なぜなら，ここでの水やり行動は，直接の強化随伴性だけで制御されているわけではないからです。ヒトは，環境内の刺激に何らかの機能を付け加える能力をもっています（なお，この付加される機能は，もともと刺激自体に備わっていたものではありません）。つまり，上記のヘイズさんとの会話の中で，植物への水やりをお願いしているとき，ヘイズさんと私は互いに，相手の環境内の刺激に新たな機能を付け加えているのです。さらに，私たちは，他者との間だけでなく，自分自身との間でも同じことを行っています。そのような「自分自身との会話」は，他者との会

［訳注1］「恣意的」とは，何かと何かとの間の関係は必然性がないことを意味します。しかし，そうだからといって「でたらめ」ということではなく，ある一定の法則性が見出されることもあります。（TM）

話と同じくらい頻繁に体験しているはずです。**この「自分自身との会話」が内的に行われるとき，私たちは，この会話のことを「思考」と呼んでいるのです。**私たちの皮膚の内側では，「現在」進行中の事柄や，「過去」に起こった事柄，「未来」と呼ばれる事柄がつねに扱われているのです。私たちは，生活の中でさまざまな出来事を制御し，影響を与えようとして，「あの方法じゃないんだ。あれでは，うまくいかない……」「もし彼がそう言ったなら，私は……するだろう」「今この……を思い出すんだ」などという「自分自身との会話」をつねに行っているのです。この「自分自身との会話」という私的で内的な行動は，自動化された短いコメント，延々と続けられる独り言や「もう1人の自分」との対話だけでなく，過去，現在，未来についてのありとあらゆるストーリーを含んでいます。

　言語的な能力をもっているヒトは，いくつかの点で「他の動物とは違う振る舞い方をする」ということが実験室での実験によって明らかにされています（Hayes, Brownstein, Zettle, Rosenfarb, & Korn, 1986）。このような他の動物との違いは，先述してきた人間の能力，つまり「ヒトの言語」と呼ばれる能力によって生み出されるものです。最近の10〜15年で，「言語化」する際に（それが他者との間で行われるか，自己との間で行われるかにかかわらず），ヒトがどのようなことをしているか（どのようなプロセスを経て言語化しているのか）ということに関する詳細な研究が行われてきました（Hayes, Barnes-Holmes, & Roche, 2001）。その中心的な能力は「いろいろな刺激を他の刺激に関係づけること」であると考えられています。さらに，この刺激同士の関係づけは，「実際の関係（actual relations）」かつ／または物理的な特徴に基づいて生じるものではありません。それは，「実際の関係」とは独立なものなのです。つまり，私たちは，ある刺激との関係に基づいて，別の刺激にアクションしたり，リアクションしたりすることができるのです。そして，それは，その2つの刺激の間にある「恣意的に確立された関係（arbitrarily established relations）」に依存しています。たとえば，もし誰かが「ケンは，ビルとまったく違う」と言ったとしましょう。この発言は，私たちのケンに対する考えや思いに影響を与えるでしょう。つまり，「ケンは，ビルとまったく違う」という発言を聞く前と後では，ケンに実際に会ったときの，彼に対するかかわり方は違ったものになるはずです。このような違いは，以前にケンと一度も会ったことがなくても生じます。ただし，このケンに対する反応は，ビルと実際にかかわ

ったときの体験に基づいて生じます。もちろん，その反応は，言語によって確立されたビルとケンとの関係（ケンはビルとは「異なる」あるいは「反対」）からの影響を受けています。しかし，もしビルと会ったことも話したこともなければ，ケンに対しても，どのようにかかわっていいのかわかりません。そのため，ビルと直接的にかかわった体験も必要となるのです。

関係反応（relational response）

　私たちは，「実際の関係」の世界の中で生きています。たとえば，ある事柄は，他の事柄よりも以前，あるいは以後にやってきます。また，ある物体は，他の物体よりも大きかったり，暖かかったりします。「あの車は，この車よりも大きい」「この花は，あの花と同じくらい赤い」「この本棚は，他のものより下に置かれている」など，これらすべては「実際の関係」です。今までの章で説明してきた，レスポンデント条件づけとオペラント条件づけでは「実際の関係」が中心的なものでした。つまり，条件刺激は，無条件刺激との「実際の関係」から機能を獲得します。オペラント行動は，行動と結果の「実際の関係」によって制御されています。しかし，（比喩的に表現すれば）私たち人間は，言語という「ポイント切替器」によって，この現象（実際の関係によって行動が制御されているという状態）を「側線に入れる［訳注2］」ことを学習するのです。より正確に言うと，私たちは，随伴性によって確立された直接的な刺激機能の制御から，ある程度，自分自身を自由にすることが可能である，ということなのです。さらに，ある特別な方法で「いろいろな刺激」を関係の中に「入れる（put）」ことによって，その機能を「がらりと動かして」そして「転換（transform）」させてしまうこともできるのです。

　（繰り返すようですが）私たちは，地球上の他の動物と同じように，「実際の関係」の文脈の中で暮らしています。私たちは皆，これまでこの本の中で説明してきた，学習の原理に従って刺激間の関係に反応しています。多くの動物も，人間と同じように，「何かと何かの関係という抽象的な概念に対して反応する」ということを学習できます。たとえば，リスザルは「最も長い棒」を選

［訳注2］「側線」とは，鉄道線路で，列車の運転に常用する線路（本線）以外のもの。（TM）

ぶことを学習することができます。もし，この行動を強化すれば，リスザルはこれまでに直接は強化されたことのない棒（しかも，最も長い棒）を選ぶようになるでしょう。たとえ，別の棒が選べる状態にあっても，実験の最初に直接強化された棒が選べる場合であっても，リスザルは「最も長い棒」を選択できるのです［訳注3］。リスザルは，いくつかの棒の間の「抽象化された関係」に対して働きかけることができます。つまり，リスザルは，いくつかの棒の間の関係，具体的には他の棒よりも，より長い棒に対して反応しているのです。これは言わば，リスザルが「より長いということ」に対して反応しているということです。

　今，ここで検討しているのは，**関係反応**（relational response）についてです。それは，関係に対する何らかの反応のことを意味します。先のリスザルの例は「実際の関係」（ある棒は，他の棒よりも長い）であることに注目してください。しかし，ヒトは，発達初期の段階で，「リスザルが学習する以上のこと」を学習するのです。つまり，ヒトは「実際でない関係（not-actual relation）」に対する反応を学習します。私たちは，恣意的に確立された関係に対して反応することを学習するのです。そして，その反応は，刺激間の「実際の関係」や，刺激自体の物理的な特徴によってではなく，社会的な文脈の「気まぐれ」［訳注4］によって生じるのです。私たちが学習するのは，「刺激それ自体とは独立に，その状況の中にある『何か他のもの』が，刺激と刺激の関係を制御している」ということです。何らかの関係が，刺激それ自体と独立して成立するということは，社会的な文脈によって，これらの関係が恣意的に生み出されるかもしれない，ということを意味しているのです。つまり，ありとあらゆるものが互いに関係を結ぶ可能性をもっているということなのです！

　それでは，ここで簡単な実験をしてみましょう（実際にやってみてください）。

［訳注3］この現象は「移調（transposition）」と呼ばれる現象です。ニワトリやラットでも同じ現象が確認されています。さらにその詳細を知りたい人は以下の書籍を参照してください。ジェームズ・E・メイザー（磯博行，坂上貴之，川合伸幸訳）『メイザーの学習と行動（日本語版第3版）』二瓶社，2008年（TM）
［訳注4］「気まぐれ」とは whim の訳語です。このことばは，たとえば神や天使の気まぐれによって，ものごとが生み出されるといったニュアンスをもちます。ただし，意味的には「恣意性」ということばと交換可能なものと捉えてよいでしょう。（TM）

それでは「＠は♯の２倍です」と言ってみてください。（言いましたか？）
私たちが今ここで確立したのは，この２つの刺激（＠と♯）の間の関係です。ただし，この関係は，どんな「実際の関係」とも独立しています。

では次に，♯は100万円であると考えてください。（考えましたか？）
そのように考えたとき，＠に何か変化が起こりませんでしたか？
＠が新しい機能を獲得しましたよね？

では，＠と♯のどちらかを選んでくださいと言われたら，
あなたはどちらを選びますか？（選んでください）
この新たに獲得された機能が，あなたの選択に影響を与えましたね？

では，今度は，♯が顔への強烈なパンチだとしたら，どうですか？
それでも，あなたは＠を選びますか？

　このように私たちは，２つの刺激の間に恣意的に確立された関係（＠は♯の２倍）に基づいて，他の刺激（♯）の点から（100万円，強烈なパンチ），ある刺激（＠）に対して反応するようになります。
　では，別の例を見てみましょう。ここからは，「くるま」という文字の組み合わせについて取り上げます。今，あなたは，このページを実際に見ています。そこには，曲がりくねった黒い線（「く－る－ま」という文字）が書かれています。そのような場合に，その「曲がりくねった黒い線」の意味を「理解する」（読み手として）ということを考えてみましょう。曲がりくねった黒い線を「理解する」ためには，それまでの経験（history）の中で，曲がりくねった黒い線が実際の車と関係づけられている必要があります。「く－る－ま」と車のような等位（coordination）の関係（あるものが別のものとイコールである）は，社会的な文脈によって確立された恣意的なものです（図表7-1）。この関係は，車とそれを表す文字（く－る－ま）の間の類似点や，自然に与えられる関係によって確立したものではありません。この関係は，社会的な文脈の「気まぐれ」によるものです。そのため，この関係は，日本語を話す（読む）人たちという特定の文脈以外には存在しません。

くるま

図表7-1　等位

　本物の車と文字の「く‐る‐ま」，あるいは音の「クルマ」との間には，もともと必然的な関係はありません。しかし，そのような関係の恣意性は，いとも簡単に忘れられてしまいます。それは，実際の車と文字の「く‐る‐ま」（あるいは音の「クルマ」）との間の「実際の関係」の例を，多く体験しているからです。実際の車が存在するときに，文字の「く‐る‐ま」が存在することは，何度も体験することです。たとえば，実際の車を見ていて自分自身あるいは他の誰かが「く‐る‐ま」という文字を使う場合や，車を見ると同時に「く‐る‐ま」という文字を見る場合が，その例として挙げられます。このようなシステムが，いかに柔軟であるかに注目してください。そして，どのように人間の言語が「実際の関係」と独立しているのかについても注目してみてください。

　それでは，また実験をしてみましょう。

　では，ここで，車を表す新しいことばを皆さんに紹介しましょう。
　そのことばとは（ドラムロール！），

　ぐらど

　です（拍手！）。

　では，ここで「ぐらど」を想像してみてください。（想像しましたか？）
　次に，想像した「ぐらど」を使っていろいろなことをしている自分の姿を想像してください。
　それでは，やってみましょう。どうぞ！

　（想像してください……チクタク，チクタク……）

　何が思い浮かびましたか？

　　　　　　　　　　　　　くるま　　　　　　　　　　　ぐらど

　　　　　　　　図表7-2　等位：新しいことば

　おそらく，ほとんどの人が，実際の車の映像と，車を使ってできることを思い浮かべたのではないでしょうか。これまでに，文字の「ぐらど」と本物の車の間の関係を，体験したことのある人は（もしかしたらいるかもしれませんが）いないでしょう。上記の文脈が，文字の「くるま」と文字の「ぐらど」の間に，等位と呼ばれる関係を確立したのです（図表7-2）。文字の「くるま」は，すでに本物の車との関係の中にあるので，「ぐらど」は本物の車の機能の一部（たとえば，車の映像）を獲得しました。ここまでの件（くだり）を読んだすべての人が，今や「ぐらど」を所有することのメリットとデメリットを議論することができるでしょう。いろいろな「ぐらど」を比較することもできるし，「ぐらど」の衝突や「ぐらど」の駐車場について話すことも，今では意味のあるものになっているはずです。

　上記の「ぐらど」の例でみたように，私たちは「ものごとを関係づける」ということを学習します［訳注5］。それによって，現象学的な領域［訳注6］に存在する「何か」に対して，新たな刺激の機能を加えることができるのです。ただし，その加えられた機能は，もともと刺激それ自体に備わっているものではありません。また，これまでにその刺激が一度ももったことのない機能かもしれません。さらに，私たちは，車のような物体だけでなく，他者や，さらに自分自身との関係の中に「何か」を入れることもできるのです［訳注7］。つまり，物同士だけではなく，物と人（もちろん，「人と人」でも可）とを関係づ

［訳注5］「ものごとを関係づける」というのは"put things in relation"の訳出です。直訳では，関係の中に「何か」（しかも複数）を入れる（投入する）という意味です。つまり，関係という箱や枠のようなものがあって，その中に「何か」と「別の何か」を放り込む，というニュアンスになります。（TM）
［訳注6］ここでは，「主体的な体験に関する，つまり私的（内的）事象にかかわる，行動や刺激に関するもの」という意味です。（TM）
［訳注7］この場合は，いろいろなラベル（たとえば，「同じ」「〜より大きい」といった名称）のついた箱や枠が複数あって，すでに，その箱や枠のいずれかの中に「自分自身」という刺激（たとえば，自分の写真）が入った状態になっています。そこへ新たに別の刺激（たとえば，アイドルの写真）をその箱や枠の中に入れるというイメージです（この例の場合，自分とアイドルは「実際の関係」を通常はもっていないでしょう）。（TM）

けることができるのです。私たち人間は，「ものごとを関係づける」ということを繰り返し学習します。それは，すでに乳児の頃に学習されます（Lipkens, Hayes, & Hayes, 1993）。私たちは，幼児の頃に確立されたさまざまな関係（「〜と同じ」や「〜と違う」など）を利用して，刺激と刺激を関係づけたり，関係づけられた刺激に反応したりするようになるのです。以上のように，ここまで，関係反応について述べてきました。しかし，この関係反応は，先に述べたリスザルの例とは異なるものです。ヒトは，リスザルとは異なる方法でも反応できるのです。ここで用いられる反応は，恣意的に適用可能（arbitrary applicable）なものです。恣意的に適用可能とは，反応が刺激間の「実際の関係」と独立していることを意味しています。私たちは「あらゆるもの」を「あらゆるもの」との関係の中に入れることができるのです。すなわち，私たちは，ありとあらゆるものを関係づけることができるということなのです。そして，このプロセスによって，そこに含まれる刺激機能が変換されるのです。このような関係づけの反応様式を専門的には，**恣意的に適用可能な関係反応**（arbitrary applicable relational responding：AARR）と呼びます。この関係反応が，人間の言語と思考（認知）の基礎的なプロセスなのです。

関係フレームづけ（relational framing）

先に述べた関係反応の現象をより専門性を下げて言うとすれば，**関係的にフレームづける**（frame relationally）という表現になります。それは，ちょうど写真をいろいろな種類のフレームの中に入れることができるように，私たちは「さまざまな刺激」をいろいろな関係フレームの中に入れることができるということです。基本的なフレームには，等位（coordination：車は「ぐらど」と同じ），反対（opposition：車は「ぶると」ではない），比較（comparison：より大きい，より小さいなど）があります。その他の重要なフレームとしては，時間（temporal：前／後）や因果（causal：「もし……なら，……」）があります。また，視点を確立する関係（ここ／そこ）も重要なフレームの1つです。

このような関係反応の重要な特徴は，ほとんどの反応が直接的な訓練を必要としないという点です。つまり，関係反応は「派生する（derive）」のです。

より詳細に言うと，確立された関係（つまり関係フレームがしっかりとできあがった状態）は，**相互に内包されている**（mutually entailed）のです。つまり，ある関係は，もう一方の関係を含んでいるということです。私たちは，もしAがBと同じなら，BがAと同じであるということを派生させます（言い換えれば，AがBと同じであるということは，BがAと同じであるということを含んでいるということです）。もしAがBよりも大きいなら，BはAよりも小さいということを派生させます。もしペーターがジェームスよりも年上で，ジェームスがデビッドよりも年上なら，デビットはジェームスよりも年下であることを派生させます（そのジェームスはピーターよりも年下です）。それだけでなく，私たちは，ペーターがデビッドよりも年上であることや，デビッドがペーターよりも年下であることを派生させるかもしれません。もちろん，レスポンデント条件づけやオペラント条件づけによって直接訓練・学習された個々の関係（これは「実際の関係」に基づいています）についても，他の多くの関係が派生します。「ある刺激」が関係の中に入れられると（関係づけられると），その関係によって，刺激機能が変化します。そのため，たった１つの新しい関係フレームづけによっても，その人の刺激の領域に大きな変化が生じる場合があるのです。このような変化は，その人が直面しているものごとの中に「リアルな」変化がまったくなくても生じることがあります。たとえば，「これは汚染されていますよ」と言われたら，その食べ物に対する対応方法はまったく違ったものになるでしょう。

　では，次に，人間の言語と思考の柔軟性が，これまでに話してきた基礎的なプロセスによって，いかに築き上げられるかという例を見ていきましょう。

派生した関係反応の有効性

　もし言語の能力をもたない有機体（たとえば，ハト，チンパンジー，乳児）が，即時的な報酬と遅延された報酬のどちらか一方を選択できるという状況に置かれたら，おそらく，そのような有機体は即時的な報酬のほうを選ぶでしょう（Rachlin & Green, 1972）。一方，私たち人間（言語の能力を有する有機体）は関係的にフレームづける能力をもっているため，遅延された報酬のほうを選ぶこともできるのです。ただし，それは私たちがいつでもそのような選択をするといっているのではありません！

想像してください。
あなたの目の前にとてもおいしそうなチョコレートケーキがあります。
そのチョコレートケーキは，薫り豊かで，こくの深いビターチョコレート，香ばしいアーモンド，ふんわりとしたホイップクリームで作られています。（想像できましたか？）

　あなたは，即時的な報酬を選択して，目の前のケーキを食べることができます。明らかに，多くの人が，この直接的な随伴性によって，自分の行動を制御されることでしょう。つまり，ここでは，ケーキを引き寄せ，フォークをつかんで，食べ始めることが，直接の随伴性によって制御されているのです。しかし，私たちは，どうしてもケーキを食べずにいられないというわけではありません。ケーキを食べたいという衝動を感じ，まさに「つばを飲む」という状態になったとしても，ケーキを食べることを避けることができます。どうやって，そのようなことをしているのでしょうか？　私たちは，「チョコレートケーキ」を「心に浮かんだ映像」に関係づけることができるのです。その映像とは……

　　来年の夏，ビーチで水着を着ている自分自身の姿。
　　自分のお腹や太もも。
　　それに周りにいる人たちのお腹や太もも。

　私たちは，それらを「見る」ことができます。現実には，今は冬本番で，外では雪が降っていて，周りの人たちは皆，十分に厚着（そして，とても暖かそうです）しているのにもかかわらず，私たちは夏のビーチを「見る」ことができるのです。

　　それでも，あなたは，そのチョコレートケーキを食べますか？

　ビーチの光景を見たとき，私たちは，等位のフレームによって，目の前の「チョコレートケーキ」を「架空の未来」に関係づけることができるのです。さらに，この「未来」は，時間（今／後）と原因（「もし……なら」）の関係フ

レームづけによって構成されています。たとえば，「もし今ケーキを食べたら，あとであんなふうに（ビーチでの姿）なってしまうわ」といったように構成されます。このようなルール（言語構成物）が形成されると，チョコレートケーキの刺激機能は変換され，そして，同時に，私たちの行動もまた変換されることになるでしょう。つまり，それがどれほど魅力的であっても，ケーキを食べないと決心することができるのです（図表7-3）。

このようにチョコレートケーキの誘惑に打ち勝つことができるのは，人間が即時的な満足を避ける能力をもっているということを示しています。それによって，私たちは，「前もって」出来事に対処することができるのです（その出来事に直接接していないにもかかわらず）。このような基礎的な能力は，たいてい「問題解決（problem solving）」かつ／または「プラン作り（planning）」と呼ばれます。私たちは，現在の文脈（しっかりと服を着て暖かそうな人たちに囲まれた冬のある日でも）から，時空間的に遠く離れた望ましい「結果（C）」（来年の夏に水着を着たステキな自分の姿を見ること）に触れることができるのです。そして，このような言語的に構成された「結果」によって，「今，この瞬間」の行動を制御することができるのです（ケーキが即時的な報酬であるという事実にもかかわらず，食べることを避けることができるのです）。その他の例で言えば，嫌悪的な体験を甘んじて受け入れ（試験勉強），目の前の満足（「今日は，食べて，飲んで，おおいに楽しもう」）を避けることができます。このような行動は，遠く離れた「結果」（学位，望みの職業）によって制御されているのです。望ましい「結果」が言語的に構成されると，今度はその「結果」が行動を制御する機能を獲得するのです［註］。

私たちに，ものごとを関係的にフレームづける能力があるということは，現在の文脈から遠く離れた出来事や現象から刺激機能を「取り入れる（bring

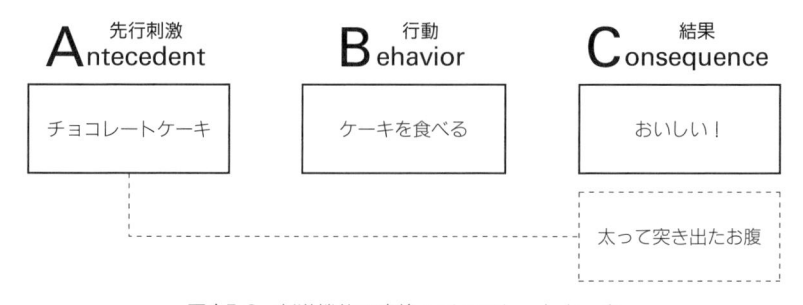

先行刺激 **A**ntecedent	行動 **B**ehavior	結果 **C**onsequence
チョコレートケーキ	ケーキを食べる	おいしい！
		太って突き出たお腹

図表7-3　刺激機能の変換：チョコレートケーキ

in)」ことが可能であることを意味しています。この種の能力をもたない有機体は、実際の随伴性の制御下で行動することしかできません。そのような有機体の場合、たとえば、特定の「結果」が行動を制御する機能をもつためには、それまでの体験の中で、その「結果」と実際に接触をもたなければなりません。それは、具体的に第5章でオペラント条件づけについて説明したような、特定の「行動」が特定の「結果」を引き起こすという体験です。もしくは、レスポンデント条件づけ（パヴロフのイヌの例）で説明したような、刺激が他の刺激と連合されるという体験が必要なのです。

　ヒトという種は、刺激間の「恣意的に確立された関係」を使ったり（act）、それに従ったりする（react）という付加的な能力をもっています。その結果、随伴性（思考や感情などの私的事象を含む）は、それ自体にはもともと備わっていない機能を得ることになります。このような機能が、現在目の前にない出来事（刺激）や（個人の経験の中で）実際の関係をもっていない出来事（刺激）から、今起こっていること（すなわち、現在の文脈）に取り入れられます。これまで一度も生じたことはなくても、「未来」に「存在する」出来事（たとえば、来年の夏にスリムな身体で水着を着ている姿）からでさえ、機能を取り入れることができます。先述したように、未来は、実際の状態として存在するのではありません。しかし、未来とは、今までの体験の中にある事柄を関係的にフレームづける（この場合は「時間」のフレーム）という能力によって生成されるものなのです。今、私たちは自分の体験を弁別し、その体験を時間的にフレームづけることができるのです。つまり、「今」と「後（これから）」を認識できるようになるのです。まさに、このアクションによって、言語によって構成された「未来」が存在するようになるのです（図表7-4）。

　このような時間のフレームづけを行うことによって、プラン作りが可能になります。「実際の」未来が近づいていても、もはやそれは未来ではありません。私たちが反応するのは「構成された」未来のほうなのです。明らかに、このようなフレームづけの能力によって、すでに直接体験したかのように、新奇な実

[註] 少しわき道にそれますが、簡単に説明すると、連合や「結果」によって学習する能力とは異なり、関係的にフレームづけする能力は生まれつき備わっているものではありません。その能力は、幼い頃にオペラント条件づけによって学習されるのです。このことを支持する理論やデータのより詳細な記述は、この本の範囲を超えるものとなります。興味のある人は、この話題の追加の資料として、たとえばHealy, Barnes-Holmes, & Smeets, 2000（巻末「文献」参照）を読むことをお勧めします。

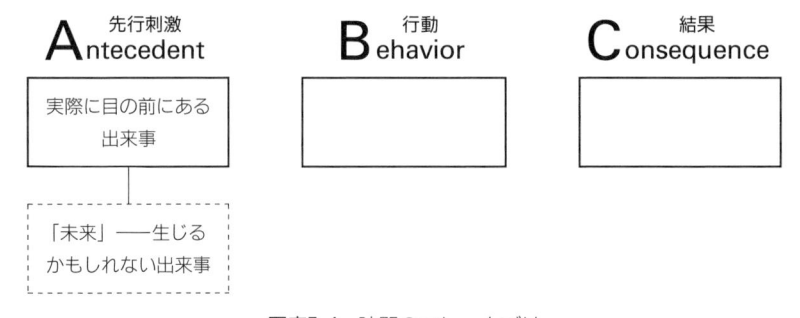

```
A ntecedent  先行刺激        B ehavior  行動        C onsequence  結果
┌─────────────┐              ┌─────────────┐        ┌─────────────┐
│ 実際に目の前にある │              │             │        │             │
│    出来事      │              │             │        │             │
└─────────────┘              └─────────────┘        └─────────────┘
   ┊
┌┄┄┄┄┄┄┄┄┄┄┄┄┐
┊「未来」──生じる  ┊
┊ かもしれない出来事 ┊
└┄┄┄┄┄┄┄┄┄┄┄┄┘
```

図表7-4　時間のフレームづけ

際の随伴性にも順応できるようになります。しかし一方で，それは困難の素にもなります。たとえば，私たちは「失望する」ようにもなるのです。もし，私たちが言語によって構成すること（関係的にフレームづけすること）ができなければ，実際に存在する状態と「比較する」ためのものは何もないはずです。そして，これはつまり「失望する」能力が失われたことを意味します。水着を着て単に鏡に映った自分の姿を目にするだけでは，失望することはできません。失望するには，以前に水着を着たときに鏡に映った自分の姿を思い出す必要があります。その自分の姿を思い出せるのは，関係フレームづけの能力をもった有機体だけなのです。

　冬に備えてリスが食物を集めるとき，このような行動をプラン作りの一種としてみることができます。表面上は，私たちが体重を増やさないように行っていることと少し似ているようにみえるかもしれません。しかし，リスやその他の餌を集める動物たちの貯食行動は，遺伝的特徴によって決められているのです。このような場合，貯食行動は，実際の随伴性（たとえば，日の長さ，季節の変化，温度の上昇・下降や，動物の自然な文脈の中のその他の要因）によって活性化されます（Vander Wall, 1990）。このような動物の貯食行動と，食物を獲得し，保存することに対してヒトがもつ能力の計り知れない複雑さや適応性とを比べてみてください。たとえば，貿易，冷凍，遺伝子工学，農業の発展と革新によって，食物の貯蔵に関する変化がどれほど急速に生じえたのかについて，少し考えてみてください。もちろん，ヒトも「今，この瞬間（present moment）」において，複数の随伴性によって完全に支配されています。しかし，他の動物と違うのは，このような随伴性（皮膚の内外に存在する）が「今，この瞬間」から遠く離れた出来事からも影響を受けているという点なの

です。たとえば「ロシアでは，どうなっているのか」「将来は，どうなるのだろうか」「どのように，ものごとをあるべき姿にすることができるのか」という発言がそれに当たります。関係フレームづけの可能性は尽きることがありません。私たち人間は，もし2年後に中国に引っ越すことになったらどうなるのだろうかという観点から，それに備えて，今，日本にいても何らかの行動をすることは十分に可能です。また，少し難しいかもしれませんが，去年のクリスマスに家族が集まったときにしたかったことを，今することもできるのです〔訳注8〕。

関係フレームづけの「ダーク・サイド」〔訳注9〕

関係的にフレームづける能力には，ダーク・サイド（負の側面）があります。この能力によって，私たちは，未来のことを計画したり，食物を集めたり，自分自身の安全を確かなものにしたり，その他の多くのことを可能にしたりします。しかしこの能力は，たとえば，戦争で使われる能力（戦略を計画したり，兵器を集めたり，敵を壊滅させたり）と同じものです。このように，問題解決はさまざまな目的（たとえば，戦争）のために用いることができるのです。しかし，それ以上に，関係フレームづけ自体に組み込まれた，より根本的で広範囲にわたるジレンマが存在するのです。

それでは，そのジレンマの例を挙げてみましょう。

想像してください。
あなたは，冬の寒い日に，湖のそばを飼い犬のリノと散歩しています。

〔訳注8〕ディケンズの小説「クリスマス・キャロル」では，主人公（スクルージ）のところに「現在，過去，未来」のクリスマスの精霊が訪れます。その精霊たちがみせる「現在，過去，未来」に関する夢によって，スクルージは改心するにいたるのです。（TM）

〔訳注9〕以下のフレーズを念頭に書かれているため，そのまま「ダーク・サイド」と訳出することにしました。To borrow a phase for the Star Wars trilogy, language is truly "The Force" in human progress. It is so enormously influential in human affairs because it has such a bright side. But The Force has a dark side too. Psychotherapists know that side well.（映画「スター・ウォーズ」の3つの物語にあるフレーズを借りるなら，言語とは，まさに人間の発展に欠かせない「フォース（理力）」なのです。それは人間に関する諸々のことに多大な影響を及ぼしています。それというのも，ブライト・サイド（ポジティブな側面）をフォースがもっているからです。しかし，フォースはまた，ダーク・サイドをもちあわせています。心理療法家は，そのダーク・サイドについて熟知しているのです）(Hayes, Strosahl, & Wilson, 1999, pp.11-12〔巻末「文献」参照〕)（TM）

2日前から，湖の水が凍り始めました。
　湖の氷は，光り輝き，青みがかっています。
　その美しさに惹かれ，氷の上に足を踏み出しました。
　そして，その上を滑ってみました。
　とても解放された自由な気分になっていく自分に気づきます。
　（想像できましたか？）

　すると突然，氷が割れ，鎌（かま）で切られたような鋭い痛みと恐怖があなたに襲いかかってきました。
　あなたは，リノと一緒に冷たい湖の中に落ちてしまったのです。
　あなたもリノも，助かろうとして必死にもがきます。
　まさに「あっぷ，あっぷ」で，息を吸うのが「やっと」という状態です。
　（想像できましたか？）

　その状態が数分間続きました。
　そこへ，誰かが通りかかります。
　そして，やっと，そこから助け出されたのでした。
　彼らのおかげで，暖かくて安全な家に帰ることができたのです。

　数週間後に，リノと一緒にその事故の起きた湖のそばにある，別の散歩道を歩いているとします。そのときに，あなたもリノも，ともに恐怖を感じることでしょう。その恐怖は，再びその氷の上を歩く確率を下げるでしょう。このことは，あなた（ヒト）の場合も，リノ（イヌ）の場合も，レスポンデント条件づけの観点から簡単に理解することができます。しかし，あなたの場合は，その他の観点からも理解（解釈）することができます。それというのも，ヒトは，「目に見える危険な兆候」を他の事柄と関係づけることもできるからです。たとえば，心の中で「ここ数週間，気温は－15度くらいだったな。湖に落ちたときと比べると……あのときは，氷が張ってから2日だったよな」と言うことができます。このように言うことで，湖の氷（イヌにとっては危険の兆候でしかないもの）に，別の機能が新たに付与されるのです。それによって，あなたの行動の柔軟性が高まります。なぜなら，「今はまったく危険ではない」と考えることによって，実際に遭遇した危険な体験を超えたところに，あなた自身

が位置づけられるからです。しかし，一方，この能力は，イヌがもつことのないような問題をあなた（ヒト）にもたらすのです。

> 想像してください。
> 冷たい水の中から救い出された数時間後に，あなたはリノと，家の暖炉の前に座っています。
> 目の前には，十分な食べ物と飲み物が置かれています。
> 今，リノはどんなことを体験しているでしょうか？
> 自分や飼い主が再び湖の中に落ちて，冷たい水に浸かり，恐怖を味わうかもしれないと思っているでしょうか？

私たちは，イヌがこのようなことを考えたり，感じたりしているということを支持するような事実をまったく知りません。リノ（イヌ）がその状況で体験することは，現在の条件（安全，暖かさ，十分な食事）に対する満足です。しかし，あなたにとっては，たとえリノと同じ暖かさや満足を体験していても，おそらくそれほど単純ではないでしょう。あなたの頭の中は，いろいろな考えでいっぱいになっているはずです。たとえば，

> 「どうして，あんなことになったのだろう……？」
> 「なぜ，気がつかなかったのだろう……？」
> 「もし……だったら，どうなっていたのだろう？」
> ふと，あなたは，床にあった娘のジーンズに気づきます。
> 「そう言えば，今日，うちの子のクラスは，校外活動だって言っていたな」
> （つまり，あなたが湖に落ちて助け出されたときに，娘がその場に居合わせていたかも……）

言語行動，すなわち関係フレームづけは，人間に対する神様からの贈り物です。しかし，先述したように，それはダーク・サイドももちあわせているのです。関係フレームづけによって，私たちは，苦痛との間に，ほとんど無尽蔵と言ってもいいほど多くの接点をもつようになるのです。もちろん，どんな有機体の経験の中にも苦痛は存在します。しかし，ヒトにとって，この苦痛は「も

ともと，そのもの自体に備わった」ものだけでは，決してないのです。

　それでは，心理療法の中でよくみられるような例を以下に挙げてみましょう。ある人が，苦痛（たとえば，死別，パニック発作）との接触を体験しました。私たちがいろいろな出来事をさまざまな関係の中に入れるという能力をもっているということは，苦痛といった体験が，いとも簡単に時間的な関係（時間のフレーム）の中に入れられてしまうということなのです。つまり，そのような苦痛の体験は，前／後，今／後というフレームで関係づけられる可能性があります。苦痛は，比較のフレーム（たとえば，多い／少ない）の中にも簡単に入れられます。悲しみの体験は今，時間的な関係フレームづけによって，簡単にその体験以上のものになるのです。つまり，悲しみの体験は「今，私が体験していることは，永遠に続くかもしれない」というものになり，そのため，その人が抱える重荷をより耐えがたいものにしてしまうのです。

　また，パニック発作は，もともとそれ自体が，ぞっとするような体験です。しかし，関係フレームづけによって，今後さらにひどい発作が起こるかもしれない，ということに接触するのです。それというのも，このような可能性を考えるのは，比較（多い／少ない）と時間（今／後）の2つのフレームづけが機能するからです。つまり，この発作の中で体験した症状（たとえば，胸を締めつける感覚）は，「今度，発作が起こるときは，もっとひどくなるかもしれない」と考えることによって，よりひどいものになってしまうからなのです。その場合，実際に体験したことよりも，より強い恐怖を体験することになります。また，このような関係フレームづけによって，発作のちょっとした兆候だけでも，恐怖を感じてしまうこともあるのです。つまり，ある兆候（なんとなく落ち着かないと感じるような）が完全に取り乱してしまうことと関係づけら

図表7-5　身体感覚の関係フレームづけ

れる場合すらあるのです（図表7-5）。たとえ，これまでに体験した最もひどい発作を起こしたときにそうならなかったとしても，完全に取り乱してしまうことが起こるのです。

関係フレームづけの優位性

　私たちがもっている関係的に反応する能力は，実際の随伴性がもっている制御機能を変化させる効果をもっています。これは，多くの実験室実験で報告されています（Hayes, Zettle, & Rosenfarb, 1989）。たとえば，次のような実験がそれに相当するでしょう。ある集団に単純な課題を与えます。それは，たとえば，ある様式でランプが点灯したときはボタンを押し，別の様式でランプが点灯したときは押さない，といった課題です。集団を2つのグループに分けた後，1つ目のグループには，ボタンを押すタイミングを明確に教示します（「最もよい結果を得るためには，ライトが○○のときにボタンを押してください」）。2つ目のグループには，最小限の教示しか与えられません。そのため，2つ目のグループは，試行錯誤しながら学習しなければなりません。最初，両方のグループともに，一定時間ボタン押しを行わせます。両グループとも，有効な方法でボタンを押すことによって，得点を稼ぐことに成功します。一定時間後，実験者は，どちらのグループにもわからないように，実際の随伴性を変化させます。今，両グループの参加者とも得点を稼ぎ続けるためには，少し異なる方法でボタンを押さなければなりません。言語ルール（「○○の方法で押してください」）に従うことによって課題を学習した1つ目のグループは，今この時点で実際に有効な方法にシフトすることがより難しくなります。最初に受けた教示が，今は障害物として機能しているのです。始めにルールを与えられたグループは，新しい随伴性に対する感受性がより低くなっているのです。それはまるで，言語教示がそれ独自の生命をもち，人をコントロールしているかのようです。たとえ，その実際の随伴性が変化した後も，そのようなコントロールは続くこともあるのです。

　このような実験結果は，日常的・臨床的な状況でみられることと少し似ているように思いませんか？　私たちは，「それが有効であるはずだ」と思っていたり，「それは有効な方法である」と言われたりしたために，（たとえ実際に有効でなくても）それを行い続けます。また，私たちは「正しい」という理由によって，自分自身の立場を主張し続けます。たとえ，その主張の結果が望んで

いることではなかったとしても，そうし続けてしまいます。私たちは「あんなことは，普通は忘れるものだ」と考えてしまうことで，余計に忘れられなくなるということがあります。それでも，それを忘れようとさらに努力し続けてしまうのです。

　ものごとを関係的にフレームづける能力が，どのように実際の随伴性を支配するのかという例は，臨床の場面でも見つけることができます。それでは，レナードの例を見てみましょう。

　　レナードは，頻繁に生じる，うつと不安のために，セラピーに来ています。彼の問題は，3年前に妻と離婚したときに始まりました。彼は離婚したくなかったのです。とくにつらかったのは，彼女が子どもたちを連れて離れた場所に移り住んでしまったために，子どもに会いたいと思っても，なかなか会えなくなったことでした。セラピストは，この時点では，自分とレナードとの関係はうまくいっているという印象をもちました。なぜなら，レナードは，セラピストに自分自身の人生についての多くのことを話していたからです。その中には，とても個人的なことも含まれていました。セラピストの立場は，受容することと励ますことの両方でした。レナードはよく，「家族ではなくても，私を理解してくれる人と話をするためにここに来ることは，私にとってよいことです。誰かに話をすることによって，私が完全に狂ってしまってはいないと感じることができるのです」と言います。つまり，セラピーの中で，レナードが自分自身について話すことに対する実際の随伴性は「正の強化」でした。しかし，今日，セラピストが最後に子どもたちに会ったときの様子を話すようにレナードに求めたとき，何かが変わりました。セラピストは，レナードに彼の子どもについて，その様子や言ったこと，そのとき子どもたちがどのように見えたかについてたずねました。これらすべては，レナードにとってとても重要なことでしたが，彼は答えることを避け，その話題を無視しました。レナードは落ち着かない様子で，すぐに他のことについて話し始めました。

　個人的なことをセラピストに話すことに対する「実際の結果」は，その時点までのセラピストとのかかわりの中では「強化」でした。それは，今までレナードが自分自身について話をしていることからもわかります。しかし，今日の

セッションで「実際の結果」は，行動に対する制御機能を失ってしまったのです。レナードは，実際の随伴性以外のものに対して反応していました。これは，どのように理解することができるでしょうか？ レナードにとって（彼は，出来事を関係的にフレームづけすることができます），子どもたちの話をすることは，彼自身を次のような関係の中に入れる可能性があるのです。つまり，離婚で体験した苦痛（実際の痛み）と，「あのとき，ああすればよかった」と悔やんだりすることによって生じた苦痛（言語によって構成された，付加的な苦痛）の両方に触れることになるのです。この苦痛は，先ほどの話にあるような回避行動（セラピストの質問に反応しないなど）を生起させ，実際の随伴性の制御機能を変えてしまいます。また，関係フレームづけによって，このような種類の苦痛が，家族や友人を失ったときに感じる喪失感という一般的な苦痛と結びつけられてしまうこともあります。さらに，そのような苦痛によって，本来楽しい場面であったものが（たとえば，誕生パーティや他のお祝い），最もつらい場面に変わってしまうこともあるのです。たとえば，数年前に夫を亡くした女性が，一番下の子どもの高校の卒業式に出席しているとしましょう。彼女は，満足と喜びを感じた途端に「もし，あの人（夫）が今ここにいて，あの子を見たら，さぞ喜んだろうに……」と考えずにはいられません。

　これと同じ現象の例を自殺願望の中にみることができます。苦痛がひどいとき，ヒトは，これまでに体験したことがないこと（自分自身の死）を内的な抽象概念（「心の安らぎ」「痛みからの解放」「よりよい未来」）と関係づけることができます。ヒトは，この体験したことのない「死」を，時間的な関係（今／後）の中に組み入れ，「自殺すれば，この痛みから解放され，心の安らぎが訪れるだろう」といったルール（言語的構成物）に基づいて，自分自身を殺めるのです。だからこそ，ヒトは自殺する唯一の生き物なのです［訳注10］。

　このように，ヒトはもはや，レスポンデント条件づけとオペラント条件づけのみに制御される世界には生きていないのです。恣意的な関係反応の能力をもっているということは，オペラント条件づけとレスポンデント条件づけによって獲得された機能が，関係フレームづけによって変化しうるということを意味しています。今までその個人にとっては中性刺激であったものが，関係反応に

［訳注10］ここでの「自殺する」という英語表現は"commit suicide"です。この表現には，自殺することを「言語化して，それに基づいて，その行為を実行に移す（＝commit）」というニュアンスがあります。（TM）

よって，突然に強化的な機能を獲得することができるのです。また，強化的な機能をもっていたものが嫌悪的な機能を獲得するようにもなるのです。たとえば，泡が溢れそうなビールのジョッキも，もし友だちが「バーテンダーが，運んでくる直前にビールに小さな薬を入れていたわ」と言ったとしたら，すぐにその刺激機能を変化させるでしょう。たとえ注文した人が，喉がカラカラで，ビールが大好きであったとしても，そのビールに口をつけることをしないでしょう。この刺激機能の変化は，その人がこれまでに一度も毒を盛られたことがなかったとしても（定義的には，毒入りのビールを飲んだ体験が一度もなかったとしても）起こるでしょう。喉の渇きは，友だちから注意を聞いた後では，もはや前と同じように彼を動機づける性質をもっていません。

このように，私たちは刺激を恣意的な関係の中に入れることができます。しかし，それは，何らかの内的な力によって，与えられた状況の中で，好きなように刺激を出し入れすることができる，ということではありません。「恣意的」が意味しているのは，その関係が社会的に確立されたものであるということです。言い換えれば，実際的な（物理的な）意味では，そこには何も変化が起こっていない，ということです。つまり，確立された関係は，関係づけられた刺激の実際の特徴とは別の，その状況の中に存在する要因によって制御されたのです。先の例では，ビール好きな人の行動を制御していたのは，ビールそのものの変化とは直接には関係がありません。そこでは，話し手が発した恣意的な音の組み合わせ（「バーテンダーが……小さな薬を入れていたわ」）によって，関係反応が文脈的に制御されていたのです。

自信の欠如と心配

今までこの章で話してきたことは，アリスと彼女の不安に対して，新しい光を投げかけてくれます。アリスが心配のあまり，将来行おうとしていたことを避けるとき，何が起こっているのでしょうか？　アリスが１人では仕事に行かないとき，あるいは１人で友だちに会いに行かないとき，何が起こっているのでしょうか？　たとえば，アリスのフィアンセが「明日は，１人で職場まで行ってもらうことになりそうだよ。僕は車で北部まで行かなくてはいけないんだ」と言ったとしましょう。その瞬間，アリスの心の中には，ある種の連想とイメージが浮かびます。それは，記憶や思考，あるいは身体的もしくは感情的な感覚かもしれません。このいくつかは，レスポンデント条件づけと，そこで

学習された反応の般化として理解することができます。しかし，アリスの警告システムは，これまでの体験の中で彼女が実際に直面した事柄に対してのみ，敏感に反応しているのではありません。レスポンデント条件づけによって築かれたさまざまな連合は，関係フレームづけの能力によって，ますます増加することが可能なのです。痛みを伴う事柄は，「より悪い」ものになる可能性があるのです。たとえば，アリスは，たまたま聞いてしまったニュース番組の特集（その特集では北海の油田掘削装置の外側での爆発について話していました）との関係の中に「フィアンセ」を入れることができます。このようなことは，たとえアリスのフィアンセが，これまでに油田掘削装置や類似の状況で作業したことがなくても，生じてしまいます。それは，ニュースの中で「こんなことになるなんて誰も予想していませんでした。掘削装置はとても安全だと考えられていたからです」と言っているのを耳にするだけで，十分に生じてしまうのです。もし，掘削装置が安全でないなら，何が安全だというのでしょうか？ どうやら，事故は最も予期していないときに起こるものらしいのです！

　さらに，マリーの「自信の欠如」についても考えてみましょう。マリーはこの自信の欠如を，自分が「もっている」特性だと思っていました。そしてこれが，望むものを手に入れることを困難にしている原因なのだと考えていたのです。このような考え方のために，マリーが「自信の欠如」を取り除きたいと考えるのは無理もありません。しかし，マリーはどのようにして，この「こと（自信の欠如）」の存在について知ることができるのでしょうか？ また，どのようにして，それ（自信の欠如）の消滅（不在）について知ることができるのでしょうか？ おそらくマリーはある種の感覚に気づくことによって，この存在（あるいは不在）を知ります。その感覚とは，たとえば，不確かさや不安の感覚であり，また特定の状況（たとえば，仕事で報告を求められたとき）で出てくるある種の考え（たとえば，「これは……うまくはいかないだろう」「私はこれをすることができない」）のことです。それらの考えや感覚が姿を見せている間，マリーは「自信の欠如」を持ち続けることになります。しかし，もしマリーがそのような考えを頻繁にもっていて，そのような感覚を生じさせる状況を頻繁に体験しているのなら，どのようにして「自信の欠如」を感じないようにすればよいのでしょうか？ 恣意的に適用可能な関係反応（AARR）の能力をもっていない有機体にとっては（つまりヒト以外の動物は），以前にそれが生じた場所と類似の場所に行かないだけで十分です。もちろん，そのよう

な場所に行かないようにすること自体も，そもそも難しいことです。しかし，マリーにとって，ものごとはいっそう難しさを増していきます。彼女は，すべてのものごとを回避しなければなりません。それというのも，そのような考えや感覚が，すべてのものごとに関係づけられる可能性があるからです。つまり，そのような考えや感覚は，マリーが「自信の欠如」と呼ぶようになったものだからです。では，どうやって，マリーはそれを避けることができるのでしょうか？　それはほとんど不可能な作業なのです。

けれども，実際には，マリーはこの「不可能な作業」を行おうと奮闘しています。家で1人きりになって閉じこもり，電話の電源を切っているのは，困難な思考や感覚を回避するための努力であると理解することができます。

　　月曜の朝，週末に独りぼっちだったことを思い出し，
　　マリーにどんな感覚や考えがわきあがってくるでしょうか？
　　「自信の欠如」については，どうでしょうか？
　　それは，なくなったのでしょうか？
　　それとも，まだあるのでしょうか？
　　残念ながら，それは，まだあるのです……

　　ヒトであるということは，ときに，なんとハードなことなのでしょう！

ヒトの言語と精神病理

　ヒトの言語はもともと，一般的に精神病理とラベルづけされる状態を生み出してしまう機能をいくつかもっています。その寄与の様式は，少なくとも3つあります。それは，**認知的フュージョン**（cognitive fusion），確立された関係を消すことの困難性，そして**体験の回避**（experiential avoidance）です。

　それではまず，「認知的フュージョン」の概念を検討することから始めましょう。私たちが出来事を体験するとき，「実際の随伴性」がもっている刺激機能と，私たちのもつ関係反応による刺激機能とをしばしば区別せずに体験します。これは，評価のフレームと比較のフレームとの関連で検討していくと理解しやすいでしょう。もし，ある出来事を「悪い」と記述したら，その「悪い」

ということはその出来事の特徴であることを意味します。そのため，もし「その車はさびている」「その車は悪い」と言った場合，私たちは，その両方の言語的な出来事（「さびている」と「悪い」）を同じように受け取ります。「さびている」や「悪い」は，その車の特徴です。しかし，私たちがここで見落としていることがあります。それは，「悪い」は単なる評価に過ぎないということです。評価は，ある種の目的や基準と照らし合わせて，その車を比較する必要があります。では，「さび」のほうはどうでしょうか？　もしすべての人間が突然この惑星から消えてしまったとしても，その車はまだ，さびているでしょう。しかし，人間が消えたとき，その車は，どのような意味で「悪い」のでしょうか？　車がさびていない状態にするためには，車を変化させる必要があります。私たちは，さびを紙ヤスリで磨き落としたり，他の方法でさびに対処したりします。一方，「悪い」状態から車を変えるためには，その車を変化させる必要がないことに注目してください。その代わりに，その評価自体を変える必要があるのです。つまり，それを評価する人が違った方法でそれを評価しなければいけないのです。

　ある「うつ」の人がいて，その人が「私の人生は無意味だ」と言っているとしましょう。この場合，その人は「人生は無意味だ」ということを直接体験しているのです。決して，それが自分自身で作り出した解釈だと捉えていません。そこでの体験は，より「発見」に近いものでしょう。まるで「意味の欠如」が世の中のどこかにあるかのように捉えているのです。また，パニック発作をもつ人は「不安が耐えられない」と言うかもしれません。その人は，その「耐えられなさ」を，自分自身の関係反応の結果としてではなく，不安の特徴と見なしているのです。そして，このような捉え方をしているため，「意味の欠如」と「耐えられなさ」を変化させるための対策が必要とされます。しかし，「意味の欠如」や「耐えられなさ」はモノ（対象や実体）として「存在しない」ので，それを変化させる対策など決してありません。しかし，「無意味さ」や「耐えられなさ」を変化させられるものが世の中に存在すると，その人は信じています。そして，そう信じることによって，その変化を達成しようとする無益な努力を続けることになります。しかし，そのような変化が起こらないために，ついには何もかもをあきらめてしまうのです。

　では，このような認知的フュージョンの問題に対する理解を，マリーの事例に適用してみましょう。彼女の問題，そして彼女がどのように問題（より正確

には，その「原因」を捉えているかについて検討してみます。まず，マリーが，自分自身は「自信の欠如」をもっていると考えるとき，これは何かが不足しているように聞こえます。そして，これは「悪い」のです。それは，まるで彼女の一部が悪いかのようです。

先述した比較の関係フレームづけの例でみたように，「悪い」とラベルづけされているのは，誰かによって体験されたモノ（言い換えると，たとえば，車，人生全体，ある種の痛みの感覚）です。さらに，「これ（モノ）は悪い」から「私は悪い」への飛躍は，簡単に生じます。そのような飛躍が生じるのに必要なのは，上記の例で示された比較のフレームの他に，モノとして自分自身を体験する能力です。この能力は，視点（ここ／そこ）の関係フレームづけによるものです。この関係フレームづけは，言語学習の初期にすべての人間が学びます。たとえば，もし私が悪いなら，私は変わらなければなりません。「私が悪い」というのをスタート地点にして，自分自身の行動を変えていこうとする場合，「私が良い」状態になったかどうかを自分で判断しなければならないでしょう。私は，今「良い」のでしょうか，それとも「悪い」のでしょうか？それを判断するには，たくさんのことを評価する必要があります。たとえば，自分は何を考えているのか，何を感じているのか，自分の身に何が起こっているのか，といったようなことです。しかし，以上のようなことは，自分の意図通りになるものではありません。そのため，自分自身を「悪い」と評価するのに十分な理由が，依然としてたくさん存在することになります。さらに，私たちは，この「私は良い／悪い」に，次のような事柄を簡単につけ加えてしまいます。それは「私は『ふり』をしているだけです」，あるいは「私は『ある役』を演じているのです」といったような事柄です。さらに，このような事柄を，自分がもっている実際の特徴と見なしてしまいます。そのため，その特徴を変えていこうとするのです。そして，このような一連の流れが，いつまでもいつまでも続いていくことになるのです［訳注11］。

私たちは，以上のような理由のために「自分の関係反応は，自分の反応に過

［訳注11］"person"（人，人柄，個性）の語源は，ラテン語の"persona"で，その意味は「仮面，登場人物」です。一方，"act"にも「行動する」という意味の他に「ふりをする」「演じる」という意味があります。このような人間に深くかかわる語（あるいは語源）が示唆するように，人という社会的存在は「仮面の下に，あるいは演技とは別に『本当の私』というモノがあり，それを隠している」ものとして古くから認識されていた（ある意味，常識的な発想）ということなのかもしれません。（TM）

ぎない」ということを忘れてしまいます。逆に，自分自身が，その関係反応に取り込まれてしまうのです。そして，その自分が取り込まれてしまった関係反応に基づいて行動するようになるのです。このような行動に対する専門用語が認知的フュージョン，または「字義通りの解釈（literalization）」です。つまり，それは，考えとその対象とを混同することです。また，あたかも，言ったことと，それが指し示しているモノとがまったく同じであるかのように誤解したり，その誤解のもとに反応したりするのです。

次に，2つ目の「確立された関係を消すことの困難性」について見てみましょう。先述した実験（ある様式でランプがついたときにボタンを押すという課題を実施し，群間で比較した実験）でみたように，関係フレームづけによって確立された関係のネットワークは，実際の随伴性に対して敏感ではありません。実生活の中でも，関係がいったん確立されると，それは存在し続けることが予想できます。関係は，新しい関係を加えることによって変化します。しかし，それが消えることはありません。私たちは，このことを，臨床的な体験や実験的な研究（Wilson & Hayes, 1996），そして日々の体験からも知っています。この章の最初に用いられた車に対する新しい単語を思い出すことができますか？　もし思い出せなくても，その単語の機能はなくなってはいません。もし単語の選択肢が与えられて，その選択肢の中に「ぐらど」があったとしたら，おそらくあなたはそれを見た瞬間に，「ぐらど」を思い出すでしょう。そして，今，文章の中に「ぐらど」が出てきたときに，「くるま」という単語も同時に思い出したのではないでしょうか？　では，「一度確立されてしまった関係を消すのはとても難しい」ということを実際に検証してみましょう。それでは，次のことにトライしてみてください。

> 「ぐらど」という単語をあなたの心の中から消し去るために，あなたに1週間の猶予をあげましょう。
> ここでのゴールは，「この1週間の間に，もし，誰かが『くるま』と言ったときに，『ぐらど』が心の中にちらりとも浮かばない」ことです。
> あなたは，このゴールを達成できますか？

おそらく，多くの人が「まったく不可能というわけではないけれど，これはとても難しいことだ」と思うでしょう。そもそも，この新しい関係（「車〔実

物〕」と「ぐらど」）は十分に確立されていません。十分でないにもかかわらず，もしあなたが，ある種の強力な条件づけのプロセスによって，「車」に対する反応としての「ぐらど」の代わりに，他のもの（たとえば，赤いバラ）を生起させるようになったとしても，2つの刺激（「車」と「ぐらど」）の間の関係は依然として消えません。逆に，「なぜ，あなたは赤いバラについて考えたの？」という質問に答えるときや，あるいは赤いバラの花束を目にしたとき，「ぐらど」が心に浮かんでくることに気づくでしょう。それこそが，その関係が消えないという確かな証拠なのです。このような現象が生じる理由の1つには，いったん特定の関係のネットワークが確立されると，そのネットワークは，全体としてそれを支える多くの派生した関係によって成立し続けるということがあります。「ぐらど」は今や，他方の単語（「くるま」）との関係の中だけでなく，排気管やガソリンスタンド，事故，あなたの仕事（もしあなたが仕事上の目的を達成するために運転するなら），赤色（もしあなたの車の色が赤なら），そして他の多くのものとの関係の中にも存在します。もし，あなたが次の文章を読んだら，その瞬間に，その関係のネットワークのすべてが心に浮かぶはずです。その文章とは……

数分の間に，車を表す新しいことばを皆さんに紹介しましょう。

　その関係の中には，こじつけのようなものもあります。しかし，人間は，そのようなネットワークに瞬間的にアクセスできる（つまり，瞬間的に，関係するいろいろな単語を思い出すことができる）のです。また，「ぐらど」を考えないことがあなたにとって重要なことであればあるほど，そのネットワークの中の他の刺激に，より注意を向けてしまうようになるのです。あなたが用心しなければならないのは，まさに，このような関係のネットワークなのです！

　このようなネットワークを支える要因が他にもあります。それは，私たちが言語的な文脈の中で生きているという要因です。その文脈が，それ自体の機能として，関係のネットワークの維持を絶えず強化しているのです。言語で構成された世界に適応するために，私たちが小さい頃から教えられてきたことは，ものごととは一貫性があって，「意味がわかる」ものでなければならない，ということです。私たちが話をするときに気をつけることは，他者から自分が理解してもらえることです。そうなるためには，一貫性がある状態，言い換えれ

ば「(意味的に)正しい」状態が，強力な般性強化子として機能することが必要とされます［訳注12］。それによって，その関係のネットワークが強められるからです。そして，このようなネットワークは，簡単に「実際の随伴性」より強い影響力をもつようになります。その結果として，ルール（言語的構成物）が機能的でな・い・場合でも，人はそれに制御され続けます。たとえ，その構成物に従って行動した結果が嫌悪的なものであったとしても，それでもなお，それに従い続けてしまうのです。たとえば，レナードの事例がそれに相当するでしょう。彼は，人生の中で重要だと考えていること（彼の子どもとの関係）について真剣に思い悩んでいます。しかし，それは何の役にも立っていません。それにもかかわらず，彼はそれをやめることができません。そして，結局，自らを孤立させてしまっているのです。

　それでは，最後に，3つ目の「体験の回避」を検討してみましょう。体験の回避とは，ネガティブな感情，あるいは痛みを伴う感情や，その感情に関連する思考，記憶，身体感覚を消そうとしたり，コントロールしようとしたりする試みのことです。言語を使うヒト（言い換えると，関係フレームの能力をもつ有機体）にとって，自分のこれまでの体験の中から，痛みを伴う体験について話すことは，時につらいこととなります。また，体験について誰かに伝えることが，話し手と聞き手の両者にとって痛みを伴う場合もあります。その話の最中に，実際に痛みを伴う環境を体験していなくても，あるいはそのような痛みを伴う環境をこれまでには一度も直接体験したことがなかったとしても，リアルな痛みを感じることができます。また私たちは，望ましい未来を構成し，その未来と別の望ましくない未来を比べることもできます。しかし，そのような比較をすることで，不安や悲嘆に暮れることになる場合も多いのです。つまり，ヒトの言語は，広範囲にわたる関係のネットワークから成り立っています。その結果，私的な出来事が，自分自身の遠い過去あるいは構成された遠い

［訳注12］しかし，一貫性があって「正しく」そして「意味がわかる」ように話すことは必要条件でしかありません。実は，それよりも重要なのは，相手が「正しい」と見なすかどう・か・ということなのです（一貫性がなくても，正しくなくても「うなずいたり」「話を続けたり」することは可能ですから。もちろん，その逆も可能です）。しかし，多くの場合「聞き手の対応こそが最重要なものである」ことは認識されません（たとえば，ルイス・キャロルの『鏡の国のアリス』にあるハンプティ・ダンプティとアリスのやりとりが，この話題に興味深い示唆を与えてくれるはずです）。そのような認識が薄いと，聞き手の対応や，周りの環境に対する有効性と関係なく，一貫性や正しさだけを追い求め，自ら悪循環に陥ってしまうということがあるのです。（TM）

A先行刺激ntecedent	B行動ehavior	C結果onsequence
状況 痛みを伴う考え	考えたり思い出したりしないように努力する	一時的にネガティブな影響が減少する

図表7-6　体験の回避

未来の出来事から「取り入れられた」刺激機能を新たにもつようになるのです（図表7-6）。

　ミルザの例に戻って、体験の回避が、彼の現在の状況の中でどのような役割をもっているのかを見てみましょう。

　　ミルザは、仲良くなったばかりの友だちのところに遊びに来ていました。彼らとはサッカーの試合で知り合ったので、その試合のことやサッカー全般について楽しく話していました。その雰囲気は、リラックスして、穏やかでした。やがて、そのうちの1人が立ち上がり「もう行かなくちゃ」と言って帰って行きました。その彼が帰った後、ミルザはその場に残っていた別の友だちに「彼は、家に帰ったの？」とたずねました。質問をされたその友だちは「そうじゃないさ。駅まで弟を迎えに行ったんだよ」と答えました。すると、ミルザは胃を締めつけられたような気分になり、自分の弟に最後に会ったときのことをありありと思い出してしまいました。それはまるで、棺衣［訳注13］がすべての人やものごとを覆ってしまったかのようでした。突然、すべてのことが、とても重々しく憂いを帯びたものになりました。

　ミルザは、関係的にフレームづける能力によって、実際にはまったく痛みが存在しない状況でさえ、自分自身の痛みを伴う体験に触れてしまいます。そのような体験に触れてしまうのは、文字通り、ありとあらゆる場所（彼がいる場所ならどこでも）においてです。ヒトのように言語をもたない有機体の場合、ある程度まで痛みを回避することができるでしょう。これは単に、過去に痛みを体験した場所に行かないことで達成できます。しかし、言語の機能は、この

［訳注13］埋葬するときに棺桶にかけるビロードの布のこと。（TM）

ようなことをさらにとても困難なものにしてしまいます（たとえば，ミルザが新しい友だちと遊んでいたときにみられたように）。関係フレームづけによって確立されたネットワークが，痛みと関係づけられるものを，無数に，そして広範囲に拡大していきます。しかし，これと同時に，ほとんどの人たちが，主として言語それ自体の結果として，外的な環境をコントロールすることができます。たとえば，もし家から道路までの道に積もった雪を取り除く必要がある場合，雪かきをしてくれるように誰かに要求したり，頼んだりすることができます。もし壁の色が好きではなかったら，ペンキを買って，壁の色を変えることができます。私たちは，このように高いレベルで環境をコントロールすることができます。しかし，逆に，これによって，ヒトは，痛みを伴う思考や感情をコントロールしようとしたり，回避しようとしたりすることに，とても多くの努力を払うようになるのです。現代の研究によれば，このような多くの努力が，精神病理を発展・維持させているきわめて重要な要素である，ということです（Hayes, Wilson, Gilfford, Follette, & Strosahl, 1996）。

認知的フュージョンと言語：原因や障害物の錯覚

認知的フュージョンは，言語を使用した結果として，ヒトという種の間に広く浸透しています。その結果，私的な体験が，まるでそれが他の行動に対する実際の「障害物」かつ／または「原因」であるかのような機能を簡単に獲得します。以下にいくつかの例を挙げましょう。

- 「今朝，私はとても体の具合が悪かったので，ベッドから出ませんでした」
- 「私はとても不安だったので，デートに行きませんでした」
- 「私はとても頭にきていたので，彼に地獄に落ちろと言いました」

私たちは，この種の説明を頻繁に聞きます（そして，その記述を使います）。関係フレームづけによって，たとえば，不安と怒りの体験は，それらの体験自体の中に存在する感覚をはるかに超えた機能を獲得します。それらの機能が支配するとき，すなわち，認知的フュージョンが生じたとき，上記の例の中でみたように，その体験自体が原因だと見なされます。したがって，それらの機能が行動の説明になります（たとえそれが，不正確なものであったとしても）。しかし，ここで少し立ち止まって，本当は何が起こっているのかを検討してみ

ましょう。それぞれの記述がまず示しているのは，それを言った人が嫌悪的な感情状態にあって，さらにそれが原因で，状況に応じた行動を生起させた，ということです。しかし，それらの記述をもう一度見てみましょう。それらは実際には，2つの行動的な出来事を伝えているだけなのです。

- 今朝，私はとても体の具合が悪かった。そして，私はベッドから出なかった。
- 私はとても不安だった。そして，私はデートに行かなかった。
- 私はとても頭にきていた。そして，私は彼に地獄に落ちろと言った。

ここで使われた「そして（and）」という単語は，前に提供された記述のバージョンよりもより正確な記述になっています。私たちは皆，ある行動を他の行動の原因として説明する傾向があります。ところが，「そして」のバージョンが示しているように，そこには，必然的な因果のつながりは存在しないのです。そのことを，以下のシンプルな思考実験によって示してみましょう。

- ベッドルームが燃えている文脈で，「体の具合が悪い」ことを体験したらどうでしょうか？ 「体の具合が悪い」ことはベッドの中にいることの原因になるでしょうか？——なりません。
- もしデートに行かないと重い罰金が生じるという状況で，不安を体験したらどうでしょうか？ そのとき，不安はデートに行かないことの原因になるでしょうか？——なりません。
- もし短気な空手の達人の前で，頭にきたら，どうでしょうか？ そのとき，「頭にきた」ことが，空手の達人に対して「地獄に落ちろ」と言うことの原因になるでしょうか？——おそらく，ほとんどの人は，その状況でそのようなことを言うことによって被るリスクについて考えることさえしないでしょう。

記述されたような感情（体の具合が悪い，不安，頭にくるなど）に注目することは，とても筋の通った，当たり前のことのように思えます。しかし，ベッドの中にいたり，デートをすっぽかしたり，誰かに「地獄に落ちろ」と言ったりする行動は，そのような感情が原因ではありません。また，それらの行動

が，その内的な記述によって，合理的に説明されることもありません。今までの章で説明してきたように，表出された実際の行動は，多くの文脈的な要素の影響下にあります。内的な記述は，それらの要素の1つです。しかし，日常会話の中では，私たちはしばしば内的な記述を，まるでそれが特定の行動に関する唯一の説明であるかのように使います。この種の説明（この説明においては，内的な体験が行動の原因であると見なされます）を**原因の錯覚**（causal illusion）と呼びます。これは簡単に悪循環の一部になる可能性があります。そこでは，クライエントは，自分の行動の原因を除去することによって，問題を解決しようとします。ただし，ここでの原因は，真の原因ではなく単なる原因の錯覚なのです。たとえば，ある種の社交的な会合に行かないという問題を，不安の感情を除去することによって解決しようとしているマリーが，この例に当たるでしょう。

関係フレームづけと行動変容

　本章の後半では，ヒトの言語が，精神病理と呼ばれるものの中で中心的な位置を占めていることを見てきました。このことは，精神病理を変容させるための作業に，ヒトの関係フレームづけのプロセスも含む必要があるということを示しています。ここで次のような疑問が生じてきます。関係的にフレームづけるという行動様式を変容させることはできるのでしょうか？　私たちは，関係フレームづけがもたらすネガティブな結果に，影響を与えることができるのでしょうか？　関係のネットワークを維持する要因を徐々に弱めながら認知的フュージョンの効力をなくし，それによって体験の回避の悪循環からの解放を促進することができるのでしょうか？

　私たちは，介入の原理を検討する第12章と第13章で，これらの問題を扱うことにします。ここまで，レスポンデント条件づけ，オペラント条件づけ，関係フレームづけという基礎的な行動原理の理解を深めてきました。それでは，それらの理解を踏まえて，次章では，洗練され，そして深められたＡＢＣ分析について見ていきましょう。

第8章
ABC分析を応用する
—— 3つの原理を使いこなすには？

　これまでの章では，学習の主な原理であるレスポンデント条件づけ，オペラント条件づけ，関係フレームづけ，について説明してきました。これらの原理を検討してきましたので，ここでは，私たちの臨床活動の基礎となるABC分析に話を戻すことにしましょう。それぞれの原理は，さまざまなABC分析の中で，どのように活かされるのでしょうか？　これから，それを検討していく中で，オペラント条件づけ（結果による学習）が，いかに，この3つの中で最も中心的な原理であるのかが明らかにされていくことでしょう。また，この3つのステップ，つまり，「A，B，C」を分析していくということは，結果が行動にどのように影響を与えるのかを記述していくことを意味します。言い換えると「ある特定の状況のもとで（A），個人が何かをすると（B），それに続いて特定の結果が起こる（C）」という関係性を記述するということになります。最後のC（結果）は，対象となる人が，将来，類似した状況のもとで，同じように行動する確率を増減させます。また，ここでは，説明をわかりやすくするために，3つの原理を分離したかたちで事例を分析していくことになります。しかし，それは説明の便宜上のことであって，現実の生活では，その3つの原理は分離できるものではなく，互いに影響し合っていることがほとんどです。

　このような現実の生活における複雑さは，たとえば子どもがイヌを怖がるという場面で目にすることができます。例として，幼いジョンがイヌで怖い思い（体験）をしたとしましょう。その後，ジョンが似たようなイヌも怖がるようになったら，これは単純なレスポンデント条件づけとして理解することができ

ます。一方，次のような例では，ものごとはそう単純ではありません。ジョンは，これまで親戚のパティおばさんの家でイヌを見たことも，イヌで怖い思いをしたこともありません。ところが，ある日，彼は「おばさんの家に行きたくない」と言いました。その理由は，誰かから「パティおばさんは，まるで老犬みたいなネコを飼っているよ」と言われたからでした。この状況を理解するには，関係フレームづけの原理が必要です［訳注1］。この場合も，「イヌで怖い目にあう」というレスポンデント条件づけを最初に体験していなければ，ネコのことを言われても彼が不安になることはなかったでしょう。また，「おばさんの家に行きたくない！」という主張は，それ以前にそうやって自分の要望を伝えたら両親が聞いてくれた，という結果を繰り返し体験したことで，強められ，支えられている（つまり，オペラント条件づけによる）ものでしょう。

　次節からは臨床場面に話を移し，ミルザとレナードの事例を見ていきます。事例を読む中で，3つの学習の原理がどのように分析に活かされるのかが，よりはっきりとわかるようになるでしょう。

ミルザの体験を分析する

　ミルザは，スウェーデンでの新しい生活にだいぶ慣れてきました。ボスニアから来た当初は山積みだった生活上の問題も，かなり落ち着いてきました。しかし，今また別の問題に直面しています。

　　彼は「最近，どんどん状態が悪くなっている。それが自分でもなぜだかわからない……」と言います。難民センターにいた頃，彼はたくさんの問題に直面していました。スウェーデンへの亡命許可がおりるかどうかは不透明で，目標に達するまでの苦悩は生活すべてを覆い尽くすほどでした。しかし，そのような状況でも，気分は今よりはましでした。今や彼には居住の許可がおり，自分のアパートを所有し，大学で勉強さえ始められるようになったのです。それなのに考えてばかり！　何年か先も今のアパートに住んでいられるだろうか……などと不安が頭を離れることはありません。

［訳注1］ここでは「AのようなB」という関係フレームが機能したことで，ジョンにとって「パティおばさんのネコ」が「怖いイヌ」と同様の刺激機能を獲得したのです。

次のようなこともあります。大学で同級生の1人が,「そろそろ,家に帰ろう」と言いました。こんなとき,ミルザはたちまち胃が締めつけられるような痛みに襲われます。夜,アパートに1人でいるときは,ボスニアの戦争[訳注2]を伝えるニュースだけでなく,あらゆるものが戦争の記憶を呼び起こすように感じられます。たとえば,窓の外の暗闇は,不安をかきたてます。それを避けようと,彼はブラインドを1日中降ろしていることがあります。お湯を沸かすときには,ボスニアの家の台所が頭に浮かび,当時のことをあれこれ考えてしまいます。あぁ……なんということでしょう！　新しい生活を始める自由を得たというのに,昔の生活が覆いかぶさるように,その影響を強めているのです。ボスニアにいた頃,彼は料理が好きでした。ところが,今は家で自炊するより学食でご飯を食べるほうがいい,といった状態です……「すべては順調に進んでいるのだから,大丈夫」と自分を説得しようとしてもうまくいきません。そうしているうちに,彼は,自分の興味のあることをしているときや,何かに熱中しているときなら,その瞬間はよい気分でいられることに気づきました。たとえばこの間の晩,サッカーの試合を観に行ったときがそうでした。しかし,ほんの一瞬,不安から逃れられることはあっても,不安から完全に逃れることはできません。この間の晩も試合の観戦中,誰かが兄弟のことを話しました。そのことばを聞いて,ミルザは弟のサミアを思い出し,最後に彼を見たときのことを考え始めました。弟のことを考えても,どうしようもありません。二度と彼には会えないのです。それなのに,どうしても彼のことを考えずにはいられないのです。また,アパートで過ごすときに浮かぶつらい記憶についても同じです。自分のアパートを避け続けても,どうしようもありません。自分のアパートなのですから,そこにいていいはずなのに……最近では,なんだかんだ口実を作っては外出しているような気がしてきました。

　ミルザの事例について,あなたはどのような分析をしますか？　どこから分

[訳注2]　ボスニア・ヘルツェゴビナ紛争（1992-1995年）のこと。旧ユーゴスラビアから独立したボスニア・ヘルツェゴビナで生じた内戦。死者20万人,難民・避難民200万人が発生したといわれ,第二次世界大戦後のヨーロッパで最悪の紛争とされています（映画『サラエボの花』〔2006年／監督・脚本：ヤスミラ・ジュバニッチ〕を参照）。本原書はスウェーデン（スウェーデン語）で公刊されました。この本（日本語版）は,2008年に英語版として公刊されたものを翻訳しました。(TM)

析を始めればいいでしょうか？　この記述は，レスポンデント，オペラント，関係フレーム，すべての反応を含んでいます。ミルザ自身は「なぜ不安はどんどん増大するのか」という1点を問題にしています。読者の中には，これまでの章で，行動（B），つまり「その人が何をしたか」から分析を始めることが得策だ，ということを思い出した人もいるでしょう。では，ミルザの問題の中心にある行動とは何でしょうか？　ここから分析を始めることにしましょう。

行動（B）をもっとよく見てみる

これまでの章で，不安の維持と悪化には，回避が中心的な役割を担っていることを説明してきました。ここでは，そのような回避の機能をもつミルザの行動に目を向けてみましょう。ミルザの場合，機能的に類似した（functionally analogues）いくつかの行動をしているのが簡単に見てとれます。

- 家に帰り，料理するのを避ける
- 暗い景色を見るのを避けるために，ブラインドを降ろす
- 理由づけをして，自分自身を説得しようとする
- 弟のことを考えないようにする

これらの行為に共通するのは何でしょうか？　ミルザは，苦痛を伴う感情や思考，記憶を避けようとしています。これは，私的（内的）な出来事を避けようとする人の自然な反応です。しかし，それと同時に問題の根源にもなる反応です。

クライエントが分析の最初の段階で問題を語り始めたとします。このとき，あなたがセラピストならば，回避の機能をもつ行動が他にないかを注意深く探ることは重要です。なぜなら，そうすることで，クライエントの行動に共通する特定のパターンを見出しやすくなるからです。一見すると，見た目には似つかないような行動でも（たとえば，「思考を抑制する」ことと「ブラインドを降ろす」こと），機能的にはよく似ているということがあるのです。それらは，同一の「機能的クラス」に含まれる行動です。つまり，それらの行動は形態的（見た目）には異なっていますが，機能的には類似しているのです（第5章参照）。

B（行動）から分析を始めることには，多くのメリットがあります。という

Antecedent 先行刺激	**B**ehavior 行動	**C**onsequence 結果
パトカーを見る，お湯を沸かす，窓の外の暗い景色を見るなど	コントロールと回避を目的とした行動：自分自身を説得する，帰宅するのを避ける，ブラインドを降ろす	

図表8-1　ABC分析：ミルザの不安

のも，Bは変化への大きな可能性を秘めていることが多いからです。行動の仕方を変えようとするとき，私たちは，その行動を今までとは違う結果と関係づけ，その行動が他の刺激の影響を受ける機会を増やそうとします。しかし，たいていの場合，セラピストがクライエントとの協働作業をBの検証から始めることは容易ではありません。その理由は非常に単純です。なぜなら，クライエントは自分がもっと重要だと見なす，「B以外のこと」を話そうとするからです。多くの不安障害のクライエントのように，ミルザも自らの不安の体験，つまり，「何がその不安を引き起こしたのか，そして，それを取り除くにはどうすればよいのか」ということを問題の中心にしています（図表8-1）。

先行刺激（A）をもっとよく見てみる

それでは，どのような状況で，ミルザは先ほど述べたような行動をするのでしょうか？　この質問の答えを得るための最も簡単な方法は，「彼を悩ませているものは何か？　不安はどのようにして広がっていくのか？　どのようなときに起こるのか？」ということをミルザ本人に問いかけてみることです。そうすれば，ミルザの問題がさまざまな状況で起こっていることが明らかになるでしょう。以下はその例です。

- ボスニアのニュースを見たとき
- 誰かに兄弟について質問されたとき
- 突然，大きな音を聞いたとき

しかし，彼の不安は，彼の過去を知っていても，すぐには理解しづらいような他の多くの状況においても生じています。

- パトカーを見たとき
- お茶を飲むため，椅子に腰かけたとき
- 暗い景色を見たとき
- 幸せそうに子どもが遊んでいる家族を見たとき
- 重い病気についての話を聞いたとき
- 花盛りの頃にリンゴの木を見たとき

　このリストは，すべての状況を列挙しているわけではありません。これ以外にも，彼が多かれ少なかれつらい考えを引き起こしてしまう状況は，数え切れないほど存在します。

　こうしたA（先行刺激）のリストを，私たちはどのように分析すればよいのでしょうか？　リストは際限なく続いていきます。ですから，セラピストは次のことに自覚的になる必要があります。それは，Aを注意深く検証するとしても，個々の問題状況を「1から」すべて検証していく必要はないということです。臨床的に意味のある分析をするために重要なことは，頻繁に繰り返される「中心的な状況」が何かを見極めることです。ミルザが語る外的な状況は多岐にわたります。その中でつねに生じているのは，不安とそれに伴う考えや記憶です。ミルザの問題の中心にあるのは，不安を引き起こす状況ではありません。分析を進めると，ほぼどのような刺激に対しても，不安の反応は起こりうる（学習される）ことが明らかになります。だとすると，問題の中心にあるのは何でしょうか？　答えは，不安が生じたときに「ミルザがしていること」です。つらい感情や考え，記憶を体験しているとき，彼はその体験（A）を回避および（あるいは）コントロール（B）しようとしているのです。

先行刺激（A）がもつレスポンデントの側面

　ミルザは，強い恐怖や不安を喚起する，さまざまな状況を体験してきました。彼の命は何度も脅かされ，暴行を加えられ，自宅や財産のすべては奪われてしまいました。これらの状況は，レスポンデント条件づけの要素になります。音やにおい，景色は，条件刺激（CS）となり，恐怖や強く否定的な情動といった条件反応（CR）を引き起こします。また，般化によって，類似した反応を引き起こす条件刺激（CS）となる刺激も数多く存在します。たとえば，警察の車や制服などは容易に般化を起こすでしょう。今のミルザは，警察が脅

威だとは考えていません。しかし,「制服に身を包んだ警官が姿を現す光景」は,レスポンデント条件づけの原理によって,彼に強い恐怖を誘発します。この例のように,本人が意識しないところで,自動的に恐怖を引き起こす外的な刺激（CS）はたくさん存在します。ミルザの場合,痛ましい記憶と結びつく「暗闇」も,そのような刺激の１つです（図表8-2）。

Antecedent　先行刺激
外の暗闇を見る
不安

Behavior　行動
ブラインドを降ろす

Consequence　結果

図表8-2　先行刺激：レスポンデントの機能（CS－CRの関係）

関係フレームづけと先行刺激（A）

　ミルザに痛ましい出来事を思い起こさせる外的な刺激には,レスポンデントの原理では説明しづらいものもあります。たとえば,スウェーデンで幸せな家族の光景を見ると,ボスニアで親しかった人の顔が浮かび,悲しい感情が込み上げてきます。これは,一般的に考えると,理解しづらいことではありません。しかし,レスポンデント条件づけの原理によって,その反応がどのように学習されたかを考えると説明は困難です。

　このような例では,レスポンデント条件づけではない別のプロセスによって,反応が学習されたと考えるほうがよいでしょう。それは,一見するとまったく関係のないようなものごとであっても,稲妻のような速さでものごと同士の間に関係性を生じさせてしまうプロセスです。言語に優れた人間において,ものごととものごとの関係は,歴史的なつながりや相互の類似性だけによって作られるものではありません。ことばを使うスキルを学習すると,社会的な文脈によっても関係が生み出されるようになります。たとえば,「反対」という関係の場合,「幸せ」は「不幸せ」,「黒」は「白」,「生」は「死」と関係して（関係フレームで結ばれて）います。こうした新たな関係は,際限なく作り続けられます。毎秒ごとにネットワークができあがっていくのです。

　先述した兄弟に対する同級生のコメントが,ミルザのトラウマティックな（苦痛に満ちた）記憶を呼び覚ました状況を考えてみましょう。かつて,ミル

ザはスウェーデン語を一言も知りませんでした。スウェーデン語の「ブロー (bror：兄弟)」という語は，彼にとって何の意味もなく，それ以前にその音（単語）を聞いたことはまったくありませんでした。しかし，一度「ブロー」という音が「ブラト (brat：ミルザの母語で「兄弟」という意味)」と結びつけられたなら，たちまち「ブロー」という音は，彼の苦痛と苦悩に満ちた長いヒストリー（個人史）と関係づけられるでしょう。

ミルザは，大学でマルチメディアのコースに在籍し，時事問題をドキュメントで伝えるグループのプロジェクトに所属していました。彼のグループは，高齢者のケアを取り上げることになり，グループのメンバーが，老人がベッドに横たわっている写真を切り抜いてきました。それを見て，ミルザはとっさにこのプロジェクトを辞めたいと感じ，「別のテーマを取り上げよう」と提案しました。

彼はセラピストに，教室で不安に感じたことを話しました。セラピストは，「グループのメンバーに別のテーマを取り上げようと提案した（B）」ときの彼の行動を回避の1つの例として記録しました。高齢者のケアは，ミルザのトラウマティックな（苦痛に満ちた）過去の体験と直接に関係するものではありません。戦争の記憶に，プロジェクトで提案されたような高齢者のケアと類似するものは，とくにないのです。このテーマに類似した記憶があるとするなら，それは，戦争が始まる前に亡くなった祖父母の思い出です。実は，このように「高齢」「病」「不十分なケア」という直接結びつきのないものでも，私たち（言語的能力をもつ人間）は，簡単に「死」と結びつけてしまうのです。そして，ミルザにとって「死」は「戦争の記憶」と結びつくものです。

それ以外の文脈や刺激の間にも，同じようなつながりが生まれます。ミルザの不安がレスポンデント条件づけのみによって生じているなら，文脈が異なる場面では不安から逃れることができるでしょう。しかし，自分自身が紡ぎ出すことばが源泉となって，痛みが生み出されているとしたら，どこに逃れればよいのでしょうか。

長年の研究によれば，ヒト以外の動物の場合，Aは必ず次のいずれかであるとされています。それは「個体が直接かかわりをもったものごと」，あるいは「般化によって機能を獲得するのに十分な類似性のあるものごと」です。しかし，言語を操るヒトの場合，そうではありません。関係づけの能力があるということは，言語の関係性によってさまざまな刺激がAの機能を獲得しうることを意味します。私たちは，それぞれ関係フレームに関する固有のヒストリー

（個人史）をもっています。これは，同じ状況に直面した場合でも，人によって解釈が異なるといったことからも見てとれます。その人によって，ある状況が意味することは異なります。このことは，Bに先行する特定の状況（A）を分析する際に大きく関連することです。図表8-3を見てください。

Antecedent　先行刺激
- 高齢者のケア
- 死
- 戦争の体験
- 弟の死

Behavior　行動
- 会話を避ける

Consequence　結果

図表8-3 先行刺激：言語的機能（関係フレームづけによって確立された機能）

結果（C）をもっとよく見てみる

　ミルザの行動をコントロールしているのは，どのような結果でしょうか？　アパートに帰宅するのを避けたり，暗闇が見えないようにブラインドを降ろす行動は，どのような学習の原理によって説明されるのでしょうか？　一般に臨床場面で行動の結果を調べるには，単純にこう問いかけることから始めます。「そうしたら，どうなりましたか？」——行動をした後，どのようなことが起こったのか？　たとえば，不安を感じて話題を変えたらどうなったか？　弟への思いを振り払おうとしたら，どうなったか？　これらの質問にミルザはすぐさまこう答えるでしょう。「不安はただ強まるだけでした」と。このような行動と結果の結びつきはどのように理解することができるでしょうか？　「不安がただ強まるだけ」という結果は，彼にとって非常に望ましくない状態です。それはミルザ自身よくわかっています。しかし，そうと知りつつ，問題に直面するといつも役に立たない行動をとってしまうのです。ミルザはその矛盾について，次のように話します。

　　自分をうまくコントロールすることができないのです。状態はひどくなる一方です。自分で自分を苦しめたいのだろうか，そう思うこともあります。私は「おかしい」のでしょうか。時々，このままよくなる見込みがないんじ

ゃないかと不安にかられます。

　ミルザの考え方は，それほど特異なものではありません。実際，心理学の理論の中にも，人は自分自身を傷つけようとするものだと主張するものがあるくらいです。しかし，私たちが支持するのは，そうした理論とは異なる説明です。次に，私たちが有益であると考える短期的，長期的な結果の見方からはどのようになるのかを話しましょう。

　「ミルザの行動は，ただ事態を悪くするだけである」というとき，ここで注目しているのは，長期的な結果です。では，ここでの短期的な結果とは何でしょうか？　外が暗くなって，不安が高まっていくのを感じたとき，ミルザはブラインドを降ろします。そのとき，彼の不安はどうなるのでしょう？　ほんの少しだけ，彼は落ち着きを取り戻します。ミルザがある話題を聞いて不安になり，その話題をうまく違うものに変えられたときはどうでしょうか？　不安は一時的に弱まります。弟についての考えや思いが浮かび，ジョギングをしてその考えを振り切ったとき，不安はどうなるのでしょうか？　一瞬の間，不安は和らぎます。いつもジョギングが役に立つとは限りません。しかし，多くの場合，ジョギングをすることで，不安を十分にコントロールすることができます。ミルザの行動は，その結果（より正確に言うと，負の強化）によって支えられています。彼の行動は，多くの状況でネガティブな影響を減らしてきました。そして，ネガティブな影響が一時的に軽減されることで，その後の類似した機能をもつ彼の行動は強められます。すなわち，考えを追いやったり，話題を変えたり，暗くなるとブラインドを降ろすといった行動が強められていくのです（図表8-4）。

　ミルザの行動は，嫌悪的な結果をもたらしています。それにもかかわらず，彼の行動はなぜ持続しているのでしょうか。その理由の1つとして（これまで

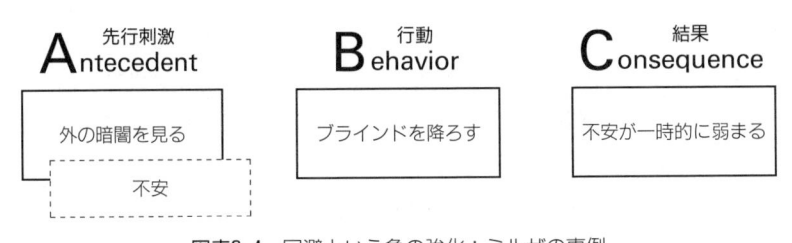

Antecedent 先行刺激	**B**ehavior 行動	**C**onsequence 結果
外の暗闇を見る 不安	ブラインドを降ろす	不安が一時的に弱まる

図表8-4　回避という負の強化：ミルザの事例

説明してきたように)「短期的な結果は,長期的な結果よりも優勢であるから」ということが考えられるでしょう。しかし,この説明は,時間の経過に沿って出来事をみたときに,十分満足のいくものではありません。時間の経過に従い,嫌悪的な結果はより目立つようになります。一度不安を弱めるのに役立った多くの行動は,次第にその効果を失っていきます。嫌悪的な結果は,より顕在化します。不安を強めるこれらの結果は,もはや長期的ではなく,短期的なものに変化します。話題を変えることは,もう役には立ちません。不安は,ブラインドを降ろしてもなくなりません。弟についての考えや思いは,ジョギングの最中にも浮かんでくるようになります。しかし,これらの結果が,ミルザの回避を止めることはありません。これらの行動は,彼の行動レパートリーをどんどん凝り固まらせていくのです。このプロセスを理解するには,関係フレームづけの能力について考える必要があります。

関係フレームづけと結果（C）

これまでの章で,実験室での研究から導かれた次のような原理を説明しました。その実験とは,「ランプがついたら特定のやり方でボタンを押す」という課題を2つの群に課すというものでした（第7章参照）。その結果,随伴性の変化に対する参加者の反応は,「ボタン押しのやり方について,教示を受けたか,受けなかったか」によって異なっていました。このことは,言語的に生み出された刺激（ここではボタン押しの教示）が,結果の機能をどのように変化させるのかということを表しています。この実験が示すように,言語的ルールを生み出し,それに従うヒトの能力は,反応に続いて起こる実際の結果の効力を弱めるという働きをもっています。前の章で述べたチョコレートケーキと夏の水着シーズンに向けて計画を立てる例を思い出してください。この例も,言語的に作り出された結果によって,直接的な随伴性の効果が遮断される状況を表しています。

こうしたタイプの学習は,ミルザの行動の分析と深い関係があります。彼は不安を避けようと回避し（負の強化）,回避に伴う直接的な結果を体験してきました。この直接の体験から彼のヒストリー（個人史）は作られていきます。しかし,それと同時進行で,ルール支配行動,または言語行動が生み出す結果も,彼のヒストリーを構築していきます。不安に関係した行動は,彼が体験した実際の結果だけでなく,社会的なヒストリーの過程で築かれたルールによっ

ても影響を受けます。先に述べたように，先行刺激（A）は言語学習によっても確立することができます。このことは結果（C）についても当てはまります。もしかすると私たちは，「不安を避ける」ということについて，「絶対にしなければならないこと」あるいは「生きていくためのたった1つの対処の仕方」という認識をもっているのかもしれません。これは，ミルザが弟についての考えを振り払ったり，話題を変えようとしたりするとき，その行動の結果には次の2つが含まれていることを意味するでしょう。1つは，不安の緩和（負の強化），もう1つは「正しい」ことをしているという感情（正の強化）です。彼は，言語的に生み出されたルールに従って行動しています。そのルールとは，「私は，生きるために必要なことをやってきた」，そして（あるいは）「すべきことをやってきたから，最悪の状況には陥っていないはずだ」というものです（図表8-5）。

Antecedent 先行刺激	Behavior 行動	Consequence 結果
高齢者のケア 死 戦争の体験 弟の死	会話を避ける	「正しいことをした」 （だから，さらに悪くはなっていない）

図表8-5 言語的に確立された強化的な結果：ミルザの事例

　これらのルールは，実際の結果に取って代わってしまうほどの影響力をもつようになります。言い換えれば，関係フレームによって，ルールは，実際の結果の機能を変えてしまうのです。実際の結果は，おそらく変わらないままか，むしろ事態はより悪化しています（つまり，不安はひどくなっています）。しかし，言語的に生み出された刺激は，「何もしないよりはまし」というルールによって，実際の結果（つまり，「事実」）を覆ってしまうのです。このルールがもたらす結果は，正の強化子になります。なぜなら，「正しいことをする」ということは，私たち人間にとって非常に強力な般性強化子だからです。

確立操作（EO）を観察する

　ある日，ミルザはアパートにいると，いつもより強い不安を感じることに気

づきました。アパートにいてつらくなるような出来事を体験したことは、とくにありません。少なくとも、彼の痛ましい記憶に直接関連するようなことは何も起こっていないのです。それなのに、なぜでしょうか。ここまで注意深く読み進めてきた人なら、A、B、C以外の要因のことを思い出しているのではないでしょうか。そうです、確立操作（EO）のことです（第3章参照）。たとえば、睡眠不足や今度受ける試験への不安といったものは、もともとの機能を考えれば、日常生活で起こりうる、ありふれた出来事です。これらの出来事は、ミルザの特定的な問題そのものとは直接関係がないのにもかかわらず、彼の不安を起こりやすくしているかのようにみえます。なぜ、睡眠不足が不安を喚起するのでしょうか？（彼の痛ましい記憶とは直接結びついていないにもかかわらず）　それは、食事にたとえていうなら、次のような状態です。同じ「ハンバーガー1個」であっても、とくに空腹を感じていない状態と、長時間食事をとらないでいる状態とでは、その機能は大きく変わります。これと同じように、「睡眠の不足」という状態は、ある種の情動的な反応を強めることがあるのです。

レナードの体験を分析する

　レナードのうつ的な状態は、生活にますます大きな影響を及ぼしています。彼は、それまで強化的であった活動をやめてしまい、睡眠の問題はより悪化しました。そして、1人で考えを反すうする時間はさらに増えました。

　レナードは、朝早く目を覚まします。目が覚めて最初に頭に浮かぶのは、電車の窓から自分にバイバイと手を振る子どもたちの光景です。昨夜、彼は子どもたちを車で駅まで送りました。彼らはもう母親のもとに戻ってしまいました。また胃が痛み出します。次に会える1ヵ月先まで、彼は子どもたちのことを考え続けるでしょう。どうして、こんなことになったのだろうか。ティナと離婚する前、何度も言い争ったある日のことが思い出されました。その晩、彼は遅くに帰宅して、ティナと交わした約束を破ってしまいました。もし、あのとき、「最近、自分は仕事にのめり込みすぎている。彼女もだいぶ疲れているようだ」と気づけていたら……どうして、人はこのような

状態になるのでしょうか？　どうして，彼らは何か別の約束を交わそうとしなかったのでしょうか？　彼は今でも，ティナが台所で荷物をまとめて「子どもたちと家を出る」と言った日のことを鮮明に覚えています。彼女が離婚を口にした，あの悪夢の1日を……人生がなんと空虚になったことか。胸にぽっかり穴があいたように……それは今も続いています。彼はどうすればよかったのでしょうか？　今の彼なら，あのときとは違うティナへの接し方を想像できます。夕方には帰宅し，家事を手伝い，子どもたちの宿題をみて，子育てに協力する様子を思い描くことができます。もう1回チャンスがあったら，彼はそうしていたでしょう！　チャンスさえあれば……そう考えながら，しばらくして彼は時計を見ました。起きてから，もう1時間が経っていました。胃の痛みは強くなる一方です。吐き気もしてきました。こんな状態で仕事に行くなんて無理だ……再び彼は考えます。しかし，いくら考えても現実が望む通りに一変することはありません。失ったものが再び戻ってくることはないというのに，考え込んでばかりいてどうなるというのでしょうか？　それでも，彼は自分をどうすることもできません。そして今日もまた眠れない夜が更けていきます。

反すうはほとんどの人が体験するものです。反すうは一般的にうつと呼ばれる状態の一部であり，レナードの場合，1日のほとんどをそれに費やしています。彼の行動を理解するには，どのようにＡＢＣ分析をすればよいでしょうか？

行動（B）をもっとよく見てみる

反すうは，それを行っている本人にしかはっきりとわからないタイプの行動です。基本的には個人の内部で起こる行動ですが，いつもそうとは限りません。たとえば，誰かと会話しているような状況であれば，実際に声を出して，反すうすることもあるでしょう。また，反すうしていることが，振る舞いから他者に伝わることもあります。たとえば，レナードがこぶしを握り締めて部屋を歩き回っていたり，質問されても無言で座っていたりすれば，彼が反すうしていると察しがつくでしょう。しかし，ここで述べた例においても，実際のところ何が起こっているのかは，レナード本人にしかわかりません。

レナードの反すうの内容を調べると，それは私たちが「問題解決」と呼ぶ事

柄とよく似ていることがわかります。彼は，これまでに起こった事柄を思い出し，なぜそれが起こったのか，理由を見つけようとします。また，現実の過去とは違う光景や自分の行動をイメージし，その先に起こったであろう未来を思い描こうとします。そうして，職場や家での自分の姿に考えを巡らします。それと同時に，思案した内容をリアルにイメージします。たとえば，彼は息子が机に向かい，本を読んで勉強している様子を「見る」ことができます。「息子のベッドに自分が座り，宿題をしている彼を見守る」という状況は，あたかも実際に起こっていることのようです。

このようなことを行える能力は，ヒトに生まれた私たちのきわめて優れた財産だといえます。私たちは，物理的な世界に存在しないことでも，外的な世界と関連づけて，内的にものごとを動かすことができます。これは，「将来設計」や「洞察に基づいた思考」と呼ばれるものです。ところが，レナードの場合，この能力によって問題が生じています。なぜなら，それは彼を望ましい方向に導いておらず，ただ，絶望的な感情や徒労感を増幅させるだけだからです。では，彼はなぜそのように行動するのでしょう？　どのような状況で，彼はそうした振る舞いをし，そうすることでどうなるのでしょうか？

先行刺激（A）をもっとよく見てみる

レナードが自ら反すうをしている状況は，彼がそうすることを「選んでいる」ということと同じではありません。つまり，しようと思って反すうをしているのではないのです。セラピストが反すうするときの様子をたずねると，彼は「いろんな場面や状況で反すうしてしまうが，最も多いのは早朝に目が覚めて，そのまま眠れなくなるときだ」と言います。反すうは，特定の事柄（今回の場合は，前夜の子どもたちが去る様子）を思い出したときに始まっています。彼は目が覚めるとすぐに胃の不調を感じ，反すうを始めます。「どうして，こんなふうになってしまったのだろうか？　なぜ？　いったい？　どうして……」時には，そうした思いや考えが浮かぶことなく，ふっと目が覚めることもあります。しかし，ひとたび目が覚めると，これまでにもベッドで何百回，何千回と考えたことをまた考え出すのです。そして，いつものようにまた眠れなくなるのです。ずっとこんな日々が続くのだろうか……次々と浮かぶ過去の記憶が，胃の不快感とともに彼に押し寄せます。

反すうしてしまうのは，寝つけないときだけではありません。たとえば，誰

```
Antecedent          Behavior          Consequence
先行刺激              行動              結果

┌─────────────┐    ┌─────────────┐    ┌─────────────┐
│眠れない,批判される,│    │             │    │             │
│失敗する,週末のこと │    │ 反すうする   │    │             │
│を考えるなど     │    │             │    │             │
└─────────────┘    └─────────────┘    └─────────────┘
```

図表8-6　ABC分析：レナードの事例

かに責められたときや，ものごとに失敗したときにも反すうをします。周りの人が週末に家族と過ごす予定について話したり，子どもの誤った育て方について書かれた新聞の記事を読んだりしたときもそうです（図表8-6）。彼の話を聞きながら，セラピストはよく起こる典型的なパターンを見出そうと多くの例を集めます。レナードの反すうを引き起こす共通の要因は，つらい記憶やつらい状態のようです。これらの出来事が起こったとき，彼はまず，そうした光景や考えを何度もリアルに思い浮かべ，あらゆる方法でそれを変えようとします。まさに，反すうしているわけです！

結果（C）をもっとよく見てみる

レナードは，くよくよ思い悩んでも問題が解決しないことを，痛いほど身にしみて感じています。ところが，それがわかっているにもかかわらず，彼はそれをやめられません。

　　すべては終わったこと，それはわかっています……でも，どんなに，しなければよかった，言わなければよかったと思っても，もう遅すぎてどうすることもできません。過去を悔やんでも，私の家族はもう戻ってこないのに，それを受け止めることができないのです……

これは，レナードがうつ的な反すうが役に立たないと自覚していることを表す典型的な発話です。反すうは1つの行動です。しかし，私たちの多くは役に立たないとわかりながらも反すうし，悲哀や苦悩にはまり込んでしまいます。

では，こうした行動パターンを維持させる結果とは何でしょうか？　この質問の答えに辿り着く1つの方法は，もう1つ質問をすることです。それは，セ

ラピストがレナードに，以下のように問いかける場面に表れています。

セラピスト（以下 T）：心にいろんな思いや記憶が浮かんで眠れないとき，こんなふうにしたら，どうなると思いますか？「それらの思いや記憶をただそのままにしておく」，そのまま何もせずに，痛みや苦しみを好きなようにさせてやるとしたら？

レナード（以下 L）：いったい何を言っているんですか？「そのままにする」ことができないから，何とかしようとしているのに。「どうしろ」と言うんですか？ そんなこと，できやしません。

T：わかりました。では，普段，どんなことが起こっているのかを見てみましょう。きっと次の2つのことが起こっていると思います。1つ目は，考えや記憶が次々と浮かぶということです。これらの考えや記憶は，あなたが選んで決められるようなものではありません。ちょうど「反射」のようなものです。昨日もそうでしたね。あなたは，いつもより早く目が覚めて，その直後に胃が痛み出しました（ここまでが「反射」に当たる反応です）。しかし，ここで，あなたがあれこれ考え出すと，自然な反応だけでは，ことが済まなくなると思いませんか？ 自分は，本当はこうすべきだったんじゃないかと自責の念にかられたり，あいまいな部分をはっきりと思い出そうとしたり，今度ティナと会うときに話すことを考えたり……これが2つ目のことです。

L：ええ，その通りです。どのようにして反すうが起こるのか，考えたことはありません。しかし，今そうやって言われると，確かにその通りだと思います。自動的に浮かんでくる考えや思いもあれば，私がそれに飲み込まれて，延々と考え続けることもあります。

T：では，自動的に考えが浮かんだとき，あなたがいつものように考えを巡らせなかったら，どうなるでしょうか？

L：（少しの沈黙の後）もう「お手あげ」です。自分が何をしたらいいかわからなくなったら，私はどうすればいいのでしょうか？

T：そうですね。では，また普段の状況を考えてみましょう。「あなたの心には何かが浮かんできます。つらかったことや悲しかったこと。そして，それに対してどうすればいいのか，あなたは答えを見つけ出そうとします。ティナや子どもに対して，こうすべきだった，ああすべきだっ

たと思い巡らします。それは，あなたにとってつらい記憶です。あなたは，そのことをずっと考え続けます。自分は何をするべきだったのか，問題にどのようにして対処すべきだったのか？」こんな感じでしょうか？

L：ええ，そうです。でもそれだけではありません。どうして，こんな最悪の結果になったのだろうと，その理由を探し出そうとします。自分で理解しようと必死になるのです。

T：つまり，考えが浮かんだとき，あなたは，「なぜ」家族に問題が起こったのかということを考え続けるんですね？

L：ええ，その通りです。四六時中，私は「なぜ？」という問いを考えて，結局，堂々巡りをしているのです。

さて，この行動をコントロールしている結果は何でしょうか？ レナードは，消えることのないつらい考えが浮かんだとき（A），何が起こるかを語っています。彼は，何度もそれについて考えています（B）。それでも，彼が求めるもの（つまり，合理的な解決）には辿り着いていません。彼はそのことにも気がついています。しばらくして，彼は前よりも状態がひどくなっていることに気づきます。それでも，彼は問い続けています。どうしてこうなるのでしょうか？ 彼の行動を持続させる結果（C）は何なのでしょうか？

このようなセラピストとの会話から，レナードの反すうが彼にとって，間接的な（遠回りをして副次的な効果をもたらすような）機能をもっている，ということがわかります。反すうしている間，彼は最悪の事態，つまり「あきらめる」ということを避けようとしています。考えることをやめたらすべて終わりだ，そう思って，彼は考え続け「あきらめる」という事態を食い止めているのです。これは，1つの負の強化の例です。反すうという行動は，ある種の嫌悪的な結果の度合いを弱めるという効果をもっているのです。以下は，先ほどの会話の続きです。

T：つまり，頭に「なぜ」という質問が浮かんだら，あなたはどうにかしてその答えを見つけようとするのですね。そうではなく，仮に，ただ単に「そういう質問が浮かんでいるなぁ」とその状況を認めて，それに対する答えを見つけようとしなかったら，どうなるでしょうか？

L：それは，よくないような感じがします。何もかもあきらめてしまうような……そんなことしたら，状態はもっとひどくなります。少なくとも，私は何とかしようと頑張っているのです。「ただ『なぜ』という質問に答えようとせずに，そのままでいなさい」と言われても，意味がよく飲み込めません。私が質問の答えを探す努力をやめてしまったら，すべて終わりではないですか？

　この例は，どのようにして，ルール支配行動（または言語行動）が「問題」になるのかをよく描いています。私たちと同じように，レナードにもものごとをよく吟味し，問題や脅威を検証し，そうした事態に陥らない別のアクションを見つけようとしてきた長いヒストリー（個人史）があります。この方略に従う行動は，人生のほとんどの状況において，数知れず強化されてきたものです。おそらく，レナードは外的な世界においては，この方略を問題解決にうまく適用してきたのでしょう。つまり，私たちが分析の対象としている行動は，「問題解決のためにしていること」の一例なのです。そして，上記の方略に従う行動は，正しいアクションのようにみえます。このことから，言語的に生み出された結果は正の強化として機能します。そして，実際の結果の効果（もっと気分が悪くなる，問題が未解決のままである，など）を変化させてしまうのです（図表8-7）。

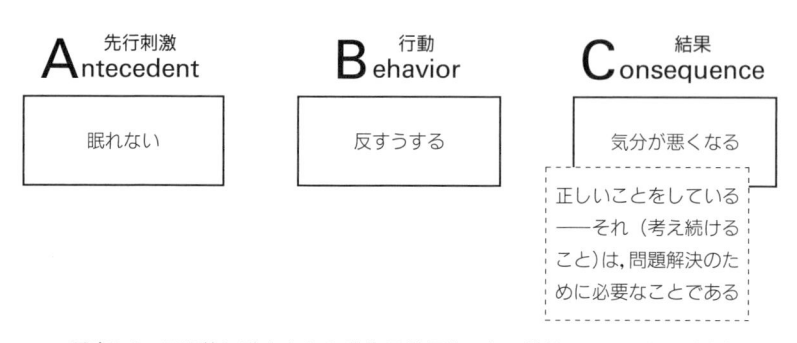

Antecedent 先行刺激	**B**ehavior 行動	**C**onsequence 結果
眠れない	反すうする	気分が悪くなる

正しいことをしている——それ（考え続けること）は，問題解決のために必要なことである

図表8-7　言語的に確立された強化子が優位である状態：レナードの事例

困ったときこそ行動（B）へ

　内的な行動を記述するのは，難しい作業です。私たちは，他人の外的な行動を見るように，内的な行動を観察することはできません。たとえば，毎日，人

が歩くのを見て，彼らがどのように歩いているのかをじっくり観察することは難しくはありません。日常的な体験の範囲なら，自分が見たことについて語ることもできます。しかし，他者が考えているときに，その人が何を考えているのかを「見た」ことはあるでしょうか？　実は，私たちはそうした他者の行動や自分自身の行動について，それほど多くを知らないのです。私的（内的）な行動をしているとき，他者や自分自身が何をしているのかを記述することはできないのです。だから，その人の内部で何が起こっているのかを記述するためには，AとCを区別することが有益です。レナードが反すうする前には，つらい思考や記憶が浮かんでいます。そして，反すうをしなかったらどうなるかを考えてみることで，実際に彼が何をしているのかがよりはっきりとみえてきます。ほとんどの内的な行動と同じように，B（レナードの反すう）はとてもあいまいです。このような場合，Bを効果的に記述するためには，AとCを記述することがとても有益です。

　反すうのような内的な行動は，私たちに「内的な行動はどのように維持されているのか」という質問を投げかけます。ここまで，レナードの例でそうした行動が強化される，つまり，将来において同様の行動が起こる可能性が高められるところを見てきました。このように（内的な行動が）強化されることは，すべての行動レパートリーに影響を与えます。日々の臨床の場面では，実際の出来事に影響を与えるより建設的な行動が，心配や反すうに妨げられるという状況をよく目にします。反すうはそれ自体，よい睡眠や，より機能的な問題解決スキルの使用を妨げることがよくあります。長期間にわたる反すうは，とてもうんざりさせられるものであるため，疲労やネガティブな情動の増加をもたらすのです。

確立操作（EO）を観察する

　ミルザの例で見てきたように，レナードの行動は直面している問題と直接的に結びつかない確立操作によっても影響を受けていました。これらの条件は，彼の行動やうつの問題に間接的に影響します。たとえば，レナードが頭を悩ませるような仕事を抱えていて，その処理に時間がかかるとき，彼はイライラして，自分が能力不足だと感じるでしょう。彼が反すうする事柄は，仕事とは直接関連はありません。しかし，早朝に限らず，このような状況もまた彼が反すうする可能性を高めます。同じように，疲労は彼の気分を不安定なものにし，

そのことでさらに憂うつな気分が高まる可能性を強めます。しかし，そのような状況でも，ひたすら「解決」を求めて，彼は反すうし続けます。

2つのABC分析を終えて

　この章で紹介したミルザとレナードの例では，個人が痛みを伴う出来事に接したとき，先行刺激がどのようにして確立されるのかという過程を見てきました。しかし，問題は「人がそのようなヒストリー（個人史）をもっている」ということ自体にあるのではありません。問題は，ヒストリーがその過程で「その人に痛みを絶えず思い出させる」という刺激の機能を確立したことにあるのです。そもそも，そのような刺激機能を確立すること自体は，環境に適応するために必要です。なぜなら，人は体験から学ぶことで生き抜いていくからです。人が痛みを伴う体験をしたことを絶えず思い出し，ヒストリーに基づいて，そのような危険が生じないかと注意を払うことは，ある面ではとても賢明なことです。

　私たちは，ミルザとレナードが，どのようにして，このような痛みの存在を減らそうとしてアクションしているのか，ということを検討してきました。ミルザは多くの状況を避け，レナードはまた別の回避方略を使っていました。そうです，反すうです。反すうを回避と捉えることは，こじつけのように思われるかもしれません。なぜなら，レナードは，思考の中では，問題を避けるどころか，それについて思い悩み続けていたからです。しかし，セラピストとの会話に示されたように，このアクションは「さらに不快なことに触れるのを避ける」という機能をもっていました。反すうは，より不快な体験から自分の身を守る試みとして機能していたのです。つまり，この行動も機能的には，回避反応のクラスに含まれるのです。

　いよいよ，私たちの関心を次なる対象に向けるときがやってきました。その対象は，「クライエントが望む変化を生み出すための支援」という，より特定的で臨床的な試みです。それでは，次の第3部「行動を変える」に進みましょう！

第 3 部
行動を変える

第 9 章
機能分析
―― 行動の分析と優先事項

プラグマティックな観点から言えば，心理学の知識は，実践に役立つものでなければなりません。ある人の行動（B）を，同定可能な，先行刺激（A）や結果（C）という枠組みで理解できるようになれば，私たちはその行動に影響を与えることもできるようになります。

進化は，私たち人間にとって都合のよいものばかりではありませんでした。私たちは，魚のようにうまく泳ぐことはできませんし，水の中にずっといることもできません。同様に，鳥のように，寒い冬を避けるために南へと飛んでいくこともできません。さらに，肉食動物としても，絶望的と言っていいほど走るのが遅く，鋭利な爪も持ってはいません。しかし，私たちは，このような欠点を克服する能力を進化の過程で発達させてきました。つまり，ことばを発達させ，ことばによる抽象的な問題解決ができるようになったのです。さらに，ことばによって，科学が成立可能となり，私たちは大きな可能性を手にすることができました。このような進化という観点から言えば，科学の究極的な目的とは「どのようにして生き残っていくか」という課題に寄与することになります。そして，この「生き残る」という重要な課題にこそ，学習に関するさまざまな理論が貢献できる場所があるのです。人間の行動に関する知識とは，行動の変化に関する知識と言っても過言ではありません。そして，その行動の変化は，人間の生き残り（survive）を助けるだけでなく，うまくいけば繁栄（thrive）も助けることになるでしょう。

行動の分析［訳注1］——行動の機能に焦点を当てる

　第1章の「問題を行動のカタチ（形態）から捉える」で扱った「問題となっている行動は『過剰』と『不足』で定義できる」という話を思い出してください。この論理は，そのまま行動変容にも応用できるのです。行動変容の過程では，行動の頻度を減少させたり増加させたりすることが目的となります。さらに，この行動変容の2つの主要な方法（つまり，行動を減少させる方法と増加させる方法）は，多種多様なトリートメント方法に「翻訳」されます。ただし，その方法が多種多様であるため，この本では，その基礎的な原理が応用された例を紹介するだけにとどめたいと考えています（トリートメント・テクニックについては，第12，13章で取り上げます）。

　では，ここで，次のことを確認しておきましょう。私たちが最も興味・関心があることは，単一の行動の形態や頻度ではなく，つねに，その行動の「機能」です。機能を同定することは，私たちの生命線といえるくらい重要なことなのです。というのも，機能を考えることによって，クライエントはどのような随伴性にさらされているのか，言い換えれば，クライエントはどのような生活を送っているのか，ということについてセラピストは考えるようになるからです。

　では，なぜ「機能の同定が最も重要」なのでしょうか？　それは，トリートメントごとに，あるいは同じトリートメント内でもフェーズごとに，学習過程のどの理論的側面から理解したらよいのかが違ってくるからです。たとえば，先行刺激を検討し，その刺激性制御を理解しなければならない場合もあれば，行動レパートリーを拡大し，問題行動を維持している結果に影響を与えなければならない場合もあります。機能の同定には，治療の最初の段階における分析とその後の段階における分析とでは異なる分析が求められるのです。ここでの分析とは，特定の心理療法においてどんな治療手続きが必要かということを決めることだけではありません。機能の分析は，行動の変化を生み出す方略を扱うだけではなく，クライエントを取り巻く環境的な要因を扱うときにも，等し

［訳注1］現在，behavior analysis という用語は「行動分析学」を意味する場合と，単に「行動を分析すること」を意味する場合があります。本訳書では，「学派」としての behavior analysis を「行動分析」と訳出し，「『行動を分析する』という臨床作業における一工程」としての behavior analysis を「行動の分析」と訳出してあります。

く必要となります。たとえば，介入が期待する効果をもたらさなかった理由を理解したり，異なる介入の目的が相反してしまうという可能性を分析したりするときに使われます。

「行動の分析」の実施期間を決める

どのくらいの期間，行動の分析を実施するのが適切なのでしょうか？　おそらく，この質問は，臨床のトレーニングを受けている学生たちが，最も頻繁にたずねるものの1つです。その質問に答えようとすれば，必ず，その答えはまちまちで，はっきりとしないものになってしまいます。たとえ，その対象が1名だったとしても，分析というものは，原理的に，無限に存在するものだからです。その分析が，議論の余地のないほど完全にクリアになるという明確なポイントなど「ない」のです。そして，行動の分析が可能な個人の生活の側面とは，（繰り返すようですが）それがたった1名であるとしても，原理的に，無限にあります。しかし，できるだけ詳細に分析すること自体が目的なのではありません。もし，現実に限りなく近づこうとして，行動の理論的な分析をすれば，分析の「こまかさ」のレベルがそのまま「質」のレベルを示すように思えてくるかもしれません。それはまるで，記述した文章の数や，それを記述した紙面の量が多ければ多いほど，究極的な意味で，より真実に近づくと錯覚しているかのようです。

しかし，プラグマティックな「見方・捉え方」では，機能に関する知識が強調されます。機能に関する知識というものは，必ずしも「こまかさ」のレベルによって高められるものではありません。そのため，行動の分析には，どのくらいの実施期間が適切なのかという質問に対する答えは，次のような，とてもシンプルなものとなります。

その長さは，通常，臨床家が実際に行っているもので十分です！

臨床的な場面で行われる，適切な行動の分析とは，臨床家を効果的なアクションへと導くものです。つまり，行動としての「分析（analyzing）」，そして臨床家の行動に対する先行刺激としての「分析」が重要となるのは，臨床場面においてなのです。決して，目の前のクライエントに関する何らかの最終的な結論めいたもの（しかも確実性をもった記述として）を得るために，重要なわけ

ではないのです。

　以上のことから示唆されるのは，行動の分析とは，さまざまな方法で行われる可能性がある，ということです。もちろん，誰に対して分析を行うかによって，つまり，どんなクライエントなのかということによって，その方法は異なってきます。さらに，誰によって，どんな文脈で，どんなタイミングで分析されるかによっても，それは異なってきます。また，行動の分析をずるずると長く実行し続けるべきではありません。もちろん，分析が長くて「正しい」（ここでの「正しさ」とは，臨床家にとって機能的であるという意味です）こともあるでしょう。しかし，短くて正しいということもあるのです。

　人間の行動を分析するという過程には，そもそも次のような前提が含まれています。それは「分析は限定的な観察内容に基づいて行われる」というものです。私たちは臨床家として，観察するフィールドを限定する必要があります。これは，実に当たり前のことです。しかし，心理療法の分野では「人間は，『ホリスティック（全体論的）な見方・捉え方』でアセスメントすべきである」ということを示唆する言説が支持される傾向にあります。このような言説は，しばしばポジティブなイメージを喚起させますが，その「見方・捉え方」に関する具体的なことをあまり多く教えてはくれません。むしろ，私たちは，進化によって，取り巻く環境に選択的に反応することができるようになり，「ホリスティックな見方・捉え方」という概念が暗示するような知覚的なオーバーロード（あらゆる刺激を受容してしまい処理できなくなること）に陥らなくて済むようになったことに感謝すべきなのです。

臨床的な優先事項を決める

　臨床的な場面で，私たちは，治療的な優先事項をどのように決めたらよいかという問題に直面します。以下に，その優先順位のつけ方に関する，いくつかの原則を提供していきます。しかし，強調しておきたいのは，以下の原則は「原則でしかない」ということです。つまり，これらは，実証的な研究に基づいているわけでも，公的あるいは一般的な合意に基づくルールでもありません。その代わりに，臨床的な決定，つまり「なぜ，ある領域を他の領域より優先すべき（しないべき）か」ということをガイドするのに役立つものであるといえるでしょう。また，以下の優先事項は，必ずしも重要性が高い順に列挙されているわけではないということに注意してください。

自分，あるいは他者に対する危険：クライエント，あるいはクライエントの近くにいる人たちの生命や健康を直接脅かす可能性がある行動は，通常，最初に注意を払うべきです。たとえば，そのような行動には，自殺に直結する行為(suicidality)，自傷行動，暴力があります（もちろん，これだけに限定されません）。臨床家として，私たちは，このような行動を取り扱うことを倫理的かつ法的に義務づけられています。また，臨床的なアセスメントをする過程で，このような行動を無視することも許されていません。しかし，注意しなければならないのは，「このような強度の行動を取り扱わなければならない」ということ自体が，「そのトリートメントにおいて，どのような手段や対処が適しているか」ということに関する情報を何も提供しない，ということです。たとえば，クライエントが自殺をしてしまった，あるいはクライエントの周りの人に重篤な危害を加えてしまった場合，私たちは，セラピーの中で他の問題（つまり，自傷や他傷以外の問題）を扱っていたということを酌量の条件として主張することはできません。しかし，だからといって，優先事項を遵守することが，そのまま，介入の成功につながるわけでも，すべての行動的な出来事の予測につながるわけでもありません。こういった事例の多くで，クライエントの破壊的な行動を止めるのは，そう簡単なことではありません。しかし，たとえそうだとしても，私たちが遵守しなければならないのは，クライエントがもっている破壊的な側面が行動的アセスメントの中で検討すべきものであると合理的に判断できたときには，そのような問題を必ず扱わなくてはならない，ということなのです。

中核的な問題：クライエントの現在の臨床的な全体像の中で中核的な行動は，優先事項と見なします。この行動が，クライエントの生活の幅広い領域に影響を与え，この行動の変化なくしては，他の多くの行動が変化しにくいと考えられるからです。

般化の可能性が高い問題：ある1つの領域に対する介入が他の領域の変化につながると，私たち臨床家が合理的に判断できる場合に，その行動を優先事項として見なします。たとえば，食べたいという衝動に対処する方法を学習することができれば，たばこをやめる方法を学ぶことに役立つ可能性が高くなるからです［訳注2］。

必要な前提条件：ある領域の変化が，他の領域の変化に対する必要な前提となっている場合，それを扱うことは優先事項となります。たとえば，自殺行動は，クライエントの社会的な文脈を無力化させる傾向にあります。そのため，自殺行動のコントロールが，意味のあるトリートメント・プログラムを確立するための前提条件となります。また，治療セッションに来談できるようになることも，前提条件となります。それは，まさに，あなたが歯医者に行ったときに自分の口を開くことができるようになることと，基本的には同じことといえます。

成功の確率が高い問題：臨床家が，自分の熟知しているトリートメント方法を使って，問題となっている領域に対して影響を与えられると判断した場合，その領域を優先事項と見なします。たとえば，ある領域でクライエントの急激な変化が期待できるとしましょう。実際に，そのような変化がみられた場合，その変化自体が，行動変化の成功経験をクライエントに与えることになります。さらに，それによって，他の（おそらく，より難しい）領域での変化に対しても取り組もうとするクライエントの動機づけを高めることになるでしょう。

クライエントの明確なリクエスト：今まで，クライエントの明確なリクエストについて言及してこなかったことを不思議に思われるかもしれません。しかし，（思い出してください。先述したように）ここでは優先順位の高い順に列挙したわけではありません。どのような援助がほしいかという明確なクライエントからのリクエストは，セラピーを行うためのアジェンダ（課題）をフォーミュレートするのに非常に重要です。しかし，このリクエストが，他の治療的な優先事項と関連するのかどうかということは，つねに検討するべきでしょう。

［訳注2］この小見出しは "reproduction"（増殖）というものでした。原書のままだと，内容的に不明確であったため，著者に連絡をとりました。それによれば，スウェーデン語では，"reproduction" に相当する語のもともとの意味が「あるものが他のものへ影響を与える」というものであり，般化と訳出しても問題ないということでした。また，先の「中核的な問題」も「変容させることによって広範囲な般化が期待できる『核となる』領域」と読み替えることも可能です。つまり，この2つの領域は内容的にオーバーラップするといえます。この点についても，著者からは「このリストは，科学的な分類というよりは，常識的なガイドラインであるため，この2つ以外でも内容的にオーバーラップすることがあることに注意してください」という回答をいただきました。

苦痛：クライエントにとって，重い苦痛の原因となっている領域は優先事項と見なされる可能性があります。ただし，つねに優先事項となるとは限りません。ここで強調しておきたいのは，苦痛の原因になっている領域を，最重要な領域（すぐにそれを緩和しようと介入する領域）として自動的に見なすべきではない，ということなのです。より重要なのは，目の前にある苦痛に注目するのではなく，長期的な変化に効果的であるかどうかに注目することです。

長期的な変化：クライエントの人生や生活の長期的な変化のために不可欠であると判断された場合，それを優先事項であると捉えます。この領域も，セラピーという時間的制限を超えて，クライエントの変化が生じていくための本質的な前提条件となります。

悪化の予防：扱わなければ，クライエントの全般的な幸福が脅かされると判断された場合，この領域も優先事項として取り上げられます。

「行動の分析」と優先順位のつけ方

以上の優先事項に関するリストは，完全なものではありません。臨床的な優先事項に関するアセスメントの基礎を提供するために，いくつかの側面を簡単に示しただけに過ぎません。しかし，ここで強調しておきたいのは，優先事項の順位を決めていくという過程は，臨床的に「行動の分析」をするということの本質的な一部である，ということです。

より重要な治療的問題と見なされる領域もあれば，より周辺的でほとんど注目されない領域もあるでしょう。しかし，それは，臨床行動分析だけの特徴ではありません。理論やイデオロギーに関係なく，あらゆる臨床的なアセスメント過程がもっている特徴なのです。いくつかの領域に絞って注目することで，クライエントの学習可能性が向上します。（すでに自らの経験から知っていることでしょうが）新しい行動を学習しようとして，一度にたくさんのことに手をつけてしまうと，逆に多くの時間と労力を費やすことになるからです。それゆえに，優先順位をつけていくことは，効率的で，効果的な治療的介入を実施していくために本質的なことなのです。

第10章

行動変容へ向けての会話
―― 臨床的な協力関係を築くには？

　イントロダクションでも触れたように，この本はトリートメント・マニュアルではありません。それでも，いくつかの臨床的なガイドラインを，ここで提供したいと考えています。このガイドラインは，これまで紹介してきた，トリートメントの「見方・捉え方」から生み出されてきたものです。では，このことを念頭に置いて，もう一度アリスの問題を見てみましょう。
　アリスはセラピストとの面接中，自分の不安や心配について，次のように話しています。

　どうしてこんなふうになってしまったのか，私にはわからないんです。もともと少し心配性なところがあったのは事実です。でも以前は，今よりもっと普通だったと思います。それなのに，近頃では，まったく手に負えない状態なんです。仕事のせいでこうなってしまったのでしょうか？　最近ちょっと忙しかったもので。でも以前は，こんな気持ちにならずに，もっと早く仕事を片づけられていたんですよ。私はどうしたらいいのでしょう？　そういえば，私が子どもの頃，私の母もしょっちゅう心配していました。私が病気にかかったのではないかと考えたときなんて，とくにすごかったんです。幼いときに，そんな母を見てきたせいで，私は今，こんな問題を抱えてしまっているんでしょうか？　でも実際，そういったことは当時の私にとって，どちらかと言うと，まだたいしたことのないものだったんじゃないのかなって思うんです。だって，自分の両親が薬物依存だったとか，その他のもっとた

いへんな問題をもっていたとか，そういった体験をしてきた人もいるわけでしょう？　そういう人たちと比べたら，私の体験なんて……それなのに，いったいなぜ私がこんな気持ちになってしまうんでしょう？　本当にわからないのです。私の何がいけないのでしょうか？

会話によるトリートメント（そして，そのジレンマ）

セラピストは限られた時間の中で，週に1回ないし2回，アリスと面会します。つまり，アリスの生活を支配し影響を与えている条件のほとんどは，セラピストが存在しない場面にあるのです。そのような条件のもとで，アリスを援助しようとしたときに，どのような工夫をすることができるでしょうか？

すべての心理療法は，2つの別々の舞台で行われているといえるでしょう。第1の舞台は，セラピストとクライエントが実際に会っている時間です。そして第2の舞台は，クライエントの普段の生活場面から成り立っていて，クライエントが困難に直面している時間です（その困難がクライエントの主訴です）。セラピストは，クライエントの話を通して，第2の舞台のことを知ります。そして，セラピストによって直接影響を与えることができるのは，第1の舞台だけです。しかし，援助を求めるクライエントにとって重要なのは，第2の舞台のほうであり，この舞台が，セラピーの限られた時間の外で，クライエントの生活を形作っているのです。その結果，行動変容をもたらすことを目的とした会話・対話には，いくつか重要な必要（前提）条件があります。

問題を顕在化させなければならない：セラピストがクライエントを援助するためには，セラピー・セッションの中で，クライエントの問題が実際に生じる必要があります。あるいは，何らかの方法で，問題を「顕在化させる」必要があるのです。このような顕在化は，アリスの事例では自然にできそうです。それというのも，アリスによれば，自分の「外（第2の舞台）での」問題はものごとを心配してしまうことにあるとしているからです。しかも，セラピストと会っている間（第1の舞台で）も同様に心配をしているからです。つまり，これは，問題となっている行動が生じていて，その行動に対する影響をさらに与えることができる機会に，セラピストが立ち会うことができるということを意

味しています．しかし，クライエントの問題が，いつもこのように自然に生じるわけではありません．そのような場合には，セラピストのほうが自覚的な方略をとる必要があります．たとえば，セラピストがアリスに，自分の問題をどのように捉えているかと質問したときに，アリスが不安を抑えようとして戦っているだけだとしたら，セラピストとの会話の中で彼女の問題が出てくることはないでしょう．しかし，問題を顕在化させるようなやり方で，セラピストが自覚的に接することは可能です．つまり，この場合，会話の中で，彼女に（問題が顕在化するような）何らかの意見を求める，という方法を自覚的に使用していくこともできるのです．

セルフ・ヘルプのための援助が最重要である：セラピーでは，できる限り多くの「セルフ・ヘルプのための援助（help to self-help）」を提供する必要があります．クライエントの問題を，セラピストとのやりとりの中で生じさせることができたとしても，セラピストの前で問題を解決できるようになるだけでは不十分です．セラピーをクライエントにとって有用なものにするためには，「他（第2）の舞台」すなわち，セラピー場面以外のクライエントの生活において，新しい行動が遂行・再現されなければなりません．つまり，クライエントがセラピーにおいて学ぶことは，般化される必要があるということなのです．それゆえに，心理療法はつねに，セラピストとクライエントとの協働作業となるわけです．心理療法の目的は，クライエントが「現実の」生活に持ち帰られるものを学び，セラピー以外の場面でそれを使えるようになることなのです．

クライエントをトリートメント・モデルになじませる

セラピーにおける会話・対話の第1ステップは，協力・協働関係を確立することです．心理療法は，クライエントが自分の生活において，何かを変えることができるようになるためのモデルを含んでいます．そのため，クライエントに，このモデルを紹介しておかなくてはなりません．つまり，セラピーで行われる具体的な詳細について話すだけでなく，全般的な枠組みについても，クライエントに伝えておくということです．全体的な枠組みとは，たとえば「一定

期間中，週に１回，セッションのために面談をします」といった内容も含まれます。

このトリートメント・モデルをクライエントに伝える方法は２通りあります。１つ目の方法は「シンプルに説明する」というやり方です。「２つの舞台」について説明してもいいでしょう。そして，治療セッションの目的は，（第１の舞台で）学習場面を作り，そこで治療セッション以外の「現実の」生活（第２の舞台）で使えるものを学習することだと説明します。セラピーのこのような「見方・捉え方」に基づいて，（先述したように）セルフ・ヘルプを促すために，セッションの間にホームワーク（宿題）が出されることもある，ということを説明します。また，クライエントの問題が実際に生じている，日々の場面に焦点を当てるということを強調するといいでしょう。さらに，クライエントの困難を表面化させている問題が，もしセラピストとクライエントの間で生じたら，それは，クライエントの困難について正確に話し合うための絶好の機会として役立ちます。このこともまた，セラピーの最初に話しておいてもよいでしょう。

トリートメント・モデルを伝える２つ目のやり方は「その方法を具体的な例によって示す」という方法です。セラピストは，クライエントが自分の困難について話した内容を捉え，それを例として取り上げます。そして，その例において，セラピーがどのように進められていくのかを示します。このような伝え方は，ＡＢＣ分析のやり方を知ってもらうのにとくに有効です。ＡＢＣ分析はトリートメント作業の中核であり，あなたが行う他のすべての仕事のよりどころです。心理療法は，正確には，協働で行われるプロジェクトであり，学習の機会です。そのため，ＡＢＣ分析はセラピストだけによって行われるものではありません。むしろ，クライエントが自分自身でＡＢＣ分析を行えるように，セラピーで教えていくものなのです。たとえば，アリスがＡＢＣ分析のやり方を学んだとしましょう。そして，自分が困難や苦痛を感じたときに何を行っているのか（Ｂ），どのような状況で（Ａ）そうしているのか，そして，その結果（Ｃ）が何であるのかに気づくことができるようになったら，どうなるでしょうか？　おそらく，彼女が変わっていける可能性は高くなります。

　　アリス（以下Ａ）：そう，私は，心臓かどこかが悪いのではないかと，しょっちゅう心配してしまうんです。

セラピスト（以下T）：それは，最近も起こりましたか？
A：ええ，ほとんど毎晩です。
T：一番最近，そういうふうに感じたときのことを話してもらえますか？
A：ええ，ちょうど昨日の晩のことです。テレビを観ていたときに。
T：最初に，何が心配になったのですか？［Aを探す］
A：心臓がとてもバクバクして……それに鼓動が少し不規則に感じたんです。
T：どのように心配になったのですか？
A：どういう意味ですか？　だから，私は心配になったのです！
T：確かに，そうですね。あなたは心配になりました。でも，心配の仕方は人それぞれです。ですから，あなたが昨日どのように心配になったのかを知りたいのです。［Bを探す］
A：ええと……何が悪いのかを突きとめようとしたんじゃないかしら。あるいは，病院で何かを見落とされたのではないかって。それから，私は考えすぎているだけなんだって，自分に言い聞かせようとしました。
T：それはうまくいきましたか？　何が悪いのか突きとめられたと思いますか？［Cを探す］
A：いいえ，うまくはいきませんでした。原因を探し続けても，本当に絶望的な気分になるだけでした。それで，ボブを呼びました。でも彼は疲れすぎていて，私の話を全部聞ける状態ではありませんでした。それでも彼は，できるだけ私を安心させようとしてくれました。

クライエントにトリートメント・モデルになじんでもらうための一部として，セラピーの始めにこのようなやりとりをします。しかし，その場合，こまかすぎる説明は避けたほうがいいでしょう。ここでは，ABCのそれぞれに適切な答えを見つけることと，このようなプロセスが，実際に，治療方法の例であることを示すことが重要なのです。

T：このようなやり方で，あなたが苦痛に感じていることに迫り，何が起こっているのかを調べられると考えています。いったん，それ（クライエントのABC）をよく理解できるようになれば，あなたが今までとは違ったやり方を見つけ出せる可能性がより高くなると思っています。

以上のようなやり方で，私たちは重要な方法（つまり，ＡＢＣ分析）の使い方をクライエントに伝えていきます。しかし，それと同時に，特定の出来事とエピソードにはっきりと焦点を当てていきます。つまり，そうすることはそのまま，**セルフ・モニタリング**（self-monitoring；Korotitsch & Nelson-Gray, 1999）と呼ばれている積極的なトリートメント手続きをすでに始めていることになるのです。そのセルフ・モニタリングの中でクライエントは，自分の行動（Ｂ），行動のきっかけとなるもの（Ａ），そして行動の結果（Ｃ）を持続的に観察することになるのです。

たずねる（質問をする）

　セラピーの初期（クライエントにトリートメント・モデルになじんでもらう段階）に「質問をすること」は，セラピストにとって絶対に欠くことができない手段の１つです。
　その理由はきわめてシンプルです。つまり，セラピストはクライエントに関する多くのことを知らないわけですし，知る必要があるからです。セラピストは，クライエントの生活のほんの一部分（第１の舞台，つまり，セラピストとクライエントがセッションで共有している場面）にしか直接アクセスできません。それ以外のすべての場面については，クライエントが話す内容から知るしかありません。このような事情からも，セラピストはクライエントの話に真摯に耳を傾ける必要があります。多くの場合，セッション場面以外で起こったことを直接観察するのはクライエントです。決してセラピストではありません。このことは，クライエントの普段の生活である「セッション外（第２の舞台）」で起こることについてだけ言えることではありません。「セッション内（第１の舞台）」で起こることであっても，思考，身体感覚，記憶，感情などは，クライエントだけが観察できることなのです。このような内的な出来事は，多くの場合，クライエントが心理療法を求めるにいたった重要な問題であり（先述したように），だからこそ，それを調べる必要があるのです。
　ＡＢＣ分析をしようとするとき，私たちはさまざまなところへ質問を向けます。つねに中核となる質問は，「その行動（Ｂ）の機能は何ですか？」というものです。しかし，始めは，次のような質問をすることで，全体的な情報を集めます。「それは，いつのことですか？」「その出来事に影響していたかもしれないと思われるようなことが，その前に，何か他にありませんでしたか？」

「誰がいましたか？」「そのとき，その人は何と言いましたか？」「そのことで，あなたはどのような気持ちになりましたか？」「そのとき，どのような考えが浮かびましたか？」「何をしましたか？」「何か身体的な反応に気づきましたか？」「それから，どうなりましたか？」「それは，あなたが望んだように変わりましたか？」　つまり，クライエントと協働して，ＡＢＣの流れ（先行刺激，行動，結果）で出来事の輪郭を描くようにしていくのです。クライエントにとって一般化できるほど妥当な「機能」を突きとめるために，似たような状況の例をより多く探します。「この１週間で，不安が募っていくように感じた例を，いくつかもう少し教えていただけますか？」　このような質問をし，その答え（新しい例）についても，同じように調べていきます。つまり，先述したようなやり方でA，B，Cを探していくのです。

　以上のような質問は「開かれた質問（open-ended questions）」です［訳注1］。しかも，クライエントしか答えることができない出来事についての質問です。しかし，セラピストは，そのような質問を無計画にしていくわけではありません。心配のプロセスが一般的にどのように展開していくのかを理解したうえで，このような質問をしているのです。では，ここで，セラピストをガイドしてくれるモデルを紹介しましょう。それは「不安が複雑に絡み合っているようなときは，多くの場合，内的な出来事をコントロールしようとすること（しかも，その試みは機能していない）によって，それが生じている」というモデルです。このモデルを知っていると，セラピストはAの重要な構成要素である，その場で生じている思考，感情，身体感覚といったものを探していくようになります。このような先行刺激は，クライエントのアクションのきっかけ（trigger）となります。また，BとCについても，内的な出来事を避ける機能を確かにもっているかどうかを明らかにする必要があるため，同じように質問の対象となります。たとえば，アリスに質問をするとき，セラピストは次のようにたずねることになるでしょう。「脈を確かめて，どうするのですか？」　ま

［訳注１］開かれた質問に対して，「はい」「いいえ」や一言で回答できるものなど，事実関係の確認などで用いられる質問のことを閉じた質問（closed questions）といいます。開かれた質問は，クライエントに自由に内容を語ってもらえる形をとってはいますが，ある程度の説明を求めていることから，クライエントに一定以上の負担を強いることもあります。一方，閉じた質問は，セラピストが知りたい情報を直接的に確認することができますが，あまりに多用するとクライエントを依存的にさせてしまう（自発的に話しにくくさせてしまう）危険性があります。（NY）

た，少し違ったたずね方で同じことをたずねることもできます。「何のために，脈を確かめているのですか？」「もし脈のチェックがとてもうまくできたら，その情報をどのように使っていくつもりですか？」「脈は，あなたが望んでいるようにコントロールできるものですか？」

　内的な出来事を綿密に調べていこうとする場合，外的な出来事を扱うときよりも，誤解をしてしまうリスクが大きいといえます。そのため，セラピストは，クライエントがどのように内的な出来事を説明するのか，そのとき，クライエントがどんな表情や話し方をしているのか，ということに細心の注意を払う必要があります。外的な行動は，クライエント以外の観察者によっても確かめることができます。しかし，内的な出来事は，クライエント本人にしか確かめることができません。そこで，以下のように，クライエントの話を要約し，本人に確認することが重要です。「私があなたの話を正しく理解できているかどうか，確認させてください。ラリー（ジェニーのボーイフレンド）がそう言うのを聞いて，あなたはとってもむなしい気持ちになりました。そして心の中で『彼は私と別れようとしている』と思いました。そこで，あなたは部屋を出た。これで，いいですか？」

　特定の状況で，そのとき，どんな考えが浮かんできたのかを聞き出すことは，必ずしも簡単ではありません。著者の経験上，「それについて，あなたはどう考えましたか？」といった質問はほとんど役に立ちません。たいがい「まったく何も考えていませんでした」といった答えが返ってくるからです。実際は，まったく何も考えていないなんてことはほとんどないでしょう。しかし，このような質問では，間違った方向へ（答えが）導かれやすいのです。たいていの人は「考え」と言われたら「熟慮・熟考されたこと」を思い浮かべます。「ちょうどそのとき，何が頭をよぎりましたか？」といったたずね方のほうが，正しい方向へ（答えを）導きやすいのです。その場で生じる考えが自然にわき起こってくる感じを強調するように，質問の仕方を変えることが大切なのです。たとえば，次のようなメタファーを用いてもいいでしょう。「あなたの頭がテレタイプ（電信印刷機）とつながっていて，そのとき，あなたの頭をよぎったことが全部打ち出されてくるとします。もしそうだったら，何が打ち出されていたでしょうか？」　しかし，メタファーを用いるときには，そのセッションのクライエントにふさわしいメタファーであるかを確認する必要があります。たとえば，テレタイプはすべての人になじみのあるものではありません

（メタファーの使用については，この章の最後で説明することにします）。

このような質問をする目的は，変容を生じさせる基盤として機能するような分析をしていくことです。セラピストは，このことを必ず心にとどめておかなくてはなりません。そのため，変容を生じさせるプロセスに欠かせないものを取りこぼさないような，詳細な分析が必要となります。しかし，これは「すべて知り尽くすこと」を言っているのではありません。もちろん，出来事の流れをすべて包括的に理解することは，この文脈において不可能ですし，変化をもたらすために必要なことでもないからです。

セラピストがクライエントに質問するということは，他にも重要な意味をもちます。たとえば，それは，クライエントがこれまで気づかなかったような，特定の刺激領域についての観察をクライエントに促す，という役割です。このような観察によって，クライエントによる行動が導く結果（C）や，クライエントが特定のやり方で行動する状況（A）が明確にされます。そのような質問によって，クライエントが有効な刺激領域に足を踏み入れることになったら，どんなことが生じるでしょうか？　その刺激領域とは，クライエントがこれまでに知らなかった，あるいは気づいていなかったところです（たとえば，特定の状況でどんな感情が生じているのかなど）。そこで生じることは2つあります。まず，このような新奇な刺激領域で，クライエントに変化が生じる可能性がある，ということです。次に，クライエントは，より応用のきく能力を獲得するかもしれない，ということです。たとえば，さまざまな意味で，自分がどんな感情をもっているのかを自分自身に問いかける，といった能力を獲得するようになるでしょう。

認める（是認する：Validation）

治療的な会話・対話の中で，セラピストは，クライエントがどのような体験をしていて，それをどのように見ているのか，といったことに，強い関心を寄せながら質問をしていきます。そして，そうすることが，多くの場合，さらに別の結果をもたらすことになります。その結果とは，①このように質問をすることで，クライエントは，セラピストから受け入れられた，認められたと感じる，②それによって，作業同盟（working alliance）が築かれる，というものです。これは，読者の皆さんの経験に照らしてみればわかってもらえるでしょう。誰かが，心からの関心を示し，あなたの考えや内的な体験についてたずね

たら，どのように感じるでしょうか？　さらに，その人があなたの言ったことを要約し，「あなたが言いたいのは，つまり，こういうことですか？」とたずねてくれたら，どうでしょうか？　ほとんどの人にとって，この体験は，心地よく，価値のあるものでしょう。そのため，セラピストは，セラピー場面で，次のような明確な目的のために「認めること」をしていきます。その目的とは「ある幅広い一連の行動クラスを強化すること」です。たとえば，クライエントがセラピーに来て，自らの問題に取り組み，自分の生活について話し，内的な出来事についても語る，といった行動クラスです。つまり，治療的な会話は，このようなタイプの行動に対して「理解してもらえたと感じ，自分の生活の事情にかかわってくれる人がいると感じる」という結果（C）が随伴する場面になるのです。

　一般的に，心理療法を求めている人は2つの問題を抱えている，ということができます。1つ目は，セラピーを求めるにいたった直接的な問題です。たとえば，アリスの事例で言えば，絶え間なく続く心配が，レナードの事例で言えば，抑うつがそれに当たります。2つ目は，これらの問題とのつきあい方に関する問題です。たとえば，「こんな状態になっていて，それを変えられそうもないのです。こういうとき，いったい私の何がいけないのでしょうか？」というものが，それに当たります。2つ目の問題は，長期にわたって自分の問題と悪戦苦闘してきた人たちに，とくに顕著にみられます。では，2つ目の問題を，私たちはどのように捉えていけばよいでしょうか？　行動的な観点では，次のことが前提とされています。それは，人間のすべての行動は，その人がしてきた学習のヒストリー（個人史）と，その人が置かれている現在の環境や状況を検討していけば必ず理解できる，という前提です。クライエントが経験してきたことも，学習の諸原理に見合ったものであることに変わりはありません。すなわち，他の人たちが経験してきたことと同じ原理で理解できるということです。つまり，このことが示唆しているのは，クライエントにどこか「間違った（wrong）」ところがあるわけでない，ということなのです。それどころか，クライエントが体験してきたことは，そのクライエントの過去の経験を踏まえて考えれば「正しいもの（valid）として認めることのできる」ものといえるのです。このことをクライエントに伝える，これこそが基本的なセラピーのミッション（使命）なのです。このことが「あら探しをする（どこが悪いのかを探す）」という無駄な努力によって生じた苦悩を和らげるのです。そし

て，クライエント自身が，今までの自分の体験に信頼を置くようになるのです。また，クライエントが自分の実体験に信頼を置けるようになるということは，行動変容をしていくための重要な基礎となります。もちろん，セラピストが促そうとするのは，そのような信頼をクライエントがもつことです。それでは，ここで，その例を挙げてみましょう。その例とは，レナードが昨日の夜に起こったことを話している場面です。

　レナード（以下L）：私は，職場の同僚たちと出かける予定でした。ポストに郵便物が入っていたので，それに目を通していました。そのとき，その中にクレタ島の旅行案内を見つけたのです。そのチラシを見て，ティナや子どもたちと一緒にクレタ島に行ったときのことを思い出してしまいました。もちろん「もう過去のこと」なのはわかっています。そう思ったら，なんだか，出かけても仕方ないような気になってしまいました。「他の連中には家族がある，私には何がある？」，そう思えてきたんです。それで結局，その日は出かけませんでした。ただ座って，一晩中テレビを観ていたんです。まったく，どうかしてますよね。でも，どうして，何もかもが重たい荷物のように感じてしまうのでしょう？　まるで，外へ行くのを怖がっているみたいに見えるでしょうね。

　セラピスト（以下T）：あなたは，家にいて，ポストに入っていたものを見て，つらい考えや気持ちになってしまった。「もう，家族とは一緒ではないんだ」ということを思い出した。そして，職場の同僚たちには家族がいるから，きっと家族の話をするだろう。その晩，一緒に出かけたら，もっと思い出さずにはいられないんだろう――そう思ったんですね。では「なぜ，それがつらく感じるのか？」それは……思い出すのをやめるわけにも，抑え込むわけにもいかないからです。あなたは，クレタ島のチラシを見た。健康な脳をもっていれば，当然，それを見たときに，クレタ島でのあなたの過去を思い出すことになります。そして，それを思い出したために，家族のこと，そして1人暮らしの寂しさ，悲しさ，侘びしさ，情けなさといった感情すべてを思い出さずにはいられなかった。そういうふうに私には思えるのですが……

　L：なるほど……そう言われたら，そうかもしれないなって思えてきました。でも，今まで，そんなふうに考えたこともありませんでした。そう

は言っても，こんなことはいつまでも続けているわけにはいきません。アパートで1人寂しく，ただテレビを観ている……そんなものは生活なんかじゃありませんよね。
T：そうですね……つらい出来事を思い出したときに，そう感じてしまうのは，当然と言えば当然です。でも，こういう状況で，今あなたがしていることは，あまりうまくいってないっていうことですね。（私には）そのように思えますが，（あなたは）どう思いますか？

行動変容の手段としての質問

セラピー・セッションの初期には，主に情報を引き出すために質問をします。それは，クライエントの行動（B），その行動に先行する状況（A），後続する結果（C）における重要な変数を，（クライエントと協働して）記述していくためです。しかし，別のねらいで質問することも可能です。それは，クライエントの行動に影響を及ぼすため，すなわち「変化のきっかけを作る」という，より直接的な目的で質問をするということです。

アリスの事例に戻って，彼女の心配についてもう一度考えてみましょう。始めのABC分析で，次のような典型的な一連の流れが記述されたとしましょう。「何か」が起きると，アリスに特定の不快な考えや気持ち，イメージなどがわきあがります。この「何か」とは，さまざまです。それは，テレビ番組の内容（「心臓発作が女性によく起こるようになってきている」「海岸沿いの道路の状態がきわめて危険である」など）や，フィアンセのことば（「明日は北のほうへ車で行ってくるよ」），彼女が胸のあたりに感じていること（心臓がいつもより早く打っている），以前に気分が悪くなったことのある場所に来たとき，などです。以上のこと（そして，他にも起こりうる多くの状況）に共通しているのは，それに関連した情動的な構成要素を喚起するだけでなく，「大惨事・破局（catastrophe）」あるいは「危険（danger）」といったテーマに関連した，思考かつ／または内的なイメージを喚起するというものです。ABC分析からみれば，これらはすべてAに分類される例です。このAに対するアリスの典型的な反応（B）は，さまざまなやり方で，これらの思考や感情を変えようとしたり，コントロールしようとしたりすることです。彼女は「考えないように」してみたり，「それほど深刻なことではないと，自分に言い聞かせる」ために，さらにそのことについて考えたりします。このようなアクションは，カタチ

（形態）こそ異なってはいますが，機能的にはとても似通っています。つまり，その目的は「落ち着かせる」ということです。アリスの話によれば，そうすることで，自分の望む結果（C）を得られる（落ち着く）ことも，時にはあるそうです。しかし，多くの場合，正反対の結果に行き着いている（つまり，さらに不安になってしまう）とのことでした。そのうえ，以前と比べると，不安がますます大きくなっているという自覚も彼女にはありました。それにもかかわらず，「いつか，少しでも不安がおさまって心穏やかになれたら，それだけでいいのに」と彼女は言います。このコメントから，いかに彼女が自分の行動を当たり前（natural）のこととして捉えているかがわかります。それでは，ここで，セッション内で生じているセラピストとアリスの会話に戻ってみましょう。

セラピスト（以下T）：女性の心臓発作が増えていると聞いて，どんな気持ちがしましたか？

アリス（以下A）：いろいろなことが，頭の中をぐるぐるとかけまわってるって感じです。それを自分ではやめられなくて，頭の中をぐるぐる……

T：ぐるぐるとかけまわるのは，何ですか？

A：ええと……自分が救急治療室に運ばれているところが思い浮かぶんですよ。たくさんのチューブとか，いろんなものが私につけられていて……（身震い）。

T：海岸沿いの道路の状態については，どうですか？

A：同じような感じです。違うのは，救急治療室から呼び出しを受けて，私はそこに行かなければいけない。そして救急治療室の中にボブがいる，ということだけです。そして，チューブがまた……

T：そういう考えが浮かんだときには，どのようにしていますか？

A：もちろん，そういう考えを振り払おうとして「そんなことは起こるはずなんかない」と自分に言い聞かせようとします。「そんな大惨事にはならない，自分の神経が弱っているだけなんだ」って自分を納得させようとするんです……でも，それは，うまくいかないんです。

T：「うまくはいかない」ということですか？

A：時々うまくいくこともあります。でも，この考えにゴムがついているような感じです。振り払っても，またすぐに戻ってきてしまいます。ボブ

は安全運転だから大丈夫と自分を納得させようとすると，どういうわけか，今度は飲酒運転の車が彼の車にぶつかってくる，といった考えが浮かんでくるんです。新聞に載っていた先週の事故みたいに。ああ，怖い！
T：では，少しもよくならなかった，ということですか？
A：ええ。悪くなっているみたい！
T：……ということは，こうすることの意味って，いったい何でしょうね？ このような考えを頭から振り払おうとすることの意味って？
A：それは……何とかして，気を鎮めないといけないからです。私はただ，心穏やかになりたいだけなんです。そのためには，そうするしかないみたいだし。だから，落ち着かないと……

　このような状態を変えていくために，セラピストは質問を用いて，どのように援助できるでしょうか？　行動的な「見方・捉え方」から言えば，アリスがこれまでしてきたこととは違う何かをすることで，変化を生じさせなくてはなりません。彼女はそれによって，今までとは違う結果（C）を経験するようになるでしょう。また，「ことば（関係フレームづけ）のダーク・サイド」で述べたことに基づいて考えると（第7章参照），多くの場合，次のようなことが考えられます。アリスは，そのような問題に対して，有効に機能する行動（B）と，その行動が導く結果（C）をすでに体験している，ということです。しかし，ことばがもともともっているメカニズムのせいで，その結果がアリスの行動に影響を与えられなくなっているのです。そこで，セラピストは質問をすることによって，ことばの「遮断（blocking）」効果を無効にしていこうとします。そして，自分のアクションによって導かれる結果にアリスが接触できるようにしていくのです。もちろん，このようにセラピストが試みている場合でも，アリスが望んでいない結果はそのまま存在しています。つまり，アリスが「落ち着かせる」ことに自分のアクションを集中させると，よりいっそう心配になってしまう，という結果は存在しているのです。しかし，そのような望ましくない結果は，心配という行動が生起する可能性を減らしません。それというのも，「落ち着かせる」という行動の短期的な結果が，実際に（少なくとも，少しの間は）一時的な落ち着きをもたらしている，ということと関係があります。そのため，このような体験が強化子として機能しているのです。同様

に，これは，「落ち着かせる」という行動と「私にとって，それが問題を解決するための唯一の方法だ」という言語的な構築物（ルール）とが「等位（coordination；「X＝Y」のような「イコール」の関係のこと）」の関係にある，ということとも関連しているでしょう。このような関係自体も，心配するというアクションを強化しているのです。

　以上のような，負の強化と正の強化という2つの要因がそれぞれ，クライエントの状況を難しくしているのです。つまり，クライエントのアクションと，痛みを伴う結果とを適切に関係づけることが難しくなっているのです。そこでセラピストは，質問を用いて，落ち着かせようとすることが長期的にはかえって不安を増長してしまう，ということを指摘します。そのような指摘によって，そのアクション（「落ち着かせる」）の刺激機能を，「問題解決のための唯一の方法」から「ものごとをさらに悪くする方法」へと変化させることができます。もし，その刺激機能を変化させることができたら，次のような可能性が高まることになります。つまり，アリスは今までとは違ったアクションをし，それによって，今までとは違う結果を体験するようになるのです。その場合，アリス自身の「体験」が，必ず彼女の「味方（a friend）」になってくれます（「言語」が「敵（an enemy）」だとすると）。アリスが今までしてきた行動は，彼女の望む状態（落ち着くこと）に導いてはくれませんでした。そして，アリスは，このことを実際に体験しています。つまり，セラピストが質問によって援助するのは，この体験に彼女が触れられる（言語的に「遮断」されているのを解除していく）ようにすることなのです。それは，次のようなやりとりにみられます。

　T：なるほど，あなたは気持ちを落ち着かせようとしているのですね？
　　　そして，落ち着かせるためには，そのやり方しかない。そうですね？
　　　それでは，そのやり方は，うまく機能していると思いますか？
　A：いいえ。うまくいっていません。不安がそんなに強くないときでも……
　T：それなら，その体験を自分の「味方」だと考えてみる，というのはどうでしょう？　つまり，実際の体験のほうを信じてみる，ということです。その体験は，あなたに何と言っていますか？　この「落ち着かせる」というやり方の行き着く先は「行き止まり」だ，ということではないですか？

このような質問の主な目的は，アリスの行動レパートリーの柔軟性を高めることです。危険についての考えや気持ちが生じたとき，アリスの行動レパートリーは，たった1つの行動，すなわち「落ち着かせるためのアクション」に限られています。もちろん，そのやり方はさまざまです。しかし，その目的は1つしかありません。つまり，「落ち着かせる」という目的です。そして，この行動の結果は「うまくいかない」ということが以前から彼女にもわかっています。しかも，彼女がこのような状況において，同じ方法でアクションしている限り，この結果が変わることはないでしょう。もし，セラピストの質問によって，アリスのアクションの柔軟性を高めることができたら，その結果として，次のようなチャンスが増えることになります。それは，彼女が新しい行動を生起させることで，さまざまな結果に実際に出会うチャンスがより多くなるということです。このような変化は，治療セッション中でセラピストが次のように質問することで生じる可能性があります。それは「多くの場合，不安をコントロールしようとすると，不安は減るどころか，むしろ増えてしまっている，ということはありませんか？」という質問です。なぜ，質問をするだけで，そのような変化が生じるのでしょうか？　それは，あるものごとについて言語化すると，その言語化された内容に関連している，刺激機能のある部分に触れることになるからです。このような理由から，先述したアリスへの質問によって，彼女は「不安」と「コントロールしようとすること」の刺激機能に触れることになるのです。そのセラピストの質問の内容が，アリスにとって，見たことも聞いたこともないものだったとしましょう。つまり，その質問によって，「コントロールしようとすること」は，不安を和らげるどころか，むしろ不安を強めることになるかもしれないということが，初めて彼女に示されたことになります（この可能性は，今までは，それが彼女のアクションの一部になっていて，相対化されることはなかったものです）。もし，その質問が彼女にとって新奇なものだったとしたら，アリスの行動に何らかの変化が生じるかもしれません。そのとき，アリスは「はっ」とした顔をして（つまり，驚いて目を丸くしながら），セラピストに向かって「それは，自分を落ち着かせようとする以外のやり方がある，っていうことですか？」と言うかもしれません。このようにアリスが聞き返した瞬間，セッションの中で，アリスの行動レパートリーはすでに広がったことになるのです。それというのも，今や彼女は，不安と，その不安に結びついた行動（つまり，彼女が「当たり前のことをしてるだけ」と

呼んでいた行動）を相対化してみることができるようになっているからです。さらに，それに代わる行動を新たに探求していくことに興味を示すようになっているからです。

　以上のことは，2つの異なる結果をもたらすことになります。まず，アリスが探求しようとする態度をもったことで，自分の恐れていることと，それに対処するために自分がとっている行動との間に，これまで知らなかった新しい関係があることを発見するのです。それが1つ目の結果です。ことばに長けた人間にとって，「理路整然とした」あるいは「すべてつじつまが合っている」という体験は，それ自体が好ましいものです。そのため，その体験によって，新しいものの考え方が形成されていくことになります。たとえば，今まで，アリスは自分の心臓や危険な道路状況に心配を感じていました。しかし，このような体験（セラピストの質問によって喚起されたもの）をしたことで，「自分が思っているほど危険ではない」という考え方をしている自分に気づけるようになるかもしれません。また，アリスは，その不安や心配を抑制しよう，コントロールしようとしていました。しかし，同様に，このような体験をしたことで，そのように抑制しようとすることが無駄なことであると考え始めるでしょう。もちろん，このような体験だけで，アリスが，次に不安や心配を感じたとき，自分のアクションを変えることができるかどうかは，まだわかりません。しかし，この新しい考え方が，十分に行動を支配する機能をもっているならば，彼女のアクションに変化が生じるでしょう。ただし，実際にそうなるかどうかは定かではありません。それというのも，彼女が，言語的なコントロール下にない要因から，より強い影響力を受けているかもしれないからです。そして，このような可能性が考えられるため，私たちは，セラピー・セッションで起こるとされる，2つ目の結果を検討していくことになります。

　その2つ目の結果は，おそらく1つ目の結果から派生していると考えることができます。先述したように，アリスが新しく探求しようとする態度をもったことで，彼女は次のことが実行可能になります。まず，セラピー・セッションの中で，不安や心配の非言語的な部分に自覚的に接することができるようになります。次に，今までとは違った，不安や心配とのつきあい方ができるようになるかもしれません。とはいえ，セラピストの質問によって生じた，この言語的な制御の新しい要素（新しいものの考え方）をもつようになっただけでは，その数日後に，アリスが新しい行動を獲得できないかもしれません。しかし，

そのセッション内で，すぐに，その考え方を新しい行動に使ってみようとすることは可能です。たとえば，不安や心配な考えをわざと思い出してもらい，そのとき，自分の身体はどのようにリアクションしているか，他に何が生じ，何をしたいという衝動にかられるのか，ということに注目するようアリスに言うことは可能です。さらに，セラピストは，アリスが「気持ちを落ち着かせるための手段」をとらないように援助することもできます。もし，このアプローチが成功したら（つまり，アリスが不安になっても，いつもとは違う結果になるよう，どうにか行動レパートリーを広げることができるようになったら），アリスの新たな行動が，トリートメント・セッション以外の文脈でも般化する可能性は高くなるでしょう。

　もちろん，この例は限定的なものです。それというのも，重要なのは，アリスが，今度「現実の」生活で不安や心配を体験したときにどのように反応するのか，ということだからです。治療セッション中で体験したことだけで，彼女は自分の行動レパートリーを変えることができるのでしょうか？　行動レパートリーが，よりオープンで柔軟なものになり，不安や心配と直面したときによりよく機能できるようになるでしょうか？　しかし，残念ながら，何かを言語化できるということが，そのまま，その言語化した内容を実際に行うことを意味するわけではありません。これこそが，会話によって変容を促すセラピーの弱点なのです。問題の最も重要なポイントは，先にも述べたように，新たに身につけた行動レパートリーが，治療セッション以外のクライエントの生活場面にどれだけ般化されるのか，ということなのです。しかし，ここまでアリスの事例で扱ってきたのは，治療セッションそれ自体の中で，どのようにクライエントの行動が影響を受けるのか，ということだけでした。しかし，この般化の問題を検討するためには，それだけでは不十分です。そのため，新たな視点をもつための，次なるステージが必要となるのです。

トリートメントの方向性を選択する

　よく知られていることではありますが，心理療法的な作業はクライエントとセラピストがお互いに意見を出し合い，合意を得た目標に向かって行われた場合，よりよい成果をもたらします（Tryon & Winograd, 2002）。「セラピーに

よって，クライエントは何を達成したいのか？」ということを，トリートメント初期に話し合っておくことは，セラピストにとっても有用です。それというのも，クライエントがこの目標を達成できたかどうかで，セラピストが自らの援助方法を評価する，よりよい機会が得られるからです。

以下に，セラピーの目標を決めるときに考慮すべき点を挙げましょう。

- ■ クライエントに目標を決めてもらう。心理療法は「セルフ・ヘルプのための援助」であるので，クライエントが「何を目標とするか」を決めることがもちろん不可欠である。クライエントは，何を達成するのが重要だと思っているのか？
- ■ セラピストとして，クライエントが希望した目標を，以下の2点から判断する。①セラピストもアプローチしたい目標であるか，②セラピストは，クライエントがその目標を達成するのを援助できると思うか。
- ■ クライエントが目標を「（望ましい）行動」として記述できるように援助する。たとえば，「私は〜したい／〜になりたい／〜のアクションをしたい」など。
- ■ もし，クライエントが「症状をなくすこと」を目標として述べたとしたら，目標をフォーミュレートし直し，「できるようになりたい行動」を具体的に挙げるよう，クライエントを援助する。たとえば，クライエントが「不安を取り除くこと」を望んだとしたら，「もし，それがなくなったら，何をしますか」とたずねる。——つまり，不安が取り除かれることで，何ができるようになるのかを，クライエントに確認します。目標を明確にするためには，さらなる話し合いが必要です。不安に苛まれているときは，それから逃げ出したくなって当然です。しかし，症状（普通，ネガティブな感情と同義）をなくすことを目標にすえてしまうと，直接的な方法では達成しにくい目標を立ててしまうことになるのです。人は感情を直接コントロールする術をもちあわせていません。そのため，症状をなくすことを目標としてしまうと，クライエントがすでに囚われているような悪循環に，セラピストも簡単に陥ってしまうのです。一方では，完全にクライエント自身が決めた目標であること，そしてもう一方では，その目標がトリートメント・プロセスの影響が及ぶ範囲内にあること，この2点を両立しているような目標を立てることが，トリートメントを成功させるために重

要なのです。
■ その目標を達成するまでの，具体的なステップに関する概要を述べる。

　目標に向かって取り組むときの問題として，しばしばクライエントが「その目標は遠すぎる」と思ってしまうことが挙げられます。これはとくに，慢性的な問題を抱えているクライエントによく当てはまります。クライエントが緊急かつ重要に感じていることを目標にすえてしまうと，その目標を実際に口に出すことだけで，強い苦痛を感じてしまうことがあります。それによって，クライエント自身の状態が，望んでいる目標から，いかに遠いかということが改めて自覚させられることになるからです。また，遠い目標を立ててしまうと，不足していることや，欠如しているものが改めて強調されることになるからです。そのため，クライエントに再度「私がいけないのですね」と言わせることになってしまいます。このようにしないために，建設的な行動をとることができる，ということをクライエントに強調する必要があります。その1つのやり方として，すぐに達成可能な目標を立てる，というものがあります。つまり，クライエントが，その目標に向かって，すぐに取りかかることができて，すぐに達成することができて，何らかの手応えを得られるような目標を立てる，ということです。さらに，この目標は，クライエント自身の価値と一致したものでなければなりません。クライエントの人生において大切なものとは，いったい何でしょうか？　クライエントに，次のような質問を投げかけてみてください。「もし，あなたの思い通りにできるとしたら，あなたの生活はどんなふうになっているでしょうか？」「もし，あなたが決めることができるとしたら，職場の同僚（あるいは，子ども，配偶者など）に，自分のことをどのように覚えていてほしいですか？」　クライエントの価値に合致するアクションを特定することは，すぐに達成可能な目標を立てるための1つの方法です。たとえば，援助を求めている多くの人にとって，「円満な結婚生活」とは，たとえ現時点で離婚していなくても，遠い目標です。その代わりに，パートナーにとって協力的な配偶者でありたいと思い，それを目標としたならば，この目標に合うアクションはたいてい実行可能なものとなります。また，その他の例として，仕事上で仲間の1人として貢献したいとか，自分の創造性を高めたい，といったことも挙げられます。このように，価値に合致するアクションを特定することで，クライエントは自らの生活を価値ある方向へと導いていけるように

なるのです。それでは，ここで，その例をレナードのセッションの中で見てみましょう。

セラピスト（以下T）：ものごとがうまくいかないとき，あなたの頭にいつも浮かんでくるのは，ご家族についてのいろいろな考えでしたよね。それで，ちょっと思うんですが……そのいろいろと考える中に，あなたの大切なものがあるんじゃないかって気がするんです。もしよかったら，その中で一番大切だと思うことを話してもらえませんか？

レナード（以下L）：一番大切なもの？　それは，どういう意味ですか？　もちろん，家族に決まっているじゃないですか。

T：確かに，そうですね。では，質問を変えましょう……仮に，あなたと，あなたのご家族の状態が，あなたの思い描いた通りになるとしたら，あなたはどんな状態を想像しますか？

L：それは，一緒に暮らすことです。以前のように。そして，これまでに起こったようなことが，決して起こらないことです。でも，そんなこと不可能なんです。それはわかっています。起こったことは起こったこと。私はただ，これからどうしたらいいのかがわからないのです。

T：もちろん，おっしゃる通り，過去のことをやり直したり，変えたりすることはできませんよね。それでも，一緒に暮らしたい。では，一緒に暮らす中で，どういったことが一番大切だと思いますか？

L：子どもたちと一緒にいること，あの子たちを支えてあげること，あの子たちがやることを見ていること。んん……それに，私を気づかってくれる人がいること。でも，こんなことを話して，何になるのですか？　二度と元には戻れないっていうのに。

T：ええ，そうですね。でも，ちょっと，思うんですが……今までの話をうかがっていると，あなたにとって一番大切なものは，一緒に暮らすことではないんじゃないかって思うんです。もちろん，一緒に暮らすことが大切だというのはわかります。しかし，もっと他のものが，一番なんじゃないかなと思うんです。つまり，それは，家族を支えることのできる父親でいることや，家族がお互いに気づかい合うことです。もし，ご家族と一緒に暮らしていたとしても，お子さんたちから嫌われていて，まったくかかわりをもてなかったら，それではよくないですよね？

L：もちろん，よくありません。ひとつ屋根の下に暮らせばいいっていうことではありません。「中身」がなくちゃ。あなただって，自分の子どもとそういう関係でいたいでしょう？

T：そうですよね。では，その「中身」にある，あなたにとって大切なものとは，何でしょうか？　お子さんたちに対して，どのようにありたいと考えていますか？

L：家族を支えることのできる父親になりたいし，かかわっていたい。それによい関係を築いていたいです。最近，そういうことがあまりなかったものだから。

T：どうして，できなかったのですか？

L：それは，こんなふうに調子が悪かったせいです。テレビの前で，繰り返し同じことを考えているだけ……それが，今の私なんです。まったく，ひどい父親です。

T：なるほど。ここで2つのことがはっきりしてきました。1つ目は，あなたが，ご家族のことを大切だと思っている，ということです。つまり，お子さんたちとかかわりをもち，協力的な父親でいることが，あなたにとって大切なことなんですね。そして，2つ目は，あなたの行く手をふさいでいるものがある，ということです。つまり，今の調子の悪さのことです。すべてのつらい考えや，いろいろなものごとを重荷に感じてしまうような気分のことです。この先，こうなってほしいという願望もありますよね。それと同時に，あなたが話してくれたこと，つまり，あなたの理想の父親像もあります。では，それをセラピーの目標にするというのは，どうでしょうか？

L：こういったことを変えられるなら，すばらしいですね。でも，その目標を達成するのは，ずいぶんと長い道のりのような気がします。子どもたちとは，同じ町にすら住んでいないんですから。

T：そんなことはないですよ。あなたが何をやり遂げて，将来どうなっていくのか，なんて誰にもわかりませんから。でも，私は思うんですが……お子さんたちとかかわりをもち，気づかいのできる父親であること，それはあなたにとって確かに価値がある，大切なものなんだ，ということです。その大切なものに対して，今現在，あなたにできることは何かありませんか？　もちろん，それをした結果，将来どうなるか，というこ

とはわかりません。でも，あなたが大切だと思っていることに誠実でいられるような，今，ここで，何かできることはありませんか？
L：ええと……できることはあると思います。でも，何か難しそうですね。
T：大丈夫です。あなたは，どんなふうでありたいですか？　そして，どんなことができますか？

　クライエントは，苦痛を回避することをやめて，今までとは違ったことをし始めようとしています。そのようなとき，そのクライエントに必要なのは，それに目的をもたせるような「何か」なのです。つまり，クライエントが何に価値を置いているのかを明らかにし，その価値に焦点を当てることが，最もパワフルな動機づけ要因となるのです。私たちは，行動変容を実際に生じさせようとしていく場合，クライエントの価値を明確にし，それに焦点を当てていくことになるのです。

メタファーの使用

　メタファーは，ヒトの言語の中核的なものです。多くのメタファーは，とてもよくできているため，私たちはそれをすぐにメタファーだとは思わず，正しい描写だと思ってしまうことがあります。とくに，内的な状態を表すことばに，そういったものが多くみられます。たとえば，「腹が立つ」「気が重い」「足が棒（のようだ）」「心にぽっかり穴があいた（ようだ）」「血湧き肉躍る」といったものです。
　比喩的な（metaphoric）ことばは，ある体験に基づく領域の機能を，別の（体験に基づく）領域へと移行（transfer）させます。たとえば「お隣のエヴァさんはライオンです」という文を読めば，誰もが，ライオンの機能をエヴァへと移行させます。この移行は，エヴァとライオンに特定の類似性があることに基づいています。それは，メタファーという手段によって，エヴァの中にある類似性が際立ったものになるのです。いったん，そのメタファーを聞いた聞き手は，エヴァに関連した行動をいくつかの点で変化させるでしょう。しかし，ライオンからエヴァに移行される機能は，特定のものに限られます。たとえば，エヴァに尻尾がついていたり，夕食のために狩りをして獲物をつかまえ

たりしていると思う人はいないでしょう。「お隣のエヴァさんはライオンです」という文のメタファーとしての意味は，読み手には通常はっきりとわかります。つまり，読み手も無自覚のうちに「エヴァ」と「ライオン」の区別をしているのです。

このような表現を使う重要な意味は，たくさんの機能が，ある言語刺激から別の言語刺激へと瞬間的に移行されるということです。さらに，その言語刺激と関係づけられた外的な刺激（この例では，実在する人間としてのエヴァ）への移行も，瞬間的に行われます。つまり，メタファーを使っているとき，あるつながりのネットワークを，別のつながりのネットワークに連結させている（XはYのようだ）といえるでしょう。

このようなメタファーを使った話し方は，心理療法場面においても，日常生活で使用される場合と本質的に同じ機能をもっています。メタファーを使うことによって，体験に基づいた1つのネットワークの機能が，別のネットワークに移行されます。その別のネットワークは，機能が移行したことによって，新しい可能性が生じることになります。その新しい可能性とは，内的なもの（「いつもと違った考え方をする」）と外的なもの（「いつもと違った行動をする」）の両方に関するものです。このような可能性が生じることは，セラピーにおいても重要であるといえます。それというのも，クライエントに接触してもらいたいと思っていることを，事実に即したことばでは，ほとんど表現できないことがあるからです。私的な，あるいは内的な行動は，多くの場合，表現しにくいものです。さらに，たとえ事実に即した方法で表現することが可能だったとしても，メタファーを使うことで，よりよく機能する表現にすることが可能になります。たとえば，エヴァの描写で「ライオン」に匹敵するものを，メタファーを使わずに表現しようとしたら，どのように言えばいいのか想像してみてください。

心理療法の中でメタファーを使用することによって，セラピストとクライエントの双方が，そのセラピーを有益なものとして体験するようになります。このことは，研究でも示されています（Clarke, 1996）。ここで，メタファーを使用する利点を理解してもらうために，一般的で，重要な問題を含んでいる臨床場面の例を見てみましょう。あなたが，不安の問題を抱えたクライエントのセラピーを行っているとします。これまでの分析で，あるタイプの状況が，ネガティブな感情（恐怖）や，身体についての心配，そして典型的な破局的思考

(「頭がおかしくなりそう」「緊張していることを周りの人に気づかれたら，いったいどうなってしまうのだろうか」「これに対処するなんて，とてもできない」)を引き起こすことがわかっています。クライエントは，さまざまなやり方で，このような状況で体験する危機から逃れようとしたり，何とかして取り除こうとしたりします。このような反応はある程度予測できるので（特定の状況でこのような反応が起こりやすい），クライエントは特定のことをしないようにしていたり，特定の場所に行かないようにしています。クライエントは，ここで2つの問題をもっています。1つ目は，依然として不安が生じてしまうこと，2つ目は，回避には高い代償が伴っていることです。このような状況で，クライエントの生活は狭められ，（したくても）できないことがたくさんあります。あなたの「見方・捉え方」から，以上のようにクライエントの問題は分析されています。ここで，解決策の一部になると考えられる，今までと異なる対処の仕方をクライエントに示そうと考えています。さらに，それだけでなく，セラピストがクライエントをどのように捉えているのかを説明し，どうしてこのような状態になってしまっているのかを示したいと考えています。それは，以下のように伝えることができます。

　セラピスト：あなたが体験しているのは，説明してくださったような特定の状況で，こういった苦痛が全部生じる，ということですね。では，ここで想像してもらいたいことがあるんです。ちょっとバカバカしく聞こえてしまうかもしれないのですが……それでは，想像してください。この苦痛を感じてしまうのは，決まって青い色の床を歩くときだったとしましょう。青い床以外ではまったく問題ないのですが，青い床に足を踏み入れると，次々と嫌なものが飛び出してきます。それは，パニック，恐怖，自分ではコントロールできない身体の嫌な感覚などです。どうやったら，この問題を解決できるでしょう？　青い床を踏まないようにすることで解決する。そうです。それは，そう考えるのが自然ですよね。もし，自分の行く手に青い床があるということがわかっていたら，違う道を選ぼうとしますよね。たとえ，青い床の上に乗ることになってしまっても，そこからできるだけ早く立ち去ろうとするでしょう。もちろん，そうするのも無理のないことです。でも，問題となる状況もいくつかあります。たとえば，もし自分の欲しい物が青い床の上にあったら，どう

します？　もし自分の職場がリフォームされて，新しい床がすべて青色になってしまったら？　もし自分の娘が青い床の家に引っ越してしまったら，どうしたらいいのでしょう？　このような状況でも，青い床を避けることはできます。しかし，それには代償が伴います。しかも，その代償は高くつきます。それに，もう1つ問題があります。青い床のある場所を，前もって全部知っているわけではない，ということです。行ったことのない家に初めて招待されたとき，どうしたらよいのでしょうか？　招待してくれた人に，あらかじめ床が青いかどうかたずねますか？　それとも，その知り合いに，そこの家の床が青いかどうかをたずねます？　問題は，とても多くの時間，それについて身構えていなくてはいけないっていうことなんです。つまり，青い床のことばかり考えていなくちゃいけないっていうことです。青い床のことを考えずに，それを避けることなんてできません。これはつまり，自分の生活から青い床を遠ざけようとする，まさにその努力によって，青い床についての考えはますます大きくなっていく，ということです。それに，青い床について考えることだけで，青い床にいるときの気分が，ある程度生じてしまうことになります。つまり，実際の青い床から離れているときでも，その恐怖から逃れることができなくなるのです。

　ここまで，このように話をしてきたところで，セラピストはクライエントに，この話と似たような体験をもっているかどうかを確認することが重要です。クライエントは，こういったことを自分の生活の中でも見つけ出すことができるでしょうか？　もし，そうなら，次のように続けることができます。

　セラピスト：もちろん，青い床を避け続けるようにして生きていくこともできます。しかし，その代償は高くつきます。しかも，取り除きたいと思っているものを，いまだに取り除けていません。実は，自分の人生を自分でコントロールするためにできることは，とても逆説的に聞こえる方法なんです。このような状況を変える唯一の方法は，実は「思い切って青い床に踏み出すこと」だとしたら……もし，この話があなたの問題と似てるとして，あなたが思い切ってそこへ踏み出したら，どうなるでしょう？

一般的なジレンマに使用できるように，メタファーをストックしておいて，すぐに使えるようにしておくと役立つことが多いでしょう。また，クライエントが自分の問題を説明するときに使っているメタファーに気を配ることも重要です。クライエントのメタファーは，セラピーの中で同じように使うことができます。たとえば，「ゴムがつけられているみたい」というアリスの思考に関するメタファーは，貴重なツールとして彼女の治療セッションに組み込むことができるのです。

　行動変容における機能的な「見方・捉え方」の実際的な応用について述べていく前に，さまざまな学習の原理がどのように互いに関係しているのかを，次章で少し見ておきましょう。

第11章
3つの原理と実践をつなぐ
—— よりよい実践のために

　行動心理学（behavioral psychology）は，（過去に）もともとある行動がどのように学習され，それが（現在）生活の中でどのように維持されているのかを理解するためだけの学問体系ではありません。行動心理学は（将来）その行動がどのような変化を遂げていくか，つまり変化のプロセスも扱います。というのも，そのプロセスの中にも「学習」が含まれているからです。そのため，ここでは，学習のための基本原理——レスポンデント条件づけ，オペラント条件づけ，関係フレームづけ——を少し復習しておきましょう。そして，それらの原理が，さまざまな援助技法（ただし，行動の理論的分析から発展してきたもの）の中で，どのように関連しているのかを見ていきましょう。

レスポンデント条件づけ

　レスポンデント条件づけによって，多くの内的な現象（たとえば，ネガティブな感情，痛みを伴った身体反応，フラッシュバックなど）が，問題の一部として表面化し，形成されていきます。もちろん，その問題がクライエントの主訴となります［訳注1］。この本の始めのほうで（第4章参照），自然な消去プロセスについて説明しました。それは，恐怖を喚起する無条件刺激（落下）が

［訳注1］クライエントが抱える問題がレスポンデント条件づけによって確立されたのなら，逆に，その原理を利用して，問題を解決していくことが可能になります。（TM）

生起しない状態で，条件刺激（高所）に繰り返し接し続ける，というものです。この体験を何度も続けると，条件づけされた反応（恐怖）は低減していきます。この基本的な原理は，治療方略の1つである**エクスポージャー**（exposure）の背景になっています（第13章参照）。このレスポンデント条件づけは，多くの行動療法的な治療手法を支えている，最も重要な原理の1つです。この原理は，恐怖症の治療にだけ用いられているわけではありませんが，その分野での活用が最もよく知られています。

オペラント条件づけ

オペラント条件づけの基本的な原理とは，

> 行為は「結果」によって制御される（強く影響を受ける）。
> しかも，その「結果」とは，過去に生起した類似の行為に後続・随伴していたもの（その行為の後に続いて生じたもの）でなければならない。

このような「見方・捉え方」からすると，クライエントの問題は（少なくとも，部分的には）「単に，その行為があまり機能していないだけのこと」と捉えることができるのです。しかし，その行為は，あまり機能していないにもかかわらず，維持しています。それは，何らかの結果が，その行為の後に生じているからです。ここで「その行為が機能していない」と言っているのは，①望ましくないとされている行動の後に「結果」が伴っている，②きわめて重要な「結果」が伴うべき行動の後に，十分な「結果」が伴っていない，というような状態のことを意味しています。

この本の始めのほうで説明したように（第3章参照），行為に伴う「結果」は1つではありません。短期的な結果や長期的な結果など，さまざまな「結果」が伴っています。そして通常，行為後すぐに生じている「結果」ほど，その行為に対してより強い影響力をもつのです。ある行為がなされるとき，そこには必ずその行為に影響を与える「結果」があるのです。このようなオペラント条件づけの知見をつねに心にとどめておくことは，セラピストにとってとても大切なことといえます。

すべての行動には，何らかの「目的」，すなわち何らかの機能があります。それでは，以下に，変化・変容を促すための指針となるような臨床的実践をいくつか挙げておきましょう。

- 望ましいと定義された行動を強化する（その行動の「不足」が問題であるという場合）
- 減らすべき行動が強化されないようにする（その行動の「過剰」が問題であるという場合）
- クライエントが，セラピー場面以外の普段の生活の中で，自然に強化される機会が増えるように条件を確立・設定する
- クライエントが，行動（他者の行動についてはもちろん，自分の行動についても）の随伴性を弁別できるようになるための援助をする
- クライエントが，行動のレパートリーをもっているのに，必要な場面でそれを発揮できていない場合，行動が般化するようにアプローチする
- クライエントの行動レパートリー自体に，スキルがなかったり不十分だったりする場合，行動レパートリーを広げるようにアプローチする（その行動レパートリーを獲得することで，クライエントが自然に強化される機会が増えるように）

関係フレームづけ

関係フレームづけは，とても重要な行動の原理です。というのも，それは，驚くべきスピードで，特定の随伴性がもっている機能に大きな変化をもたらすからです。クライエントのヒストリー（個人史）で生じる，そもそも良くも悪くもないはずの出来事が，それについて考えたり話をしたりするだけで，瞬時に強化的になったり，あるいは逆に嫌悪的になったりします。実際に何かを体験して，ある感情が呼び起こされると，複雑な「関係」のネットワークによって，別の感情も瞬時にかきたてられてしまうのです。

たとえば，ひきこもり状態にある抑うつの人は，ひきこもっている行為自体のせいで，とてもつらい経験をしているのにもかかわらず，それでも家にひきこもり続けます。このような状況は，周りの人からすれば，「どうしていいの

かわからない」ものといえるでしょう。まるで，ひきこもっている本人が，このつらい状況を変えていくのを「避けている」かのようです。このような行動の根底には，関係フレームづけが深くかかわっていると考えられます。私たち人間は，やらなかったことでも，その「結果」を想像して作り上げることができます（「やったとしても，あんな感じになっただろう」など）。そして，そうやって作り上げた「結果」を「やってもどうせ無駄だよ」といった予測へ結びつけることができるのです。その抑うつの人は，このように自分自身の状況を考えることによって，実際に体験している痛みの上に，さらなる痛みを積み重ねてしまっているのです。

　また，不安に苛まれている人についても，同じことがいえます。端から見ていて「どうしたものだろうか」と思うほど，彼らは延々と心配し続けます。「どんなことが起こるんだろうか？　人から何と言われるだろうか？　この先，どこに行き着くだろうか？　いったい私はどうしたらいいんだろうか？」と考え続けているのです。たとえ，このような心配事にたいした根拠がなくても，そして心配すること自体によってさらに苦しめられようとも，心配し続けるのです。

　この2つの例に共通しているのは，彼らは，自分の考えに囚われていて，身の回りで起きている環境の変化に敏感ではなくなっているということです。このような実際の環境に対する「非感受性（insensitivity）」は，関係フレームが生み出したデメリットであり，メリットでもあります。実際の治療・援助技法に関するさまざまな原理は，この関係フレームをもとに作られ，そのメリットとデメリットの両方が考慮されています。つまり，一方では関係フレームのデメリットを減らし，もう一方で関係フレームのメリットを活かすといったアプローチです。デメリットを減らすためには，言語機能によって生み出された問題を取り除き，クライエントが実際の随伴性に接触できるようにアプローチしていきます。一方，そのメリットを活かすためには，言語機能を使って，セラピーの方向性をフォーミュレートしていきます。その場合，クライエントが到達したいと考える重要なもの（たとえば，価値）を言語化してもらうのです。それでは，ここで，アプローチのポイントをいくつか示します。

- ■ 関係フレームづけの内容（content）を変える（「いつもとは違う考え方をしてみる」）
- ■ その人の行動に影響を与える思考や他の内的事象の機能（function）を変

える
- 言語が機能的に働くと考えられる領域では（たとえば，望ましい「結果」を記述したり，そのような「結果」を導く行為について記述したりする場合には），そのコントロール力を高い状態にする

3つの原理の「関係性」

　レスポンデント条件づけ，オペラント条件づけ，関係フレームづけという「見方・捉え方」から「学習」を検討することは，とても役に立ちます。セラピストとクライエントが一緒に問題を解決しようとする際，これら3つの原理は，それぞれ役に立つ視点を提供してくれます。しかし，これらの原理は，それぞれが単独で存在しているわけではありません。現実の生活の中では，これらはすべて重なり合い，絡み合っています。そのため，どれか1つの学習原理に基づいて行動を変えようとしても，他の原理に基づいた行動の変化を伴ってしまうことがあるのです。たとえば，オペラント理論に基づいた方法が，クライエントの知覚や感覚に変化をもたらす場合があります。そのような場合，その方法はレスポンデントの機能ももっていたと考えられます。また，レスポンデント理論に基づく治療法（たとえば，エクスポージャーなど）を行った場合，治療対象にしていた障害に関連する認知内容が変化することもあるのです (Arntz, 2002 ; Öst, Thulin, & Ramnerö, 2004)。

　学習理論で記述していくのは，出来事同士の関係性なのです。つまり，生じている出来事と，特定の予測可能なパターンに従って，影響を受けやすい出来事との関係性を記述しているのです［訳注2］。ある特定の原理（レスポンデント条件づけ，オペラント条件づけ，関係フレームづけ）に関連した治療方法は，本来影響を与えようとしている関係性に焦点を当てています。しかし，ほとんどの場合，その治療方法は，その他の原理に基づいた関係性にも同時に影響を与えるのです。実際，臨床的な実践場面では，どこで仕事をするのか（精

［訳注2］本文の表現はやや抽象的な表現ですが，内容的には「問題の原因を具体的な『実体』（たとえば，脳や遺伝子など）として捉えるのではなく，行動を中心とした前後の出来事の『関係性』として捉えていく」ということです。これが，学習理論の基本的スタンスであり，3つの原理に共通する捉え方なのです (TM)。

神保健施設，公的なクリニック，個人開業なのか），そして誰と一緒に仕事をするのか（職場集団，家族，カップル，個人なのか）によってセラピーのプロセスはそれぞれ異なってくるでしょう。いずれにしても，実践するうえで重要なことは，クライエントの行動に対して支配的な（最も影響力の強い）機能をもっている「結果」に，セラピストがどれだけ影響を与えることができるか，ということなのです。

次の2つの章では，これらの原理が，実践的に，さまざまなクライエントに対して，どのように応用されていくかを説明します。そして，これまで紹介してきた症例を使って説明していきます。まず始めに，クライエントの外的環境（つまり，クライエントの日常生活）に大きな影響を及ぼすことができる，セラピーの状況とその介入について説明していきます。このようなクライエントの外的環境は「第2の舞台」と呼ばれているものです。そして（第12章の大きなトピックである）機能分析に基づいて行われた研究の多くは，そのようなセラピーのセッティング（クライエントの日常生活）で実施されてきたものなのです。

さらに，一般的に「心理療法」といわれているセラピーのセッティングについて，詳細に見ていこうと思います（第13章参照）。そのようなセラピーでは，セラピー・セッション以外のクライエントの生活に，セラピストが直接かかわることはほとんどありません（たとえあったとしても，ごくわずかなものです）。もちろん，このような種類のセラピーでも，ある種のエクスポージャーなど，相談室以外の場所でセッションを行うことがあるでしょう。しかし，そのような場合でも，セラピストはクライエントの環境や文脈に限られた影響しか与えることができません。心理療法には「内的なレベル」に直接影響を及ぼす手段などありはしないのです。クライエントの「内的なレベル」に対する影響はすべて，環境の変化によって間接的に生じているに過ぎません。セラピストがクライエントに語りかけ，しっかり目を見て，クライエントの話にうなずく，といったセラピストの行動もやはり，クライエントからみれば，その文脈ですべて起こっていることなのです。

相談室などで行われる治療的な会話は，クライエントの生活時間全体からみれば，ほんの些細なものです。しかし，それ以外の状況と同じように，心理療法的なセッティングにおいても，何らかの「結果」がクライエントの行動にもたらされます。だからこそ，心理療法は，体験に基づく学習と変化のための「舞台」を提供していることになるのです。

第12章
実践の原則(1)
――行動的コンサルテーション

　セラピストが，対象者（たち）を取り巻く多くの外的な随伴性と接触をもっているような場合，セラピストはそれらの随伴性に直接影響を与えることができます。たとえば，施設や対象者の職場環境の中に，セラピストが入っている場合などは，明らかにそれに当たります。このような場合，セラピストとクライエントとのかかわりだけでなく，こういった社会的環境に対してもアプローチしていくことになります。また，1人のセラピスト（あるいは数人のセラピスト）が，カップル，家族，あるいは何らかのグループとかかわる場合，そのセラピストは，クライエント［訳注1］とグループの間を取りもつ中間的な立場に位置することになります。つまり，セラピストは，そのグループの誰かと個別のセラピー場面にいます（言い換えれば，セラピストは，クライエントの通常の生活に含まれていないか，ほんの一部であるに過ぎません）。しかし，その一方で，他の参加者の誰か（たとえば，家族のメンバー）は，クライエントの生活に含まれています。もちろん，その逆に，メンバーの生活の中には，クライエント本人が含まれています。そのため，クライエントと，そのグループのメンバーは，互いに，さまざまな方法で実質的な「結果」をいつも提供し

［訳注1］ここでは，クライエントというより「問題となっている人物」という表現のほうが適切だといえます。なぜなら，クライエントとは「依頼人」という意味であるからです。もちろん，ここでは，セラピストに相談を「依頼」しているのは，「問題となっている人物」本人ではなく，その人が属している「グループの誰か」だからです。その点を誤解しないように読み進めてください。後述の具体的な臨床例は，まさに，依頼人と「問題となっている人物」が異なっている例です。（TM）

合っている可能性（あるいは必要）があるのです。

　このようなセラピー場面には，可能性と困難性が同居しています。望ましい可能性とは，あなたは（セラピストとして）いくつかの制御要因に対して何らかの影響を与えることができるということです。一方，困難性とは，さまざまな人たちが一緒になって，セラピーに含まれる目標や方法に沿って協働するときに生じてきます。つまり，なかなか統一的な目標や方法に沿って一緒に仕事ができないという難しさがあるのです。このような場合，必要となるものが2つあります。まず必要となるものは，しっかりとした機能分析です。それは，セラピーの仕事をするときの基礎となります。そして，もう1つの必要なこととは，その状況に含まれているすべてのことが，その機能分析に基づいて改善されていかなくてはならないということです。

環境を整える

　私たちセラピストがジェニーと会うのはいつも，彼女を担当するケアスタッフからの要請によるものでした。一方，当のジェニーは，セラピストと話をしても何の役にも立たないと考えていたため，セラピストと会うことには消極的でした。セラピストは，始めのうち，彼女と良好で協働的な関係を築こうと，いろいろな働きかけをしましたが，どれもうまくはいきませんでした。しかし，この時点で，セラピストは，かなり典型的な臨床的に優先順位の高い問題に直面していました。つまり，ジェニーは自傷行動をしていたからです。もちろん，その行為は危険をはらんでいます。そして，それは，長期的なリスクであるばかりでなく，今すぐ対応しなくてはならないリスクでもあります。そのため，ジェニーが自傷をすると，しばしば緊急処置がとられ，彼女のケアプランもその場で変更されてしまっていました。一方，このような対応が，長期的にはセラピーの妨げにもなっていました。では，このような状況は，何を意味しているのでしょうか？　まず，この悪循環を断ち切る必要があるということを意味しています。しかも，その臨床的な努力は，長期的な改善に結びつくようなものでなければなりません。また，それと同時に，ジェニー本人と協力して，それが行われなければならないということを意味しています。

　私たちが今まで明らかにしてきたのは，ジェニーの自傷行動が，2つの状況

で生じているということでした。そして，その状況から，彼女の自傷行動を制御しているものに関して，それぞれ仮説が立てられました。

- ■ 自傷行動が生じるのは，ジェニーの生活を潜在的にコントロールしているオトナたちがその場にいるときである。そして，この場合，自傷行動の機能とは，何らかの強化子にアクセスできるようになることである。その強化子とは，オトナたちの関心をひくことができる，構ってもらえる，自分の影響力が強くなるといったものである。
- ■ 自傷行動が生じるのは，内的なつらい（フラッシュバックのような）体験に直面するときである。そして，この場合，自傷行動の機能とは，このつらい感情を紛らわしたり，押しやったりすることである。

彼女の自傷行動を変容させていくためには，この2つの状況それぞれに応じたやり方が必要になります。とくに，2つ目の機能（内的なつらい体験からの回避）にアプローチする場合，何らかの作業同盟を築く必要があります（「作業同盟」とは，セラピスト－クライエント間の，治療目標・方法や感情的な結びつきに関する合意の程度によって，通常定義されています。実際に同盟を構築するには「クライエントをよく観察し，クライエントの話をよく聞き，そのうえでセラピーをしていく」ことです〔Gelso & Hayes, 1998〕）。

ジェニーは，セラピストとの面談中，自らの状況に関する願いを2つ口にしました。それは，病棟から退院したいということと，もう1つは，つねに自分のことは自分で決めたいということでした。しかし，ジェニーの養父母は，最近起こった出来事から考えて，彼女が本当に退院したいと思ってはいないのではないかと捉えていました。

では，彼女の自傷行動の機能を考えていきましょう。まず，自傷行動は，病棟から退院したいという彼女の1つ目の願望に対して役には立っていないということがわかります。一方，その行為は，2つ目の願望に対しては機能しているようです。つまり，自分自身を傷つけることは，彼女を取り巻く環境を多少なりともコントロールする手段となっています。これが，私たちのセラピー方略のための出発点となります。

ジェニーの行動は，周りの人に受け入れられ，反応されることによって制御されています。もちろん，「周りの人に受け入れられ，反応される」ということは，生活上，人としての基本的なニーズを満たしてくれるものです。だからこそ，可能な限り，患者を取り巻く環境を変えていくことが，私たちセラピストの責務となるのです。しかも，それを変えていくときには，その環境が患者個人にとって有害なものにならないようにしなければなりません。そこで，最初に重要となる目標は，彼女のケア環境の中にある強化子（自傷行動の）を見つけ，それらを減らそうとすることです。これは「言うは易く，行うは難し」です。次にすべきなのは，ジェニーと協働して治療を行っていくためのベストな状態を支える環境づくりです。というのも，彼女との作業同盟をしっかりと築いておく必要があるからです。それは，ジェニーの苦しみを和らげてきた自傷行動と置き換えることができるスキルのレパートリーを協力しながら形成していくためです。しかも，その置換されるスキルのレパートリーは，社会的に適応的なものであり，彼女自身の過去の体験に関係しているものでなければなりません（図表12-1）。

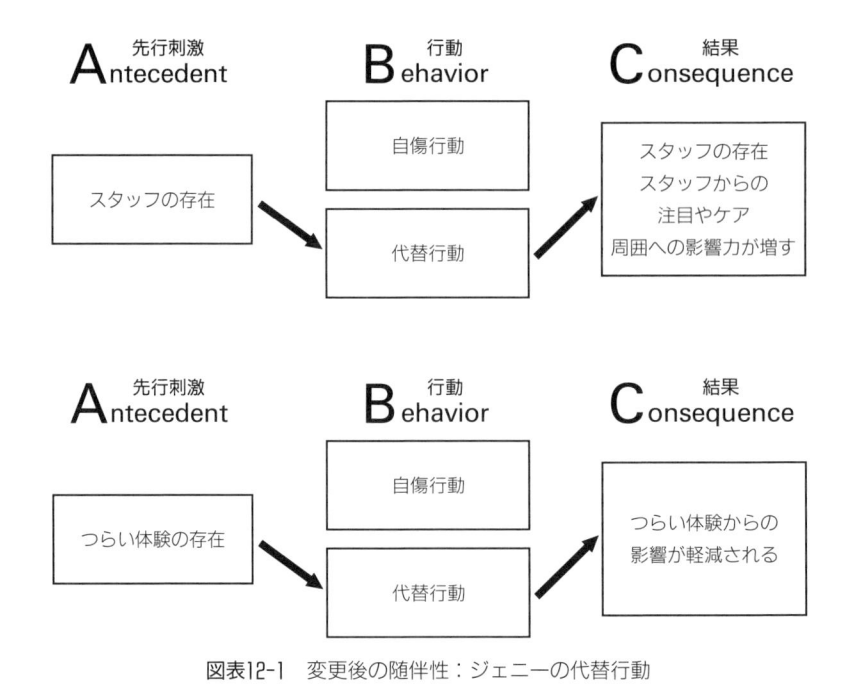

図表12-1　変更後の随伴性：ジェニーの代替行動

随伴性をマネジメントする

　理論的に考えれば，ジェニーの行動を制御している結果を抑制して，彼女の行動を消去すべきなのかもしれません。つまり，彼女が自傷行動を行っても，心配したり，注目したりせず，その状況で彼女の影響力が増さないように対応する，ということです。そうすれば，その行動は基本的な機能を失うことになるでしょう。しかし，経験上，これを成し遂げるのは非常に難しいことです。というのも，それは，消去バーストを生じさせてしまう危険があるからです（第5章参照）。つまり，強化子が随伴されなくなると，その行動は始めのうち激しくなります。さらに，社会的な強化子を得るために体を傷つけようと思えば，そのような機会は病棟や環境にいくらでもあります。それに対処するためには，ジェニーが自傷行動を行った際，関係者全員で徹底して同じ反応をする必要があるでしょう。もし，それができなければ，彼女の行動はさらにエスカレートし，より危険なレベルとなってしまいます。すなわち，ジェニーは社会的な強化子を得るために，より深くリストカットをしなくてはならなくなるでしょう。

　そうです，ジェニーの行動を制御している強化子は，奇妙なものでも異常なものでもありません。かといって，このようなケースを「単に注目を得たいだけのこと」と簡単に片づけてしまうのも，ものごとの本質をつかみ損なうことになるでしょう。それどころか，自分に関心をもってほしい，周りの人に対して影響力をもちたい，といった基本的な強化子を彼女が期待することは，いたって妥当なものです。しかし，この妥当な強化子を得る手段としての自傷行動が極端で危険なものなのです。さらに，2つ目の随伴性（内的なつらい体験からの回避）についても，同じことがいえます。自分自身の苦しみを何とかしたいと願うのは，人として当たり前のことです。しかし，同様に，それを達成するための手段としての自傷行動が，極端で危険なのです。

　厳密な消去手続きを中心としたセラピーには，もう1つ問題があります。それは，そのようなやり方だと，ジェニーが代替行動（自傷行動によって得ようとしてきたのと同じ結果を得られる他の行動）に気づかないということなのです。というのも，彼女は十分な社会的スキルや，思いがけずわきあがる感情に対処するスキルを発達させるような，学習のヒストリー（個人史）をもつこと

が今までなかったと，セラピストが考えているからです。社会的スキルに関して言えば，彼女の望む結果をもたらし，まったく同一の機能をもつ代替行動を数多く考え出すことはできるでしょう。では，ジェニーが実行可能な代替行動を3つ挙げてみましょう。

- ■ 助けが必要なとき，それを周りの人に言う
- ■ 自分の意見をはっきりわかりやすく，人に伝える
- ■ ことばでしたいことを表現し，相手からの答えを待つ

これらの行動は，ジェニーのレパートリーに不足しているものです。**社会的スキル訓練**（social skills training）の目的は，このようなタイプの汎用性のあるスキルを発達させることにあります（Lieberman, DeRisi, & Mueser, 1989 ; Linehan, 1993）。

ジェニーは，リハビリテーション病棟にある「ガールズ・グループ」（Girls' Group）に，試しに参加することを同意しました。そのグループには6名の女の子たちが参加しており，彼女たちはそれぞれ異なる問題を抱えていました。しかし，彼女たちは共通して，社会的な関係の中で自己主張するのが苦手でした。ガールズ・グループでは，いくつかの簡単なロール・プレイを実施していました。そのロール・プレイは，多くの場合，グループ・メンバーの誰かが経験した場面や，一般的に誰もが難しいと思うような場面といった例から始められました。そのロール・プレイ場面で，彼女たちは，代替行動を試してみる機会をもつことができるのです。そして，相手の行動からも学べるようにロール（役割）を交代して行います。時々ビデオカメラを回しながらロール・プレイを行い，自分がどのように行動していたのかについてのフィードバックをすぐにもらえるようにもします。さらに，グループ・メンバーは，次のセッションまでのホームワークが与えられます。その目的は，ガールズ・グループの時間以外で，練習したスキルを実際に使用させることにあります。

以上のようなトレーニングは，社会的モデリング（social modeling）にしっかりと依拠したものです（第6章参照）。そこでは，お互いに観察し合い，今

までとは違ったやり方を試すことができます。社会的モデリングは，モデルになる人と観察する人との間にある社会的な類似性によって促進されます。つまり，このようなグループはすばらしい学習環境といえます。なぜなら，このグループの中には，ケアされる環境にいる専門スタッフと比べて，ずっと自分と同一視しやすいモデルがいるからです。さらに，研究知見によれば，このようなトレーニングに含まれる最も重要な要素は，教示ではなく，モデリングであることが示されています（Rosenberg, Hayes, & Linehan, 1989）。

加えて，ジェニーが自傷行動を行う2つ目の状況（つらいフラッシュバックや感情をコントロールするため）にアプローチする際にも，この種のトレーニングは重要となってきます。つまり，ジェニーがスキルを獲得することによって，自傷行動をすることなく，このような困難に対処しやすくなることが考えられます。ただし，この内容に関する，より典型的な（従来型の）個別のセラピーについては，次章で取り上げ，詳しく説明していくことにします。

さて，ジェニーの身の回りにいる人たちが，彼女の自傷行動に呼応して，どのような行動をしているかということに話を戻しましょう。自傷の場合，次のようなリスクがあります。明らかに，周りの人のオーバーな対応が，その行為の強化子となっています。そして，そのような対応が，長期的には状況を悪化させてしまうのです。そのような理由から重要となるのは，その行為を強化しないために，最低限必要な医療的な処置を除き，できる限り少ししか対応しないということになるでしょう。

では，私たちは，どのように対応すればよいのでしょうか？　以下に挙げたものは，その対応方法の原則です。その原則が焦点化しているのは，彼女の身の回りにいる人たちの行動です。これは，私たちが「**随伴性をマネジメントする**」（managing contingencies）と呼んでいるものです（Boyce & Roman, 2003）。

- ジェニーが自傷行動をした後，周りの人がおおげさに注目しすぎないようにする。自傷行動が生起した後は，中立的な反応で対応すべきである。もちろん，命を守るための処置は行わなくてはならない。しかし，それ以外の点での注目は差し控える。このような場合，おおげさな措置やケアプランの再考は避けるべきである。
- ジェニーの特定の行動に対してだけ対応するのではなく，常日頃から「ムラのない」同じ態度で，彼女に気を配るべきである。そうすることで，ジ

ェニーは過激なことをしなくても，ただ自分が存在しているだけで，折に触れて周りの人から気にかけてもらい，励まされるようになる。
- ■ 絶えず，ある特定の行動を分化強化することに努める。つまり，選択的に強化すべき，ジェニーの望ましい代替行動を数多く定義する。

強化子を分化させる（分化強化する）

　セラピー場面において，行動を強化することは，欠くことができない最も重要な手段の1つです。ジェニーが病棟での自分の状況について何か要求してきたら，スタッフは彼女の話に真摯に耳を傾け，その要求に前向きに応える準備があるといった姿勢で対応すべきです。このような対応が，この文脈における自然な強化子となるからです。ジェニーの周囲の人たちは，彼女の次のような行動に絶えず注意を払う必要があります。その注目すべき行動とは，彼女が学ぶ必要のある行動に向けての段階的なステップになるようなものです。そして，彼女へのケア環境全体で，自然なかたちで生じるスキル訓練（として位置づけられる場面設定）を可能な限りサポートしていくべきです。ただし，自傷はどのように考えても望ましくない行動ですから，それが機能しているという事実を忘れてはいけません。たとえば，ジェニーが何か言いたいことがあって，病棟のオフィスまで初めて来て，その場で立ったままでいるときに，彼女に対して「待ってなさい！」と言ってはいけません。そもそも，ジェニーは待たなくても対応してもらえる方法（つまり，自傷）を知っているからです［訳注2］。

　また，ジェニーが特定の行動をしたら，彼女にとって望ましい結果が提供されるということを約束するのもいいでしょう。この約束は「もし，あなたがこれを行ったら，私たちはこうしますよ」というものです。ただし，このような約束は，肯定的な表現で言語化するべきです。たとえば「逃げない」とか「小言を言わない」といった否定的な表現は避けるべきです［訳注3］。さらに，「死人ルール（dead man's rule）」も考慮に入れる必要があります。このルール

［訳注2］そのために，自傷と代替できる適切な社会的行動（それがたとえ不十分で，つたないものであったとしても；この場合は「オフィスまで来た」という行動）を自然なかたちで強化していく必要があるのです。(TM)

は，死人にでもできるような行動は，生活上の目標（つまり，標的行動）としてはふさわしくない，というものです。たとえば「じっと座っていなさい」「静かにしていなさい」「自分の部屋にいなさい」といった行動の例はすべて，死人でもできるものだからです。

　このような強化子を分化させるという手続きの中で，最も詳細にシステム化されたものとして，**トークン・エコノミー**（token economy）と呼ばれるものがあります（Ghezzi, Wilson, Tarbox, & MacAleese, 2003）。これは，（クライエントが）特定の行動を生起させた場合に強化子が（セラピストから）提供されるというシステムです。その特定の行動は，セラピストとクライエントの双方による合意に基づいて決められます。クライエントがその特定の行動を生起させた場合，何らかの象徴的な強化子（トークン）が報酬として支払われます。その後，トークンは，具体的な強化子（物品など）や他の種類の強化子（貨幣など）と交換することができます。つまり，トークン・エコノミーは，労働と報酬のシステムに類似したものなのです。

　このような治療的なアプローチを説明すると，時々次のような異議を唱えられることがあります（他の章でも述べましたが）。つまり，「これは，単なる操作ではないのか？」というものです。確かに，クライエントに対して影響を及ぼしているという意味では，これは「操作」という形態の1つであるといえるでしょう。しかし，だからこそ，クライエント本人と協働して，クライエントの行動に影響を与えていこうとするのです。さらに，この手続きを実施する場合，それはクライエントの幸福に関係する重要な目標を達成するために行われます。しかも，その目標達成は，明確で正当な目的をもっている必要があります。

　このようなタイプのアプローチがつねに目的としなければならないことは，次のような状況を提供することにあります。その状況とは，破壊的行動（自傷

［訳注3］こうした取り組みを行う際には，「〜しないと……できない」という否定的な表現ではなく，「〜したら……できる」という肯定的な表現で約束をすることが大切です。このうち，前者をネガティブ・ルール，後者をポジティブ・ルールと呼ぶことがあります。また，目標行動を「〜しない」や「〜をやらない」という否定的な表現で設定してはいけないのは，このような目標設定だと正の強化をしにくくなるからです。逆にこのような目標設定をした場合，望ましくない行動が出現したときに罰を呈示して制御するしかなくなります。むしろ望ましくない行動は罰を用いて抑制するのではなく，望ましい行動を正の強化を用いて増やしていくことで，相対的に望ましくない行動を抑制していくという方略をとることが必要となります。（NY）

や他傷も含む）を強化せず，すでに獲得されてしまった破壊的行動を軽減するものでなければなりません。その目的は，さまざまな状況（病棟の内外を問わず）でクライエントの利益を高めるようなスキルを学習する「舞台」（つまり，機会）を作り出すことです。さらに，ここで十分に認識しておかなくてはならないことがあります。このアプローチの最も本質的なことは，クライエントの問題行動をクライエントのせいにしない，ということです。結局のところ，自分自身の行動と，その自分の行動が周りの人に提供している結果に対して，自分自身が責任をもつということが最も本質的なことなのです［訳注4］。

確立操作に影響を与える

　ここからは，ペーターとアンナに焦点を当てていきましょう。彼らが援助を求めている問題は，確立操作が影響を及ぼしている，かなり典型的な例です（第3章参照）。彼ら自身による問題の定義によれば，口論をすること，お互い口をきかなくなることが，とくに問題と考えられていました。しかし，その問題を分析したところ，アルコールが確立操作の1つであることが明らかになりました。つまり，ペーターがお酒を飲んでいるときに，口論になりやすく，その口論が激しくなりやすいのです。しかし，確立操作は，いくつかのレベルにわたって影響を及ぼします。アルコールはその典型的な例です。たとえば，アルコールが入ると，社会的に好ましくない行動を普段より起こしやすくなります。また，攻撃的なことや威嚇的なことなどを言ってしまった後，普通なら嫌悪的な結果（やましい気持ちや後悔）が伴う状況でも，アルコールがその嫌悪性を和らげてしまいます。というのも，「しらふ」のときと比べて，やましい気分がすぐに起こらないからです。しかし，注意しなくてはならないのは，ペーターは酔っ払っていても，誰かれ構わずにケンカをしているわけではないと

［訳注4］このアプローチの目的が「クライエントがセラピストの助けを借りて，適切な社会的行動を自覚し，その行動によって得られる社会的随伴性を自覚し，さらにその随伴性を言語化して（セラピストと約束して），実際に実行し，強化子を得る」という一連の行動連鎖を確立するからです。だからこそ，セラピストはクライエントと作業同盟を確立する必要があり，さらにクライエントの自己選択・自己決定を尊重・保障していく必要があります。逆に，クライエント側からみれば，以上のことは「自分の行動を他人のせいにしない，自分の行動とその結果に責任をもつ」ということになります。（TM）

いうことです。この問題行動の先行刺激となっているものは，つねにアンナに関係していることが存在している場合に限られていました。

この時点で，セラピストは，次のようにアセスメントをしていました。それは，ペーターの飲酒癖に影響を与えることがかなり重要になってくるはずだ，というものです。もちろん，このことは，その問題が「本当のところ」いったい何なのかについて述べているわけではありません。また，アンナとペーターの関係性，ペーターの飲酒癖，あるいはペーターの職場での状況（最近，彼自身が深酒の理由としている）の中に，その「本当のところ」を見つけられるかどうかについて述べているわけでもありません。あくまでも，（問題を解決に導くための）優先順位がアセスメントに基づいて決められた，ということに過ぎません。そのアセスメントによれば，飲酒は次のような問題を引き起こす可能性があります。まず，飲酒は，長期的に他の問題をさらに悪化させる可能性があります（つまり，**中核的な問題，長期的な変化**；第9章参照）。次に，飲酒の問題が続いている間は，ペーターの仕事上の問題だけでなく，ペーターとアンナの関係の問題に対しても介入できる状態になる確率がかなり低くなると予測されます（**必要な前提条件**；第9章参照）。

理論的には，この確立操作（飲酒）を撤去することができたら，次のような多くの効果が期待できます。

- A＝ペーターが酔っ払って帰ってきたり，週末や夜に飲み歩いたりしなければ，アンナをイライラさせる機会が少なくなる。
- B＝行動をよりよくコントロールすることができ，すぐに，さまざまな代替行動を考えられるようになる。
- C＝何か悪いことをしたとき，その場で自然な罰を受けやすくなる。たとえば，人にひどいことを言ってしまったことに後悔したり，約束を守れなかったことに罪悪感や恥ずかしさを覚える。

以上のような（行動的視点から理解できる）効果を達成するために，アルコールの効き目を弱めることが考えられます。このような考えに基づいて，アルコール依存の問題を解決する際に，抗酒薬が使用されてきました。抗酒薬を使用する目的は，「しらふ」でいることに対する負の強化子を確立すること，「しらふ」でいるときに飲酒以外の代替行動を生起させるための条件を提供するこ

とです［訳注5］。しかし，ペーターの飲酒癖の状況を変えなくてはならない理由は，その他にもあるのです。

　ペーターが打ち明けてくれた話によれば，会社の保健室の人たちから，彼は「健康問題トーク（何かしらの体調不良をつねに訴える人）」と呼ばれていたそうです。そのように呼ばれていたのは，短期間の病欠を繰り返してきたからでした。週末明けに会社を休んでしまうことが多く，フレックスタイム制でも必要出勤時間を満たすことができていませんでした。ペーターはセラピストに，この話を打ち明けたのでした。そこで，セラピストは，自分の仕事状況も打ち明けるよう，彼に水を向けてみました。その結果，ペーターの雇用主にも協力してもらって，彼は自分の仕事量の不安定さを把握できるようになりました。また，セラピストは，ペーターに，飲酒が問題となっていること（そして，今，彼がその問題に取り組もうとしていること）を同僚たちに打ち明けてみてはどうかともちかけました。ペーターは，とてもためらいました。というのも，自分の問題を打ち明けたら，同僚から何を言われるか心配だったからです。というのも，同僚から「つきあいのいいヤツだ」と評価されていることをペーター自身が知っていたからです。

　もし，ペーターが「飲酒が問題になっていて，それをどうにかしようと思っているんだ」と周りの人に話をしたら，いったいどんなことが起こるでしょうか？　たとえば，あなたがディナーのホストで，ゲストの1人が「自分は『禁酒中』のアルコール依存患者なんだ」とあなたにあらかじめ打ち明けたら，そのゲストに対する（ホストとしての）あなたの行動は影響を受けることになるはずです。つまり，そのようなことを打ち明けることで，飲酒に関係する新たな文脈が確立されることになります。では，今度は，あなたが「禁酒中」のアルコール依存患者だとしたら，どんなことが起こるでしょうか？　まず，アルコールを勧められることが少なくなるでしょう。さらに，とくに頼まなくて

［訳注5］抗酒薬を服用した場合，飲酒をすると頭痛や吐き気など不快な症状が出てきます。つまり，飲酒行動に嫌悪刺激が随伴されることになります。そのため，そのような不快な症状を呈しているときに，飲酒以外の行動をすれば（もちろん，激しい運動などをしない限り），嫌悪刺激の嫌悪性は軽減していきます。つまり，「しらふ」でいるために，飲酒以外の適切な代替行動を生起させることによって，嫌悪的事態から抜け出せる（＝負の強化）ことになるのです。（TM）

も，ノンアルコールの飲み物が出されるようになるでしょう。また，周りの人たちの反応も，困惑したり，なだめたりすることから，敬意や配慮を示すことへと変わっていくはずです。逆に，もしお酒を飲もうものなら，そのことで，あなたはネガティブな視線を浴びることになります。さらに「まあ，ちょっとくらいのお酒なら問題ないだろう」といった発言や，それと同等の行為に，好意的で肯定的な反応をされることはないでしょう。それは，新しい文脈が，飲酒に関連して確立されたからなのです。

では，ペーターが飲酒の問題に対処しようと努力していることを，職場の同僚たちにも打ち明けたら，どんなことが起きるでしょうか？ おそらく，ペーターのいくつかの反応に対する同僚たちのリアクションが変わるでしょう。たとえば，ペーターが，金曜の仕事後のビア・パーティでミネラルウォーターを飲んでいたり，ワインの抽選に参加しなかったり，仲間たちから飲みに行こうと誘われて「遠慮するよ」と言ったりしても，彼の評価が下がることはない（たとえば「最近，あいつ，つきあいが悪くなったよな」とは言われない）でしょう。

減らす？ それとも，増やす？（標的行動はポジティブに）

良好で円満な人間関係を「まったくケンカをしないこと」と定義することはできません。このように定義してしまうと，死人であっても良好な関係を築いていることになってしまうからです。死人はケンカするはずありませんから。それに，ペーターとアンナに「ケンカをもっと少なくするように」と助言したところで，どうやってこの問題に対処したらいいのかということには，ほとんど役に立ちません。それよりも，（彼らがこうなりたいと思っていることに合った）低頻度の行動を増やしていこうとするほうが，おそらく有益でしょう。そのため，セラピストは，ペーターとアンナにあるホームワークを与えました。そのホームワークとは，セラピー・セッションの翌日，2人は一緒に何かをするというものでした。そして，そのホームワークの結果が，次のセラピー・セッションで話し合われました。

　セラピスト（以下T）：それで，先週の金曜はいかがでしたか？ 何をされましたか？
　ペーター（以下P）：私たちはボーリングに行ってきました！ 3人皆で。

アンナ（以下A）：はい。
T：それはいいですね！　どうしてボーリングだったのですか？
P：私たちは，それしか思いつかなかったんですよ。リサが生まれる前は，時々2人で行っていたから。
T：それで，いかがでしたか？
P：そうですね，OKだったかな。でも，こんなふうにするのは，ちょっと変な感じがします。わざとらしいっていうか……
A：そうね。なんかちょっと，お互いの顔色をうかがっているみたいな感じだったものね。ちょっと，ぎこちなかったわ。

ここで，セラピストは，彼らの行動に共通する傾向があることに気づきました。それは，起こった出来事を何らかの問題に転化させてしまう（つまり，出来事の中のネガティブな側面だけに注目してしまう）という傾向です。この言語行動によって，ペーターとアンナは，今，この瞬間に生じている正の強化子に触れにくくなってしまっています。そこで，セラピストは，この言語行動の代わりに，彼らを自然な強化子に接触させようとしました。

T：もう少し教えてくださいね。その夜，何かよかったことはありませんでしたか？
P：リサがすごく喜んで……本当に楽しんでいました。今も，リサは，そのことを毎日のように話しています。
A：ええ，本当に行ってよかったわ（泣き出す）。このところ，私たち3人一緒に何かをして，リサが楽しそうにしている時間がほとんどなかったから。
P：（涙をこらえながら）ああ……ほとんどなかったよね。
T：娘さんの楽しそうな姿を見ることができて，よかったですね。
P：はい……

ここで，セラピストは，ペーターとアンナが重要な強化子に触れたとアセスメントしました。彼らは，一緒になって何かをしたことで，ポジティブな方向で感情的に触れ合うことができました。これは，長い間，なかなか感情的に触れ合えなかった彼らにとって，きわめて重要な強化子なのです。

重要なのは，このような行動をそれ自体として価値あるものである，と捉えることです．もし，ペーターとアンナが一緒に行った活動（ここでは，ボーリング）を，長期目標（2人の関係をよくすること）に到達するための単なる手段として捉えてしまったら，セラピストは彼らの体験それ自体を強化するのをあっさり見落としてしまうことになるからです．「私がこれをしたら，よくなるだろうか」とつねに（行動を長期目標に照らし合わせて）判断するという言語行動は，体験の中に含まれる強化子に触れにくくさせます．セラピストがしたいことは，このような言語行動を生起させることではなく，ペーターとアンナが今回体験したような出来事の頻度を増やすことなのです．というのも，このような出来事それ自体が価値あるものだからです．さらに，このような出来事が高頻度で生じているということが，「よい人間関係」の定義そのものなのです．

　しかし，上記のように，セラピストがクライエントの特定の行動を変えるために働きかけると「クライエントにその行動を演じさせているみたいだ」と言われてしまうことがあります．セラピストはもちろん，クライエントも「そのように振る舞うのは，あまりよいとは思っていない」と捉えることもあるでしょう．確かに，そうなのです．ある意味「演じられた」ものなのです．クライエントはセラピストのところへ行き，よい家族関係がどんな活動で定義づけられるかを話し合い，さらに翌週のセッションで，その定義づけられた活動を実際に行ってみた結果を報告します．これは，まさに「演じられた」状況であるといえます．しかし，これは，ペーターとアンナが望んで演じたことなのです．なぜなら，彼らが今まで試してきた，場当たり的な対応策ではどうにもならないと考えたからです．

T：ご家族一緒に，また何かしようかと考えられているみたいですね．
A：スパに行こうかって，皆で話していたんですよ．
P：週末に，ファミリーアワー（家族向けの割引がある時間）があるんですって．この前，職場で聞いたことなんですけどね．

問題の解決策を考える

　心理的な援助を求めてやってくる人たちは，ほとんどの場合，問題解決に何らかの援助がほしいために相談にやってきます．行動的な観点から考えても，

問題解決行動はまさに必要不可欠なものです（Nezu, Nezu, & Lombardo, 2003）。ペーターとアンナが次にセラピストから促されたのは，彼らの人間関係の問題が，多くの場合，どのようなことから生じているのかを明確にするということでした。

> A：夕方，ペーターが何時に仕事から帰ってくるのか，いつだってわからないんです。だから，彼の帰宅を待っている間，私は完全に縛られてるの。先週の水曜日だって，この人が8時すぎまで帰ってこないから，ジムのトレーニングに行けなかったんですよ。いっつもこうなんだから。
> P：そういうもんだろ。君だって，時々残業しないといけないことあるだろ？　誰だって同じさ。それも仕事なんだから，仕方ないじゃないか。
> A：わかってるわよ。けど，それって，私たちより仕事のほうが，ずっと大事ってことみたいじゃない。
> P：それってどういう意味だよ。仕事を辞めろとでも言うのか？　じゃあ，家のことはどうなんだよ。僕が前の仕事を続けていたら，家をもつ余裕なんかなかっただろ。それなのに，君ときたら，週末になるとすぐにリサを妹の所に連れて行ってしまう。家にいたって，君たち2人にほとんど会えないじゃないか。それに，ケンカになると，すぐにまた妹の所に行くし……
> A：ええ。だって，そういうときは，リサに嫌な雰囲気を味あわせたくないもの。でも，あなたは私が妹の所へ行ってほしくないみたいね。まるで，妹と連絡をとりあっちゃいけないみたい……
> P：ああ。だけど，時々君は，僕が何か言うとすぐにイライラするじゃないか！　そうしたら，後は決まって君は出て行く準備を始めるしさ……

セラピストの前で交わされたこのような言い争いは，おそらく2人の間で起こるかなり典型的なものと思われます。それには，次のようないくつかの特徴があります。その特徴とは，①彼らは同時に複数の問題を話題にしている，②自分たちの問題を一般的な問題として（あるいは，すり替えて）話している，③どちらが悪いのか探り出すことに焦点を当てている，というものです。さらに，このように言い争っても，日々の問題解決にはまったくつながっていないようです。

まず，問題が何であるのかを明らかにすることから始めましょう。以下のように，できる限り特定的に問題を明らかにしていくべきです。

T：では，私たちが話し合っている問題が何なのか，はっきりさせていきましょう。では，アンナ。あなたは夜，ペーターの帰宅時間がわからないから，その間拘束されている，そのように私は話を理解していますが，それでよいですか？
A：ええ。
T：それでは，ペーターが今の職場で働いていていいか，辞めたほうがいいか，ということではないんですよね？
A：ええ。それは関係ありません。
T：では，ペーター。あなたは，アンナがたびたび妹さんの所へ行くようになってから，週末お互いに会えないことを問題として話されましたね？
P：はい，私がリサより多くの時間を過ごせるのは，平日です。
T：なるほど。では，アンナが妹さんと連絡をとるかどうかが問題ではないんですね？
P：はい，彼女たちが一緒に過ごしていても，僕は構いません。
T：よかった！　これで，私たちが何の問題を話し合っているか，皆意見が一致しましたね。

セラピストは続けて，彼ら2人にそれぞれ，次のようなことを考えるように促しました。それは，自分自身の行動を変えなくてはならない機会をできるだけ多く探し出すというものでした。他人の行動をコントロールしようとすると，それだけで相手の反感を引き起こすことになるからです。それは，**カウンター・コントロール**（counter-control）に対する先行刺激となっているからです。カウンター・コントロールとは，相手（他者）がこちら（自分）の行動をコントロールしようとすることに対して反発する行動のことです。このような行動は，今度は相手にとっての先行刺激となり，相手からのコントロールをいっそう強めることになるのです。このスパイラル（悪循環）は，多くの場合，人間関係を壊していきます。

T：では，ペーター。夜，アンナの時間的拘束を減らすためには，何ができ

ると思いますか。
P：んん……ここで，僕の仕事の状況について話せば，今すぐにでも解決できることがあるかもしれないなぁ。
T：たとえば，1つの選択肢（案）として，あなたの上司にこのことを相談してみる，というのは，どうですか？　他には何かありますか？
P：仕事を辞めることはできないですよね？
T：理論上，辞めることはできます。それも，この問題を解決することになるでしょう。ですが，おそらく，それはあまりよい選択肢ではないと思います。仕事を辞めたら，他のことへの影響があまりに大きいでしょうから。でも，この案もリストには書きとめておきますね。
A：私に電話をして「帰宅が遅くなるよ」って知らせるくらいのことはできるんじゃない？　そうしたら，私はイライラしながら待っている必要なんてなくなるはずだわ。
P：たまっている仕事を片づけるために，週のうち一晩だけを残業に充てるようにすることもできるね。
T：今までとは違ういろいろな選択肢がみえてきましたね。では，アンナに夕方以降何か予定があると知っていたら，職場の人に「今日は帰らなくてはいけないんだ」と言うことはできますか？
P：彼らになんて言われるかはわからないけど，理論上はできます……いや，できると思います。

　以上の会話の中に，問題解決スキルの別の側面が含まれていました。それは，①さまざまな選択肢を考え，1つの選択肢にすぐにこだわってしまわない，②相手の提案をいちいち批判しない（相手の行動をコントロールしようとするときにやりがちなことですが），ということです。つまり，ここでは，どんなことでも言える状態や雰囲気を作り出す必要があるわけです。たとえば，セラピストは，冴えない提案（仕事を辞めるなど）であっても，その場で却下するのではなく，他の提案（選択肢）と同じように扱っています。そうすることで，その提案も問題解決策の1つとして，メリット－デメリットの点から検討されるということをクライエントに示しているのです。このように多くの解決策が提案されて初めて，どれを選ぶか決めるために選択肢を評価していくのです。それでは，2つ目の問題に進みましょう。アンナが，リサを連れて妹の

所へ出かけてしまうという問題です。この問題は，2つの結果を生んでいます。1つ目は，妹の所へ行くことが逃避行動として機能し始めたということです。もう1つは，ペーターは最小限の時間しかリサと過ごせないということです。

　ここで，覚えておいてもらいたい重要なことがあります。問題解決方法を身につけるのは，その日の特定の問題を解決するためだけに必要なのではない，ということです。重要なのは，アンナとペーターが，共通の問題解決スキルを身につけ，毎日の生活で生じる同様の問題に，自分たちで対処できるように援助する，ということなのです。言い換えれば，この行動こそ，私たちセラピストが彼らに獲得してほしいものなのです。この手続きを何度も繰り返すのは，そのためなのです。セラピー・セッションが続いているうちは，他の新しい問題に対しても，この問題解決の手続きが適用されていきます。そして，クライエント自身がその手続きを担う部分を徐々に多くしていき，最終的には彼らだけで問題を解決できるようにしていきます［訳注6］。

文脈を変えるために行動契約を使う

　ジェニーのケースの例では，特定の行動に特定の結果を随伴させることが，施設内でどのように役立つのかを説明しました（本章前半）。ただし，この随伴関係は，アセスメントに基づきよく検討され，クライエントとセラピストの同意に基づいたものでなければなりません。これと同じことが，他の多くのセラピー場面でも機能します。その手続きは**行動契約**（behavioral contract）と呼ばれます。

　（行動契約という手続きを説明するために）ペーターとアンナのケンカをもう少し詳しく検討してみましょう。ペーターは，自分の仕事が問題扱いされていることに失望しています。そして，時間通りに帰宅したことがないと責められる代わりに，彼が家庭を経済的に安定させていることを認められてしかるべきだと考えています。一方，アンナは，自分の自由な時間が減らされて，夜は

［訳注6］つまり，複数の範例を用いてトレーニングする（multiple-examplars training）ことによって，問題解決スキルを般性化（generalized）させるということです（Stokes, T. F. & Baer, D. M. (1977). An implicit technology of generalization. *Journal of Applied Behavior Analysis,* 10(2) , 349-367)。(TM)

まるで外から鍵をかけられているみたいに拘束されています。そのため，アンナはペーターに帰宅時間のことについて不平を言います。しかし，その不平は，アンナが彼の行動をコントロールしようとしているものとして機能します。つまり，それは彼にとって嫌悪的な刺激となるのです。そこで，彼はこの状況から逃れるために，アンナへのはっきりした返答を避け，成り行きに任せます。このような一連の行動が続いた結果，2人の関係の結びつきは弱くなっていきました。

アンナは，口論になると妹の所へ行きます。結果的に，この行動の機能は，妹との関係を維持するためだけのものではなくなっていきました。つまり，ペーターから逃げる機能や，衝突につながる状況から回避する機能ももつようになったのです。このような一連の行動が続いた結果，2人の関係の結びつきは弱くなっていきました。

ここで，ペーターとアンナが，自分たちの関係をよくしていきたいと考えて，どのように振る舞っていたのかに注意してみてください。というのも，これが，その場限りの解決法がうまくいっていない好例だからです。親密な人間関係の間に生じる問題を直感的に解決しようとするとき，しばしば次のような条件が含まれていることがあります。その条件は「先に，相手が変わらなければいけない。もしそうなったら，自分自身の行動を変えてもいい」というものです。そして，コントロールとカウンター・コントロールの随伴性が複雑に絡み合うために，問題はますます解決しがたいものになってしまうのです。

（以上のような問題を解決するために使用される）行動契約は，以下の4つの一般的な条件に基づいています（Houmanfar, Maglieri, & Roman, 2003）。

1．そこには，目標についての明確な契約が含まれている。
2．そこには，関係者全員が，成功（治療目標の達成）について評価できるだけでなく，目標達成までのプロセスに参加し，経過を追うことができる，ということが記述されている［訳注7］。
3．そこには，行動契約に含まれている人たちが行動しなければならないことが記述されている。
4．契約書の作成の際には，関係者全員がその作成に積極的にかかわってい

［訳注7］つまり，それによって，全員が過程と結果について確認できるようになります。（TM）

なければならない，ということを明確にしておく必要がある。

　関係者全員が積極的に参加していることを確認する方法の1つは，関係者それぞれのサインが入った契約書を作ることです。もちろん，行動契約は口頭で同意を得ることもできます。しかし，それはわかりやすく明白なものである必要があります（そのため，口頭では不十分です）。さらに，提案されたことに対してうなずくだけの同意では，行動契約の同意として不十分です。また，口頭で確認をするような状況は，コントロールあるいはカウンター・コントロールの影響を非常に受けやすいものです。そのような危険性を回避するため，行動契約書を作成して，関係者相互の責任をはっきりさせる必要があるのです（図表12-2）。

図表12-2　行動契約：アンナとペーター

契　約　書

目標
- お互いに，家族のことについて，より大きな責任をもつ
- 2人の間で起こるケンカをよりよく解決できる

短期目標
- アンナは，平日の夜，エクササイズのクラスや，他の定期的な活動に参加できるようになる
- ペーターは，週末，アンナとはもちろん，リサとも一緒にもっと長い時間を過ごせるようになる

ペーターは：
- 不規則で予測できない自分の勤務時間と，良好な家庭生活との両立が難しいということを，自分の雇い主に相談する
- 少なくとも週に1日は，前もって約束しておいた日に，6時前に帰宅する
- 予定外の仕事が入り，帰宅できないような場合，電話あるいは何らかの方法でアンナに連絡をする

アンナは：
- ペーターの休みの日に妹の所へ行く場合，遅くとも1日前には彼に伝える
- ケンカをしてしまったとき，前もって妹の所へ行く予定ではなかったならば，家に残る。そして，事前の約束もなく突然訪問しないことを妹にも伝える

私たちは：
- 週に1度は腰を落ち着けて，次の週の予定を検討する。そして，上記の目標を達成できるように，前もって次の週の計画を立てる

私たちは，行動契約を，ある文脈を変えることを目的とした教育的で明確な方法として捉えることができます。そして，行動契約が適用される文脈とは，その中に含まれている人たちが不満を抱えていて，その場限りの解決方法では変化が期待できないといった場合です。また，行動契約には，心理療法において最も重要であると思われる，基本的なメカニズムがいくつか含まれています。つまり，言語的に構成された刺激――「私たちがなりたいと思っている関係」――が，行動変容のための出発点となるのです。もちろん，その行動変容は，確実に望ましい結果に辿り着くことを目的としています。

　では，実際に，この行動契約は機能するでしょうか？　この問いに対しては，次のように答えることしかできません。

　「やってみるまで，わかりません！」

　何よりも大事なのは，この行動契約を試してみようとすることなのです。私たちは，自らの行動をより柔軟に，よりバリエーションをもたせようとしています。だからこそ，試行錯誤（trial and error）によって，機能する「何か」を見つけ出そうとしているのです。なぜなら，たくさんの行動をあらかじめ機能で定義して，「この行動は，このように機能しますよ」と完全に保証するようなことなどできないからなのです！［訳注8］

　この章では，行動変容のための2つの方略に関する原則を説明してきました。その2つの方略には共通点があります。それは「望ましくない結果をもたらす行動に影響を与えるため，直接的な方法で結果（C）を変えようとする」ということです。もちろん，私たちは，当事者の行動レパートリー（B）に影響を与え，彼らが新しい行動をすることで，広がりをもったさまざまな結果に触れることができるようにもアプローチします。しかし，そのようにアプロー

──────────
　［訳注8］もちろん，ここで「やみくもに試行錯誤せよ」と主張しているのでは決してありません。計画された行動が実際に機能するかは，行動してみるまでは最終的にはわからない（たとえ，綿密に分析し計画されたとしても）ということを意味しています。臨床行動分析では，可能な限り，機能をアセスメントし，分析し，実施可能な優先順位を決定して，それに基づいて具体的な行動実施の計画を立て，実際に行動することにトライしていきます。しかし，ものごとを100％予測することは不可能なため，それには必ず失敗の可能性が含まれます。もし，失敗したとしても，再度，分析や計画をし直して，再びトライしていけばよいのです（優先順位の決定にリスクマネジメントも含まれるわけですから，再トライの余地が必ず存在します）。（TM）

チするときでさえも，明らかに，個人の外的要因に対して焦点を当てていくのです。

　次章でも，引き続き，どのように学習原理がセラピーに応用されているのかを説明していきます。ただし，次章で説明していくセラピーの設定は，予約した時間通りにセラピストが1人のクライエントと会う，いわゆる「心理療法」といわれる場面です。

第13章
実践の原則(2)
──行動的心理療法

　心理療法的な介入に関するさまざまな条件を理解するために，これまで「2つの舞台」について述べてきました。セラピストは，クライエントの日常生活のごく一部分にしか接していませんし，クライエントの行動を統制している随伴性を利用することも，とても制限されています。週に45分のセラピーを行うということは，残りの1万35分はクライエントに接することができないということなのです！　しかし，変化を起こす必要があるのは，この残りの時間です。そして，クライエントとセラピストがセッション中に行う協働作業は，この時間（つまり「第2の舞台」）における変化を引き起こすためにあるのです。つまり，これは，セルフ・ヘルプのための援助なのです！　（繰り返すようですが）しかし，セラピストとして，私たちが直接変化を促すことができるのは，「第1の舞台」の文脈だけです。つまり，私たちとクライエントとが会っている，今のこの状況だけなのです。

般化こそすべて──セラピーは「般化のために」

　クライエントがセラピストの前でだけ変化を示すということは，当然のことながら，セラピーのゴールとして十分ではありません。「第2の舞台」であるセラピー外の日常生活において，新しい行動が般化したときに初めて，セラピーが成功したといえるのです。では，どのようにして般化が引き起こされるの

でしょうか？　それは，日常生活に，その新しい行動を統制する随伴性が存在し，クライエントがその随伴性に接することができた場合にのみ引き起こされます。だからこそ，セラピストは，クライエントが自然に起こる強化にさらされるよう，その可能性の高い行動を，セラピーの中で強化していくべきなのです。そうすることで，日常生活の中で，クライエントがセラピーのときと同様にアクションした場合，彼らは自然に生じる強化を受けることができるのです。もちろん，クライエントの日常生活に存在する文脈は，多くの点で（セラピー場面とは）異なります。しかし，クライエントの日常生活に，実際に自然な強化子になるかもしれないものが含まれていなければなりません。それが，心理療法の必要条件なのです。また，心理療法にも限界はあります。もちろん，すべての問題を解決することはできません。けれども，実際に，心理療法は多くの場合，建設的に問題解決に貢献してきました。このような事実は，多くの場合，利用することのできる自然な強化子が日常生活に存在している，ということを示しているのです。言うなれば，「**リアリティこそ，セラピストの最良の友**（reality is the therapist's best friend）」なのです。

　ただし同時に，この自然に生じる強化随伴性に接していく中で，関係フレームづけがいろいろな問題（私たちヒトだけに生じる）を引き起こす可能性があります。例として，レナードの事例を取り上げてみましょう。おそらく，彼が孤立した状態から抜け出せたら，自然に生じる強化子がより機能的なアクションを統制できるようになるでしょう。しかしその一方で，彼の言語行動は，いろいろなやり方でこの効果（実際の強化子からアクションが影響を受けること）に横やりを入れてくるでしょう。たとえ新しい体験をしても，彼はついつい「これでよかったのだろうか？」「もっと，こうすべきだったのかもしれない」と，ものごとを評価的に捉えてしまうかもしれないからです。つまり，関係フレームづけによって，実際の結果（C）のもつ機能を自分自身でゆがめてしまう，という恐れがあるのです。その結果，たとえ外出をして人に会っても，実際の結果がもはや望ましいアクションを統制しなくなるのです。

セラピストとの会話を治療に利用する

　人が自分の問題について心理的な援助を求める場合，その多くは重要な対人

的要素を含んでいるものです。この要素は，たとえば，（人との関係で問題が生じているとき），親密な関係を築くことが難しかったり，攻撃的に接してしまったりするという問題として定義されるものです。しかし，こういった対人的要素は，少なくともセラピーの初期では，関心が払われていない場合も多いのです。それというのも，対人関係以外の問題で援助を求めてきたクライエントが，同時に他者とうまく接することができないという問題を抱えていることが多いからです。人間が本質的に社会的な存在であることを考えれば，このことはとくに驚くべきことではありません。もし，対人関係の問題がそのクライエントの中心的な問題である場合には，セラピストとの関係の中でこの問題が表面化するでしょう。つまり，対人関係の問題を治療的関係の中で取り上げることができるのです。こういったアプローチは，行動療法の中でこれまで主流ではありませんでした。しかし，私たちの「見方・捉え方」から考えて，とくに心理療法のオペラントの側面を「学習の場」として捉えるなら，それが重要であるのは言うまでもないことでしょう。

　たとえば，レナードは，重要な他者が自分と異なる意見をもっていると，自分の意見を変えずにはいられないと感じています。この場合，セラピストとの会話の中でこの問題を取り上げることができます。セラピストは，レナードの問題行動（黙り込んだり，あきらめようと考える）を強化することもできるし，逆に，他のより機能的な行動を強化することもできるのです。

　あなた自身が同様の状況に置かれて，クライエントの問題に関連する対人関係の問題を捉えたら，クライエントの行動を，シンプルにＡＢＣ分析してみましょう。以下の質問があなたの分析をガイドしてくれます。

- ■クライエントは何をしているか（B）？　下を向いて，黙ってしまうか？　会話を遮るようなかたちで，自分の話を始めていないか？
- ■その行動は，どのような状況下で生じるか（A）？　それは，あなたが何か特定の話題を持ち出したときに生じるか？　あなたがクライエントの意見に反対したときか？　あなたが話題を変えたときか？
- ■結果として，どうなるか（C）？　クライエントの応答によって，あなたは会話がしづらくなったか？　その会話の中で，治療的な協力関係が弱められた感じはあるか？

会話の中で生じたものを活かしていくために，必要な最初のステップは，「そこで起こったことの中で，重要なものは何か」を弁別する（見分ける）ということです。もちろん，あなたは，セラピストとして，この弁別を1人で（自分自身の中だけで）行うことができます。しかし，あなたは，そのような分析にクライエントを参加させようとする，つまりクライエントと一緒に分析をしていくこともできるのです。それでは，以下の会話を見てください。

　　セラピスト（以下T）：これが，本当に彼女が言いたかったことなんでしょうかね？
　　レナード（以下L）：（目をそらし，うつむきながら深呼吸をして）いや……たぶんそうではないと思います。私の思い込みかも。ものごとを簡潔に話すこともできない……それほど，自分の状態が悪くなっていっているのかなぁ。
　　T：（セラピストは，このやりとりの中で臨床的に重要なことが起こっているのに気づいて）んん……少し聞かせてほしいんですが……今，あなたは，ティナが何と言ったかを話してくれました。そして，彼女の言いかかったことが何だったのかということを，あなたに確認しました。そのことについて，あなたはどう感じましたか？
　　L：（顔をあげたが，ためらいがちに）それは，どういう意味ですか？
　　T：そうですねぇ，私が言いたいのは……私は，あなたの話にちょっと反対するような質問をしましたよね。そうされたときに，あなたはどう感じたか，それを私は知りたいんです。

　セラピストが観察しなければならない行動は2種類あります。1つは問題行動，もう1つは，そのときに生じる可能性のある代替行動です。もちろん，会話の中で，クライエントがどのように行動しているのか，彼がどんな状況下でその行動を行うのか，そしてその結果どうなっているのか，が話し合われます。しかし，それ以外に，新たな「何か」，つまり今までとは異なる「何か」が，その会話自体の中にもたらされることになります。つまり，セラピストのアクションが，新しい結果を提供するのです。その結果によって，まず第1に，問題行動が遮られることになります。第2に，クライエントが新しい行動の仕方に取り組むようになります。たとえば，レナードの事例では，彼自身の

意見を表明させることが，それに相当します。それでは，ここで2つの重要なガイドライン（セラピスト用）を紹介します。

1．代替可能で望ましい行動（治療的な作業で設定した目標と一致する行動）を強化する。

自然な形で制約を受けずに強化されることが重要です。行動が治療場面以外の状況に般化するために，通常の生活においてみられる強化を提供する必要があります。「あなたが大声で，私の意見に反対したことがうれしい」と言って，クライエントの主張行動（self-assertion）を強化したとします。しかし，それはあまり意味がないでしょう。それというのも，職場の同僚や配偶者からそのように反応されること（つまり，そういった強化）は，日常生活でほとんど期待できないからです。むしろ，セラピストがクライエントの発言をよく聞き，それについてよく考えることこそ，より自然な形で強化することになるのです。私たちセラピストが，自分自身の行動を弁別（見分ける）する技術を磨き，その能力を向上させることが必要不可欠なのです。また同時に，実際の会話の中で，望ましい行動を強化する機能をもっているのは何かを見定めることも，とても重要なことです。自分のクライエントについて，こういった分析を行い，十分にそれを利用しなければならないのです。

2．あなた自身の行動の中で，クライエントにとって罰の機能をもつ行動を見極め，その行動を控える。

罰の機能は，不満や苛立ち，またその種のものを表明するといった場面に限ったことではない，と理解する必要があります。たとえば，自分の意見を押しつけたり，ほとんどしゃべらなくなったり，クライエントの動機を否定したりすることも，罰に該当する場合があります。あるクライエントにとっては，いろいろな行動を弁別する訓練として機能する介入であっても，他のクライエントには罰として機能することもあります。分析は，つねにクライエントごとに（つまり，「オーダーメイド」で）実施されなくてはなりません。そして，対人関係に焦点化した介入は，決してステレオタイプな方法で導入されてはいけないのです。

汎用性のあるスキルとしての自己観察

クライエントの行動を変えるために、私たちセラピストは、セッション内で、重要で汎用性のあるスキルについても強化していきます。そのような重要なスキルのうちの1つが自己観察です。

これまで説明してきたセラピーのモデルにおいて、多少の自己観察は、ほとんど自動的に行われています。私たちが行動を分析する際に用いる観察方法——たとえば、行動的なテストや、記録をつけるというホームワーク（第2章参照）——は、単にデータを収集するためだけの手段ではありません。それらの方法は、同時に自己観察を継続させる力を潜在的にもっているのです。クライエントにもABC分析を実践するような役割をもたせる場合、彼らが日常生活と同じように、セラピー中も、自分のアクションやリアクションを観察することが前提になります。私たちセラピストは、クライエントの自己観察行動を強化するような、さまざまな働きかけを継続して行っていきます。たとえば、クライエントに観察するよう求めたり、「直接の目撃者（firsthand witness）」としての役割を何回も強調したりします。クライエントがセラピー中に興味をもって観察する対象と、日常生活で観察する対象とは、おそらく異なるでしょう。しかし、日常場面で、それまでとは異なる強化子が自然に随伴することで、般化が促進されていくのです。そして、その異なる強化子とは、たとえば、クライエントが日常生活の中で新しい選択肢を発見したり、よりうまくいくよう行動を調整できたり、感情の変化を体験したりする、といったことです。

エクスポージャー（Exposure）

ここで、行動療法が最も成果をあげてきた「黄金地帯（golden grounds）[訳注1]」を紹介します。エクスポージャーほど、実証的に裏づけられた治療原理をもっている技法はありません（Barlow, 2002）。それは、他のどんな治療

[訳注1] 種をまけば、豊かで確かな実りを手にできるような土地。

技法よりも，多くのさまざまな領域で，その有効性が確かめられてきました。

エクスポージャーは，たいてい特定の恐怖症，たとえばクモ恐怖の事例を用いて説明されます。まず，不安や他の否定的な感情を誘発する状態に，徐々に接近させます。次に，消去が生じるまで十分に長い時間，そこにとどまらせます。不安が生じても，低いレベルになるか，十分に操作できるようになるまで，そのままの状態を維持することが求められます。このようにエクスポージャーは，自然に生じる消去プロセスではありません。ここで，結果に統制されている行動（オペラント）が，いかに決定的な役割を果たしているかに注意してください。回避行動は不安を低減させているので，負の強化によって維持されているといえます。エクスポージャーは，その回避行動をまず中断させるのです。そして，否定的な情動を誘発する条件（たとえば，クモ）に接近できるようにする（このプロセスは消去）のです。これにより行動の再学習が可能になり，不安が低減されていくのです。もう1つ，よく挙げられる例を紹介しましょう。それは強迫性障害（obsessive-compulsive disorder）に対するトリートメントです。ある文脈で（たとえばトイレに行った後で，手洗い行動を終えた途端），不安が生じ，クライエントが（少なくとも一時的には）不安を低減するような何らかの行動（たとえば，手洗いを繰り返す）を行うとしましょう。このような事例では，クライエントは，まさにこの文脈にさらされ，不安を低減する行動を遂行しないように求められるのです（これを**反応妨害つきエクスポージャー**（exposure with response prevention）」と呼びます）。

しかし，エクスポージャーは，ここまで紹介してきた古典的な例だけでなく，もっと広範囲にわたって適用されている治療原理です。たとえば，アリスの「絶えず心配をしている」という問題を取り上げてみましょう。まず，次のような違いを明確にすることが必要です。つまり，「心配思考（worry thoughts）」（たとえば，「フィアンセに何かが起こるのではないか」「心臓がどこか悪いのではないか」など）と，「それらを和らげる，あるいは気を鎮めるためにすること」との違いです。次に，たとえ心配思考があっても（不安は誘発されますが），そのままにしておく勇気をもつこと，またボブ（フィアンセ）の無事を確かめたり，主治医が大丈夫と言ったから心臓も平気だと思ったりする「自分に都合のよい理由づけ（comforting reasoning）」を行わないことが求められます。つまり，そうすることで，心配思考そのものに対して，そして，それによって喚起されるさまざまな感情に対して，エクスポージャーすることになる

のです。すなわち，「安全希求行動（calming down）」を控えること（反応妨害）が，一方では消去の機会を提供し，他方では行動レパートリーを拡大（**反応拡大：response extension**）させるような，新しい結果（Ｃ）と接する機会を提供するのです。

何をどのようにエクスポージャーするのか？

つねに，エクスポージャーを始める前には，ＡＢＣ分析を行います。まず回避行動と思われる行動がＢになります。あなたはＡの重要な要素に対して，クライエントをさらさなければなりません。それでは，Ａの重要な要素とは，いったい何でしょうか？

特定の恐怖症の場合，その答えはとてもシンプルです。たとえば，クモ恐怖の場合はクモになりますし，高所恐怖症の場合は高い場所ということになります。しかし，もう少し詳細に検討してみると，通常，情動やその他の内的な状態もＡの重要な要素であることがわかります。たとえば，パニック発作をもつ女性の例で考えてみましょう。クライエントがパニックを経験したり，自分なりに工夫して回避したりするような状況というのは，ほとんどの場合，いくつかの共通点をもっています。たとえば，人ごみや，一列になって待つ状況，映画館などです。しかし，そのような状況でしかパニック発作を生じさせていなかったクライエントが，時々，単に１人でいる状況でも（人がたくさんいない状況でも）その発作が生じることがあります。もちろん，このような問題が生じるすべての状況にクライエントをさらすべきなのかしれません。しかし，多くの場合，これらの状況は共通する要素をもっています。つまり，情動や身体感覚といった，さまざまな内的な出来事が含まれているのです。そして「クライエントがさらされなければならない文脈に，このような内的な出来事が，多くの場合，基礎的な役割を果たしている」ということに注目しているのが，**内部感覚エクスポージャー**（interoceptive exposure；Barlow, 2002）のコンセプトなのです。つまり，このクライエントが恐れている身体的な出来事（たとえば，目眩や非現実的な感覚）や，避けようとしているいろいろな思考に対して，エクスポージャーするということなのです。それというのも，これらの内的な出来事や思考が，この女性を不安にさせているからです。そのため，どのような事例でも，個々のクライエントに応じて分析し，何が重要な要素なのかを，正確に見極めることがきわめて重要になります。そして，そのようなオー

ダーメイドの分析を踏まえたうえで，最も好ましいやり方でエクスポージャーさせるために，どのような文脈が確立される必要があるのか，ということが決められるのです。

エクスポージャーは，クライエントの日常生活の一部としても実施することが可能です。たとえば，社会不安をもつクライエントが仕事場で同僚と会話する，といったことが挙げられます。しかし，多くの場合，クライエントとセラピストが一緒になって，エクスポージャーを行う状況を適切に配置する必要があります。たとえば，クモ恐怖の患者がセッション中に，クモを手に取ってみるというような場合です。経験的に，エクスポージャーのプロセスは，段階を設けて，長期的に，繰り返し行うのがよいということがわかっています。エクスポージャーは，数多くのさまざまな実施方法があります。それでは，アリスの例に戻ってみましょう。

アリスとセラピストは，次のように意見が一致しました。それは，毎日の生活で共通する問題は，1人で何かを行うことに対して恐怖を感じることと，その恐怖を回避するという行動である，ということでした。これは，彼女が感じる困難の一部に過ぎませんが，治療を成功させるには，とくに重要な機会であると，セラピストは捉えていました。

エクスポージャーを始めるにあたり，セラピストはアリスが回避している状況のリストを作成します。次に，これらの状況を（アリスからの情報をもとに）段階的に配置し，最も恐怖を感じない状況から始め，最も恐怖を感じる場面で終了します。アリスとセラピストが実際に行った恐怖・回避状況の階層表を図表13-1に示します。

このリストが作成された後，エクスポージャーは継続的に実施されます。実施方法は，セラピストの助言のもとで行われたり，アリス自身の力で日常生活の中でホームワークとして行われたり，あるいはその両方を組み合わせたりしながら行われます。どんな事例でも，日常場面でのホームワークを徹底的に遂行していくことが，般化を達成するために最も重要な要素になります。そして，恐怖を消去するために，いくつかの条件を揃える必要があります。まず第1に，その状況にとどまる十分な時間が必要です。徐々に恐怖が弱まるまで，決してその場を去ってはいけません。第2に，このエクスポージャーの手続き

図表13-1　恐怖と回避の階層表：アリス［訳注2］

100	別の都市へ電車で移動する
95	別の都市へバスで移動する
85	知らない人と車で移動する
80	知らない場所を歩く
70	短い距離をバスで移動する
65	タクシーに乗る
55	ショッピングモールに行く
45	歩いて仕事に行く
40	ショッピングモールで一列に並ぶ
35	大きな店で買い物をする

が短期間に何度も繰り返される必要があります。アリスの事例では，1週間に数日実践する必要があるでしょう。第3に，アリスの問題に関連するさまざまな状況に，十分（多く）さらされることが重要です。その理由は，恐怖が学習されるときには，さまざまな文脈にいとも簡単に般化していくのに，（逆に）それを消去しようとするときには，他の文脈に必ずしも般化しない，という特徴があるからです。そのために，消去のプロセスは，**文脈限定**（context-bound）なものといわれることが多いのです（Bouton & Nelson, 1998）。

エクスポージャーは単なる消去ではない

エクスポージャーは，3つの学習原理が同時に作用する治療的な手続きです。エクスポージャーでは，まずレスポンデント条件づけの原理に基づく消去が起こります。同時に，オペラントの原理も作用します。結果（C）に支配される行動，つまり回避行動を中断させようとするからです。このことを説明するために，ジェニーのリストカットの事例に戻ってみましょう。

リストカットのような自傷行動は，明らかにネガティブな結末をもたらします。ジェニーはこれを日常的に経験しています。こういった結果が，さまざま

［訳注2］図表13-1は第4章でも紹介した不安階層表を表しています。この表は文中の記載の通り，最も恐怖を感じない状況から最も恐怖を感じる状況までをリスト化したものですが，それぞれの項目の隣に書かれている数値は，最も恐怖を感じない状況を0，最も恐怖を感じる状況を100として数値化し，それを目安にそれ以外の項目にそれぞれふさわしいと思われる数値を割り振っていったものです。こうした数値のことを自覚的障害単位（Subjective Units of Disturbance：SUD）と呼び，系統的脱感作による治療はこのSUDの変化をもとに進められていくことになります。（NY）

な意味で，彼女をひどく苦しめます。もちろん，彼女は，自傷をすれば望まない痛みを感じることになる，ということを理解しています。しかし，彼女は自傷をしたとき「でも，どうしていいかわからないの」と言うのです。つまり，ジェニーは，自傷に伴うネガティブな結末を明確に認識しているにもかかわらず，その行為は維持しているのです。このような場合，どのような結果が，彼女の自傷行動を維持させているのでしょうか。それには，いくつか性質の異なる理由が考えられます。しかし，ここでは，そのうちの１つに焦点を当ててみましょう。ジェニーは，ある特定の状況で，強い絶望を感じます。彼女は，まるで「気がおかしく」なったような気分になります。そのようなときに，彼女はリストカットをするのです。そうすることで，その絶望を一時的に紛らわすことができるのです。この行動は，負の強化（絶望の感情が軽減する）と正の強化（周囲の人たちが気にかけてくれ，かかわりをもとうとしてくれる）によって生起しています。

　それでは，実際にセラピーをどのように進めればいいかを見ていきましょう。先述したように，彼女の周囲のスタッフが，自傷行動を強化することを必要最小限にすることと同時に，代替行動を強化していくように，接し方を調整することが重要です。

　エクスポージャーも，ジェニーの個別のセラピーにおいて重要な役割を果たすことが考えられます。ジェニーが「絶望という感情」を回避しているということが，彼女のリストカットという問題の中心的なものと考えられるからです。彼女は，「絶望を感じる」という状況のもとで（A），自傷行動を行い（B），その結果，少なくともその間は否定的な感情を減らすこと（C）ができるのです。

　もし，ジェニーが自傷行動を控えることに納得できたら，必然的に彼女はネガティブな感情に向き合うことになります。同時に，それに関連した，いろいろな考え，感覚，そしておそらくフラッシュバックにも直面するでしょう。もし，このような分析が正しいとすると，彼女がそのような感情をより抑えられるようになれば，自傷行動は低減していくでしょう。彼女が少しずつ「絶望という感情」に向き合えるようになれば，クモの存在でネガティブな感情が生じていた事例と同じように，レスポンデントの消去が生じます。その場合の感情は，もはや最初の感情とは異なっているはずです。しかし，次のことに注意が必要です。それは，その感情が生じたときには，レスポンデント条件づけに関

連するものよりも，もっと多くのものが生起しているということです。つまり，「絶望という感情」にとどまるというオペラント行動が生起している，ということなのです（自傷によってその感情を回避する，というオペラント行動ではなく）。そのオペラント行動の結果（C）は何でしょうか？　もちろん，その結果は，リストカットをした後に生じる結果とは，少なくとも異なっているでしょう。ジェニーは，その新しい結果に接し，新たな行動が出現するようになるでしょう。そうなったときに，セラピストは，その代替行動を教えることができます。たとえば，（今，ここで）何が起こっているかに注目すること，それに代わる気晴らし行動をすること，そして，自分にとって重要なものを手に入れるように努力すること，などです。つまり，ここで注意しなければならないのは，この事例におけるエクスポージャーが，明確にオペラントの側面をもつ，ということなのです。私たちが達成しようとしているのは，反応妨害法による消去だけでなく，反応拡大による消去なのです。すなわち，私たちのねらいは（先述したように），反応のレパートリーが拡大するような，新たな結果にジェニーを接触させることにあるのです。そうすることで，彼女は新たな文脈に接触することになります。そして，それによって，新しい行動が生起するようになるのです。このような望ましい循環が，彼女にとって新しい文脈となるでしょう。それというのも，それまでの彼女は，いつも何かをすること（たとえば，リストカット）で絶望を感じることを回避していましたが，今ではそういった行動を控えるようになっているからです。

　また，関係フレームづけも，このプロセスにおいてとても重要な役割を果たしています。ジェニーが回避していた絶望的な感情は，単なる感情や身体感覚，フラッシュバックだけではないからです。もちろん，そのような感情，身体感覚などがすべてそこに生じていて，ともに重要な役割を果たしています。しかし，そこには，もう1つ重要な要素があるのです。その要素とは，感情や身体感覚などから，ジェニーが新たに作り出したものです。それは「うまく対処できない。狂ってしまいそう」という彼女のコメントに表れています。そして，エクスポージャーは，このようなジェニーが新たに生み出したもの（言語化によって生成された嫌悪刺激）を変容させるでしょう。おそらく，ジェニーは，絶望的な感情に対する捉え方を「私をダメにするもの」から「私が何とか対処できるもの」へと変えていけるでしょう。

トラウマ処理（Trauma Processing）

　私的な出来事（内的な出来事）に対するエクスポージャーの別の例としては，ミルザに対するアプローチが挙げられます。彼の話によれば，多くの日常的な出来事が，不安や吐き気，つらい記憶，そして身体的な不快感を生じさせている，ということでした。たとえば，そのような出来事とは，繁華街でパトカーを目にすること，ケガをした人のエピソードをテレビで観ること，誰かがボスニアの話をしているのを耳にすることなどです。やがて，彼は，そのような感情を生じさせないように行動し，そうすることに慣れていきました。しばらくの間，彼は，この方法で苦痛を減らすことができていました。しかし，このやり方は，長い目でみれば，あまりうまくいかなかっただけでなく，かえって高い代償を払うことになってしまいました。つまり，彼の生活は，著しく制限されたものになってしまったのです。ここで，彼に対してエクスポージャーを実施するには，次の2つのことが必要となります。まず，ミルザが日常生活の中で感じる恐怖に対して，実際にエクスポージャーしていけるように勇気づけられる必要がある，ということです。次に，セラピストが，エクスポージャーを段階的に実施していく必要がある，ということです。たとえば，後者については，ミルザに目を閉じるよう指示し，自分が回避してきたもの（たとえば，特定の記憶）をありありと思い浮かべるように教示するといったことが含まれます。不安を生じてしまう出来事に接したままでいることによって，消去の可能性が高まります。そして，行動のレパートリーを広げることで，ミルザが新しい結果（C）に接する機会が増えるのです。

セラピスト（以下T）：あなたは，何を思い浮かべましたか。
ミルザ（以下M）：（苦悶の表情で）車が見えます。両足が突き出ています。
T：2，3歩前に出られますか。他に何か見えるようでしたら見てください。ゆっくり前に出てください。
M：（緊張した様子で）体の残りの部分が見えます……ひどい……そこらじゅう，血だらけだ。どうやったら，こんなことできるんだ。（泣く）こんなこと誰ができるっていうんだ。
T：そうですよね……本当にひどいことですよね。それでも，そこにとどまっていられますか？ じっとそれを見ていることはできます？
M：とても，つらいです……

T：（ミルザの内的な体験に関連するレパートリーを広げようとしている）それでも，そのまま，そこにいるようにしてください。ただし，ちょっとの間，周りを見渡してみてください。そこに横たわっている人がどんな服を着ているか見えますか。その周りに他の人はいますか。その車の色は何色ですか。

M：その人の服は見えない……そう，ただ茶色のブーツを履いているのがわかります。以前には，そんなこと思いもしなかった。車は青色です。小型トラックのようです。

T：天気は，どのような感じですか。

M：そう，太陽が出ています。でも，寒いです。でも，こんなにはっきりと覚えているなんて自分でも知りませんでした。

T：地面に横たわっている男の人を少し見られるようなら，見てみてください。

このやりとりの時制（tense）が「現在」であることに注意してください。つまり，クライエントは「今，そこにいるつもり」でいるように促されたのです。また，別のアプローチもあります。それは，その特定の記憶を思い浮かべたままで，今感じている自分の身体的な感覚に焦点を当てるというものです。その場合，クライエントに「今，ここに」自分がいるという感覚をもってもらい，さまざまな観点から身体的な感覚を言語化してもらいます。さらに，ここで理解すべき重要なことは，次のようなことです。重要なポイントは，その苦痛に耐えることではなく，より柔軟な方法で突然現れる感覚や記憶を観察し，うまく処理することができるようになる，ということなのです。ミルザに促したのが，恐怖を感じるものに注目することではなく，周囲を見渡すことであったのは，そういった理由からなのです。

行動活性化（Behavioral Activation）

エクスポージャーが不安の条件づけに関連するセラピーだとすると，行動活性化（behavioral activation）という手続きは，うつの条件づけに関係するセラピーといえます（Martell, Addis, & Jacobson, 2001）。うつの状態では，ひ

きこもり（withdrawal）や受動的な特徴（passivity）が表れます。このことは，通常，個人の生活を統制している多くの強化のメカニズムが，うまく機能していないことを意味しています。そのため，クライエントにより活動的になるよう働きかけることができれば，強化子が提示されるような結果をもたらし，その強化機能を取り戻すことができるのです。

多くの点で，行動活性化は，エクスポージャーと同じプロセスをもっています。受動的であること（passivity）は，正確には「何もしない」ことではありません。「受動的である」という「行動」なのです。もう一度レナードの事例に戻って，仕事の同僚と外出せずに，ひきこもっていた状態を考えましょう。

レナードは，ある晩，同僚と一緒に出かける約束をしました。しかし，家を出る直前，もう家族の誰とも一緒に生活していないということを思い出してしまいました。その晩，同僚と話をすれば，家族に関係する苦痛を感じることになるのではないかと考えました。いつも，子どもたちがどれだけ大きくなったか，どんなことをしているか，などについて話すことになるからです。結局，彼は外出しませんでした。それでは，以上のことをＡＢＣ分析してみましょう。レナードがその晩，同僚と一緒に出かけ，そこでどんなことが起こるか考えたとき（A），レナードはこういった対人的な接触を避けることを選択します（B）。その直後に生じる結果は，「その晩に彼が不愉快になること」について考える必要がなくなる（C）ということです。しかし，この選択は，一方で，とても明白な結果をもたらします。つまり，寂しさと孤独感が増してしまう，という結果です。

行動活性化は，このようなタイプの悪循環を打ち切ります。この手続きは**「リアリティこそ，セラピストの最良の友」**という信念に基づいて実施されます。もし，レナードが，より多くの対人接触を求めるよう促されれば，より機能的ないくつかの行動（が生じ，さらにそのうちいくつかの行動）は，結果（C）に触れることになるでしょう。つまり，私たちは，オペラントのプロセスについて話しているのです。しかし同時に，ここでは，エクスポージャーの要素も明らかに存在していることに注意してください。もし，レナードが新奇な状況において，同僚との集まりに加わることを選択したら，それまでと同様の思考や感情が生じることになるでしょう。彼が望んでこの状況にエクスポージャーしたら，これは新たな行動の重要な部分となるのです。つまり，ここでも，彼が（否定的な）思考や感情にエクスポージャーすることで，悲嘆や落胆

のような感情が変化することを期待できるのです。

　さらに，重要なことは，無計画にこの活性化手続きを使用しない，ということです。そうではなくて，クライエントの本質的なものと結びつけることが重要なのです。つまり，先述したように，クライエントが自分の人生において価値（value）を置いているものと，セラピーのゴールを結びつけることが重要となるのです。つまり，「何か用事がある」という理由で出かけるのと，「同僚と楽しみたい」という理由や「同僚との社交的な時間を過ごすことが，自分の送りたい生活や人生の一部である」という理由で出かけるのとでは，その意味が違うのです。

思考内容を変える

　これまでの議論を通じて強調してきたように，関係フレームづけは，とても柔軟な行動原理です（第7章参照）。そして，その原理によって，私たちが出会ったものの機能が急速に変化します。そのため，この原理を直接用いることは，心理療法において重要であるといえるでしょう。さらに，私たちが，この「ものごとを関連づける」という方法によって（つまり，関係フレームづけによって），実際の随伴性に鈍感になるという副作用をもってしまうようなことがあれば，そのような関係フレームを変えるために働きかける必要があるといえます。しかし，これまでの研究知見によれば（Wilson & Hayes, 1996），すでに確立されてしまった関係を断ち切ろうとしても，その試みはほとんどうまくいかない，ということがわかっています。関係的な反応は，何かを「引く」ことでなく，何かを「加える（addition）」ことでしか変化しないのです。この場合の課題は，クライエントにまったく新しい方法で考えるように援助することです。それまでの考え方を放棄するように促すことではありません。私たちは，経験や体験を，消しゴムで消すように，データを消去するように抹消することはできないのです。けれども，何かを作り出すときと同じように，新たな考え方をしていく（考え方を変えていく）ことはできるのです。

　このような場合，**首尾一貫性**（coherence）の経験が，とても重要な般性強化子の1つとなります。私たちは小さい頃に，ものごとには必ず意味があり，つじつまが合う（add up）［訳注2］べきものだということを教えられます。つ

まり，首尾一貫性とは，そのようなことを意味します。これが，どれほど大切なのかは，明らかなことでしょう。たとえば，もしあなたが「禁酒している」と言っておきながら，舌の根も乾かぬうちに，「先週末，試したウィスキーはとてもよい味だった」と誰かに話したら，その人はどう思うでしょうか。おそらく，その人は戸惑いながら「それって，おかしいんじゃない！」と言うでしょう。私たち人間というのは一貫性を求めてしまいます。そのため，つじつまを合わせようとするはずです。誰かがそのコメントに対して一貫性がない（incoherence）と指摘します。そうすると，（ウィスキーをちょっと飲むだけの禁酒者である）あなたは，何かを言い足して，つじつまを合わせるという機会を与えられたことになります。そこで，あなたは「先週末だけは，禁酒してなかったんだよ」と説明しようとします。しかし，それでも依然として，つじつまは合いません。あるいは，「特別においしいウィスキーを勧められたとき以外は，正真正銘の禁酒者だよ」と説明しようとするかもしれません。そこでも，つじつまが合わないと言われてしまいます。そう言われたあなたは，さらに……（このへんでやめておきましょう）。このように，つじつまを合わせようとするのは，なにも他人から指摘されたときだけではありません。たとえ，私たちの内側だけのもの，つまり内的な出来事であっても，もしつじつまの合わないことがあれば，それを合わせようとするものです。このような首尾一貫性を経験するという般性強化子は，私たちがことばを習得する初期の頃に確立されるものなのです。

なぜ，私たちは，首尾一貫性を必要とするのでしょうか。それは，現存する言語的な構築物（思考）に対して疑問に思ったり，その思考が他の言語的な構築物（他の思考）や現象とどの程度つじつまが合っているかについて疑問をもったりすることによって，人は新しい方法で考えていくようになるからです。それでは，ジェニーの事例に戻ることにしましょう。彼女はセラピストと，ボーイフレンドのラリーに関係することについて話し合っています。

　　ジェニー（以下 J）：ラリーは，そこにいると約束したわ。でも，来なかった！　いつも同じ！　誰も，私のことなんか気にしちゃくれないのよ。

［訳注2］もともとは「計算が合うように足していく」という意味です。それが転じて「つじつまが合う」となったようです。これは，先述された「関係的反応は『加える（addition）』ことでしか変容できない」ということと機能的に類似しています。（TM）

もう，死んだほうがましよ。
セラピスト（以下 T）：なるほど，そんなふうに落ち込んでいたら，つらくなるわね……でも，誰も気づかってくれない，というのは本当？
J：本当よ。ラリーは，そこにいるって言ったのよ……
T：確かに，ラリーは約束を守らなかったようね。でも，そう言えば，あなたは「昨日，リサが電話をしてくれた」って言っていたよね。それって，誰も気にしていない，ってことになるかしら。
J：そうね。あなたの言うことがわかったわ。ラリーが気にしてくれなくても，他の誰かは気にしてくれている，ってことよね。

　また，心理療法の中にも，教育的な要素を含んだものがいろいろとあります。そして，それらも，この首尾一貫性という治療原理に基づいているのです。たとえば，アリスのようなクライエントと話をする場合に重要となるのは，彼女が恐怖を感じるときに，身体に何が生じているかに関する情報です。この情報によって，アリスは自分の動悸について，異なる考え方ができるようになります。そして，そのような考え方ができるようになることで，今度は，彼女の機能的ではない行動パターンがなくなっていくのです。

アリス（以下 A）：心臓が不規則にバクバクすると，とても不快な気持ちになります。そのせいで，1人きりで外出するのが怖いんです。何か悪いことが起こるんじゃないかと思ってしまうんです。
セラピスト（以下 T）：朝食中や出かけようと準備をしているときに，どのように感じるか教えてもらえますか？　以前，不安について話し合ったことを覚えていますか？　不安が，どんなふうに心臓に影響を与えていますか？
A：そうですね。不安が心臓をもっとバクバクさせているみたい。人が緊張したときに感じるのと同じ。
T：心臓病については，どうですか？　いつ，一番気になりますか？
A：そうですね。一般的には，クタクタになっているときに悪くなるんじゃないかしら。同じようなことが医学の入門書で調べたときに書いてありました。ボブのお父さんも，同じような症状みたいです。ストレスがかかると，調子が悪くなるみたいですから。

T：あなたは，ストレスのかかることをしたとき，どうなりますか？　やはり，悪くなりますか？

A：私は，そういったことをいつも避けるようにしています。でも，散歩に行くと，よくなることが時々あります。しかも，けっこう早く歩くと，よくなるんです！

T：あなた自身の体験が，ここで，あなたに重要なことを伝えてくれています。もちろん，心臓に問題があるかもしれないと心配する，ということについてです。あなたは，何もしていないときに動悸に悩まされます。でも，何かをしているときには，それが治まっていきます。このようなことは，不安によって動悸が激しくなるケースでよくみられることなんです。心臓病はたいていそれとは逆の症状の出方をするものなんです。

思考の機能を変える

　関係フレームづけの第7章で，私たちが強調したのは，思考の力は関係づけられたものに依存するということと，その関係づけられたものによって思考がその機能をもつようになるということでした。休暇を地中海で過ごそうと考えることは，ある種の刺激機能をもち，目の前に広がる海を見るように，実際に地中海にいるような働きをします。これは，望ましい結果を得るために，自分の考えに従って行動することが，とても有効であることを意味しています。しかし，これは同時に「ことばの幻想（illusion of language）」に容易につかまってしまうことを意味しています。私たちは，思考が単に「思考」であること，つまり内的な反応であることを忘れてしまいがちです。その代わりに，私たちは，考えが指示する内容が実在するものであれば，たとえ自分の望まない結果が伴っても，実際にそれが実在しているかのように行動してしまうものです。先述したように，これを「認知的フュージョン」と呼んでいます。

　マリーの生活の中で，認知的フュージョンがどのように影響を与えていたかを見てみましょう。マリーは，だんだんと不安や恥ずかしいという感情に強く支配されるようになっていました。多くのさまざまな場面で，マリーは，自分が落ち着かない様子でいることを他人に悟られないように，人から注目されるのを回避することに専念していました。しかし，彼女が恐れる対人的な場面を

避けても，その場面で自分がどう感じたか，そして，その感情からどうやったら抜け出すことができるかを，思い返してしまうのです。

> マリー：（自暴自棄になって）おかしいわ。なんでよ！ 誰かに見つめられたからって，なんで緊張したり，顔が赤くなったりするのよ。そんな私を見て，人はなんて思うかしら？ もう，他に何も考えられなくって。頭ん中は，ここから逃げなきゃ，逃げなきゃ，ってことでいっぱいになっちゃうの……こんなんで，生きていくなんて無理よ……

もし，セラピストが，マリーの内的な会話にみられる内容を変えようとした場合，いくつかの部分に疑問をもつことになるでしょう。たとえば，周りの人たちは，どれくらい実際にマリーのことを見ているのか，あるいは，彼らは本当に彼女のことを悪く思っているのか，といったことです。しかし，このアプローチには，マリーのアクションに及ぼす言語反応からの影響を，さらに強固なものにしてしまうという問題があるのです。ある意味，これ自体が，彼女のもっているアジェンダ（課題）なのです。つまり，そのアジェンダとは，内的な出来事（彼女が思ったり感じたりするもの）をコントロールしようとすることです。この問題には，今までとは違うアプローチがあります。このような言語反応の「内容」は脇に置いて，代わりにこれらの言語反応がもつ「機能」に焦点を当てるというやり方です。それにより，マリーが言語「内容」に囚われずに行動できるようになるのです。このアプローチは，苦痛を伴う内的な体験を受け入れることを意味します（Hayes, Strosahl, & Wilson, 1999）。それを受け入れるようになるために最初にすべきことは，言語反応を「反応」として捉えるということです。すなわち，思考を「思考」としてみることです。そのような状態は，思考によって生み出された間接的な機能に基づいてアクションをする（つまり，言語の「内容」に影響されて実際にアクションを生起させる）ことの正反対に位置するものです。そして，この間接的な機能とは，関係フレームづけにより成立している機能のことです。思考を「思考」としてみられるようになるためには，セラピストがクライエントの言語反応を「反応」として正確に指摘しなければなりません。以下の例を見ましょう。

> セラピスト（以下T）：あなたがそこにいるときに，何が生じるかというと，

「他の人が何を考えるだろうかとあれこれ思い悩む」「逃げ出さないといけないと考える」「このような思考に対処できないと考える」といったことですね。

マリー（以下M）：そうです。その通りです。

T：OK，あなたにはたった今，ここで，「その通り」という考えが浮かびましたね。

M：確かにそうですけど，あなたは何が言いたいの……私がどれだけ緊張しているか，どれだけ恥ずかしいと思っているか，ということを周りの人たちは気にしていない，とでも言いたいの？　周りの人は，確かに気にしているのよ！

T：私は，なにも，あなたの考えが正しいとか間違っているとかということを言おうとしているのではないんです。私が言いたいのは，それが真実であろうとなかろうと，あなたが今，実際に思っていること，気にしていること……それは「思考」なんです。

　もし，マリーが（自分の思考した「内容」に取り込まれることなく），このように自分自身の思考を観察できるようになれば，こういった内的な反応の機能がたいてい何であるのかを簡単に検討できるようになるでしょう。つまり，マリーは，そのような思考が，どのような条件下（A）で，何をし（B），そして，どんな結果（C）を導くのか，ということを検討できるようになるのです。

T：そのような考えが浮かぶとき，いつも何をしていますか？

M：いつも考えようとしているのは「何をすべきか？」ということです。

T：何を？　何について？

M：そんな考えがどこかへ行ってしまってくれることについてです。だって，そんなふうに考えたり，感じたりしたくないもの。

T：それで，ここ数年の間に，何をすべきかわかりましたか？　そのように考えたり，感じたりしなくなるには，どんなことをしてきましたか？

M：いいえ，何もうまい方法がないんです。でも，どんどん悪くなっていくような気がします。

T：そのような状況で，自分の感情や思考をうまく操作しようとしても，そ

のようにならないんですよね？　この「どんどん悪くなっている」という体験のほうが「正しい」としてみてはどうでしょうか？　そのように感じたり，思ったりすることを，ただ「もっている」というのは，どうでしょうか？　そのようなものが浮かんでも，そのままにしておくことはできますか？

M：どういう意味ですか？

T：そうですね。「とてもつらい」というのも思考です。「あなたが赤面するのを人が見ている」というのも思考です。そして「こんな状態を抱えながら，生きていけない」というのも思考です。そのような思考を「思考」としてもつというのは，どうでしょう？　そう，「思考」として，です。それと同時に，そのように思考を「思考」としてもてたときに，何か，新たな道が開けるかを検討してみませんか？

ここでセラピストが確立しようとしているのは，マリーがいつも置かれている文脈とは異なった言語的文脈なのです。マリーのように，私たち人間は，それぞれの思考の言語内容に基づいてアクションするように訓練されています。私たちは，思考や感情を，自分の行動のための教示として，つまり従うべき「何か」として捉えています。ここでは，それとは異なる文脈が確立されようとしているのです。すなわち，その文脈では，思考というのは，あなたが観察でき，それとは独立して行動できる「何か」なのです。思考や感情をそれ自体としてみる（その瞬間に生じる内的な出来事としてみる）ことは，それらを受け入れることを実践する方法であり，他の目標に基づいてアクションするように焦点づける方法なのです。ここでのポイントは，まさに，言語行動がもっている遮断効果をカット・オフすることなのです。このようなやり方で，直接的な随伴性（「実際に影響を及ぼしているもの」）につなげることができるのです。

もうおわかりでしょうが，ここでも再び，般化のジレンマが生じることになります。控えめに言っても，セラピストと一緒に確立した文脈は，通常の日常生活とは異なっています。これは，どうしたら般化するでしょうか。この答えは，先述した自己観察の記述の中で指摘したことと同じです。もし，このような方法で，クライエントが自分の言語反応とは独立して（つまり，言語「内容」に囚われずに）アクションすれば，クライエントは自然な強化にさらされ

ることになるでしょう。そして，その人が望ましいと考えているものに，より多く接することになるでしょう。このプロセスの目的は，その人に自分が望むような道を選択してもらう（B）ことなのです。決して，クライエント自身の思考や感情（A）が警告を与えるような道を避けるということが，その目的ではありません。自ら望む道を選択することが，クライエントが新しい結果（C）に接する道をさらに広げることになるのです。すなわち，先述したように，**リアリティこそ，セラピストの最良の友なのです**――そして，結局のところ，**リアリティは，クライエントの最良の友でもあるのです**！

あとがき

　行動とは，有機体が行うすべての営みのことである。
　——B. F. スキナー，1938

　この本を読み終えて，何が起こっているでしょうか？　私たち人間のようなことばを使う生物にとって，本とは，それが読まれた場所から遠く離れた状況においても人間の行動に影響を与えることができる道具です。ですから，本を執筆するという行為は，他人の行動を変化させる行為となるわけです。もちろん，私たちは，クライエントを対象とした臨床活動を行っている（あるいは今後行いうる）人たちにとって，この本を読み終えたときに，この本に書かれてある内容が，効果的な臨床活動（B）の先行刺激（A）として機能することを願っています。また，この本が，臨床的な「舞台」で起きていることを理解したり，皆さんが心理療法を行うときの行動のレパートリーを広げたり，そしてジェニー，ミルザ，アンナ，ペーター，マリー，アリス，そしてレナードのような人たちを支援していく際に役立つように，さまざまな視点から，この本の価値に気づいていってもらえることを願っています。また私たちは，この本で紹介した有益な方法が，次に挙げるような形で役立つことを願っています。たとえば，ジェニーのような人が，自らリストカットをやめられるようになり，精神科の隔離病棟からも解放され，彼女にとって有益な対人関係を他人と結ぶことができるように。また，ミルザのような人が，新しい国での新しい生活を創造し，自分の故国とも精神的にも実際的にも再び健全な関係を営むことができるように。そしてアリスのような人が，自分が感じる恐怖にばかり反応するのではなく，彼女自身の欲望からも解放され，「自分自身の人生を生きる」ことを学べるように。こうした人たちにこそ，この本で紹介した方法が試され，

よい結果がもたらされることを私たちは望んでいるのです。少なくとも，私たちの考えでは，今紹介したようなクライエントたちは，「このようになりたい」という目標をもっていると思われます。きっと皆さんも，この本で紹介したクライエント以外の人々においても，同じような有益な変化がもたらされることは容易に想像できるでしょう。こうした望ましい変化がより多くもたらされることは，この本を書くという私たちの行動が動機づけられるうえで，望ましい結果の1つとなります。

　しかし，望ましい結果が，現実の結果と同じものである必要はありません。この本を書き終えるにあたって，私たちは，次のような現実の結果を経験してきました。つまり，やり終えたという満足感です。この本を読み終えたときに実際にどのような結果が皆さんに生じるのか，私たちにはわかりません。ただ，わかっているのは，以前からいわれてきたことだけです。それは，つまり，

　　生きていれば，きっと結果（C）を得ることになるだろう

ということです。

監訳者あとがき
―― 基本の「基・本」，ここに翻訳される！

佐藤雅彦さんによる「基本は大人になってから」というエッセイ（『毎月新聞』に収録〔毎日新聞社，2003年〕）の中に，こんなフレーズがあります（72頁）。

実は『基本的なことこそ，それがなぜ基本的で重要なのかは理解できにくい』のである。

この翻訳書は「基本的なことが，なぜ基本的で重要なのか」という「問い」に答えてくれる本である，といえます。そして，この本は，少なくとも，3回読まれることになるだろうと予想しています。最初は，臨床行動分析に興味をもったとき，2回目は実際にクライエントを担当するようになったとき，3回目は臨床活動を5年ほど続けたときです。そして，実のところ，この本の重要性や面白さがわかるのは「3回目のとき」なのかもしれません。それというのも，「『基本的なことが何故基本的なのか』が自らわかるのは，一度いろんなことがわかった上での事である」（同上からの抜粋；73頁）からです。そのため，この本は，臨床行動分析の入門書でありながら，「再入門」書としての機能も果たすのではないかと考えています。さらに，この佐藤さんのエッセイには，次のようなフレーズもあります（73頁）。

「基本が大事」なのは勿論（もちろん）である，しかし同時に，基本を学ぶことは難しい。

「実践のための基本」を習得することは，その重要さを認識する以上に難しいことなのかもしれません。しかも，サイエンティスト＝プラクティショナー

（科学者であり実践家でもあること）の基本を習得するのは，かなりの困難を伴います。そして，この翻訳書は，その困難を軽減する一助となるべく企画・出版されました。監訳者として，実際に，この目的が果たされることを切に願っています。

　また，イントロダクションにあるように，この本はその特徴を特化するために，実験的な知見や具体的な事例（の推移）に関する内容がほとんど含まれていません。もし，その内容について（必要最小限で）補完しようとするなら，拙共編書である『行動分析（心理療法プリマーズ）』（大河内浩人，武藤崇編著，ミネルヴァ書房，2007年）に当たられることをお勧めいたします。また，「行動分析（あるいは行動療法）」それ自体の入門書としては，以下に挙げた書籍のすべてを列挙した順に当たられることをお勧めいたします（ただし，紙面の制限のため，選定した書籍は最小限にとどめてあります）。

1） 小野浩一『行動の基礎―豊かな人間理解のために』培風館，2005年
2） 山上敏子『方法としての行動療法』金剛出版，2007年
3） 杉山尚子，佐藤方哉，マリア・E・マロット，島宗理，リチャード・W・マロット『行動分析学入門』産業図書，1998年
4） レイモンド・G・ミルテンバーガー（園山繁樹，野呂文行，渡部匡隆，大石幸二訳）『行動変容法入門』二瓶社，2006年

　最後に，編集をご担当くださった植松由記さん，装丁をご担当くださった大村麻紀子さん，校正をお手伝いいただいた関西学院大学，立命館大学の学生の皆さんに，この場をお借りして感謝申し上げます。ありがとうございました。

　　2008年9月25日

　　　　　　　　　　　　　　　　　　　　　　　　　武藤　崇・米山直樹

さらに学びたい人のための推薦図書

　この本では，臨床的アセスメントと心理療法について説明してきました。また同様に，治療のガイドラインについても説明してきました。これらのガイドラインは，さまざまな方法で発展し，より深められていくものです。そのことを念頭に置きながら，私たちの立場に関係する文献を紹介したいと思います。ここで紹介する文献は，機能的・文脈的観点から臨床的・治療的場面の理解を促し，その理解をより深めてくれるものです。行動療法や認知療法について書かれた数多くの優れた文献の中から，私たちが紹介してきた伝統的行動理論に明らかに拠って立つ文献を選んでみました。私たちのような立場から心理療法の知識を深めていきたいと考えている読者の皆さんにとっては，これから紹介する文献は非常に参考になるものと信じています。

Dougher, M.(Ed.). (2000). *Clinical Behavior Analysis*. Reno : Context Press.
この本には，いくつかの非常に興味深い章がおさめられており，そこでは，行動的観点からみた心理療法に関する理論的および実践的問題の両者が紹介されています。行動療法の内部における複数の流派についての歴史を概観している章，言語行動の役割が紹介されている章があります。1章あたりの分量は短いですが，関係フレーム理論を理解するうえで非常によいイントロダクションといえるでしょう。

Hayes, S. C., & Strosahl, K.(eds.). (2004). *A Practical Guide to Acceptance and Commitment Therapy*. New York : Plenum.
この本は，アクセプタンス&コミットメント・セラピー（ACT）に関する一般的な入門書であり，各章ではさまざまな問題に対して，どのようにそれを実

践していけばよいのかについて述べられています。ACTでは，思考，感情，そしてそれ以外の内的な事象がどのように機能しているのかを，行動的な観点から理解していくことに特別な関心を寄せています。

Kohlenberg, R. J., & Tsai, M. (1991). *Functional Analytic Psychotherapy*. New York : Plenum.（大河内浩人監訳『機能分析心理療法―徹底的行動主義の果て，精神分析と行動療法の架け橋』金剛出版，2007年）
この本は，セラピストとクライエントの間の治療的な関係性を強めていく際に，古典的な学習理論がどのように応用されるのかについて書かれたものです。さらに，精神分析学的文脈においては一般に"転移（transference）"と呼ばれる現象についても，行動論的立場からの説明がなされています。

Linehan, M. (1993). *Cognitive-Behavioral Treatment of Borderline Personality Disorder*. New York : Guilford Press.（大野裕監訳，岩坂彰，井沢功一朗，松岡律，石井留美，阿佐美雅弘訳『境界性パーソナリティ障害の弁証法的行動療法―DBTによるBPDの治療』誠信書房，2007年）
この本は，「新しい行動療法」として最もよく知られている，弁証法的行動療法（DBT）を紹介したものです。この本自体が，特定の問題（境界性パーソナリティ障害）に対する治療技法を中心に書かれたものですが，それだけにとどまらず，行動的心理療法において効果的と思われる多くのエッセンスも広く紹介しています。

Martell, C. R., Addis, M. E., & Jacobson, N. S. (2001). *Depression in Context*. New York : Norton.
この本は，心理治療における機能的・文脈的観点のあり方について，非常に読みやすく，かつ明確に説明してくれています。この本にはまた，うつ病治療における機能的・文脈的観点の導入に際しての実践的ガイドラインに関する記述もなされています。

O'Donohue, W.(Ed.). (1998). *Learning and Behavior Therapy*. Needham Heights, MA : Allyn & Bacon.
この本は，著者による非常に包括的なアンソロジーであり，学習に関する基礎

的な実験心理学と臨床場面との関連について深く学びたいと考えている読者にお勧めです。

O'Donohue, W., Fischer, J. E., & Hayes, S. C.(eds.). (2003). *Cognitive Behavior Therapy : Applying Empirically Supported Techniques in Your Practice*. New York : Wiley.

この本は，臨床技法についてのいわゆる「レシピ本」であり，60章あります。各章では，経験的妥当性のある治療技法について1つを取り上げ，その技法をいつ，どのように用いるべきかを説明しています。この本は，教室内において教師がどのように問題解決を図るかといったことから，複雑な精神医学的な症候群の治療にいたるまで，幅広い領域をカバーしています。

Rachlin, H. (1991). *Introduction to Modern Behaviorism*. New York : W. H. Freeman.

この本は，基礎実験に関する書籍としては，上述のオドノヒュー（O'Donohue）が編纂したアンソロジーに比べると比較的易しい部類に入るものといえます。しかしながら，レスポンデント条件づけとオペラント条件づけの入門書としてはよくできており，また行動主義のバックグラウンドとなった歴史的思想に関する入門書としても参考になります。

Skinner, B. F. (1974). *About Behaviorism*. New York : Knopf.（犬田充訳『行動工学とはなにか―スキナー心理学入門』佑学社，1975年〔ただし，日本語版は絶版〕）

スキナーが執筆した原文を読もうと思ったら，この本を最初に読むとよいでしょう。この本を読むことで，科学における哲学というものに対してのスキナーの基本的立場をとても詳しく理解することができるようになります。

文 献

Arntz, A. (2002). Cognitive therapy versus interoceptive exposure as treatment of panic disorder without agoraphobia. *Behaviour Research and Therapy*, 40, 325-341.

Bandura, A. (1977). *Social learning theory*. Englewood Cliffs, NJ : Prentice-Hall. (原野広太郎監訳『社会的学習理論―人間理解と教育の基礎』金子書房，1979年)

Barlow, D. H. (2002). *Anxiety and its disorders : The nature and treatment of anxiety and panic* (2nd ed.). New York : Guilford Press.

Bouton, M. E., Mineka, S., & Barlow, D. H. (2001). A modern learning theory perspective on the etiology of panic disorder. *Psychological Review*, 108, 4-32.

Bouton, M. E., & Nelson, J. (1998). The role of context in classical conditioning : Some implications for cognitive behavior therapy. In W. O'Donohue (Ed.), *Learning and behavior therapy* (pp.59-84). Needham Heights, MA : Allyn & Bacon.

Bower, T. G. R. (1977). *A primer of infant development*. San Francisco : W. H. Freeman. (岡本夏木他共訳『乳児期―可能性を生きる』ミネルヴァ書房，1980年)

Boyce, T. E., & Roman, H. R. (2003). Contingency management interventions. In W. O'Donohue, J. E. Fisher, & S. C. Hayes (Eds.), *Cognitive behavior therapy : Applying empirically supported techniques in your practice* (pp.109-113). New York : Wiley.

Clarke, K. M. (1996). Change processes in a creation of meaning event. *Journal of Consulting and Clinical Psychology*, 64, 465-470.

Darwin, C. (1872). *The expression of the emotions in man and animals*. Chicago : University of Chicago Press. (New edition published 1965) (安東源治郎，岡本愛吉共譯『人間及動物の表情』日本評論社出版部，1921年〔絶版〕)

Ekman, P. (1992). An argument for basic emotions. *Cognition and Emotion*, 6, 169-200.

Gelso, C. J., & Hayes, J. A. (1998). *The psychotherapy relationship : Theory, research, and practice*. New York : Wiley.

Ghezzi, P. M., Wilson, G. R., Tarbox, R. S. F., & MacAleese, K. R. (2003). Token economy. In W. O'Donohue, J. E. Fisher, & S. C. Hayes (Eds.), *Cognitive behavior therapy : Applying empirically supported techniques in your practice* (pp.436-441). New York : Wiley.

Hayes, S. C. (1981). Single case experimental design and empirical clinical prectice.

Journal of Consulting and Clinical Psychology, 49, 193-211.
Hayes, S. C. (Eds.). (1989). *Rule-governed behavior : Cognition, contingencies, and instructional control*. New York : Plenum Press.
Hayes, S. C. (1992). Verbal relations, time, and suicide. In S. C. Hayes, L. J. Hayes (Eds.), *Understanding verbal relations* (pp.109-118). Reno, NV : Context Press.
Hayes, S. C. (1993). Analytic goals and the varieties of scientific contextualism. In S. C. Hayes, L. J. Hayes, H. W. Reese, & T. R. Sarbin (Eds.), *Varieties of scientific contextualism* (pp.11-27). Reno, NV : Context Press.
Hayes, S. C., Barnes-Holmes, D., & Roche, B. (2001). *Relational frame theory : A post-Skinnerian account of human language and cognition*. New York : Plenum/ Kluwer.
Hayes, S. C., Brownstein, A. J., Zettle, R. D., Rosenfarb, I., & Korn, Z. (1986). Rule-governed behavior and sensitivity to changing consequences of responding. *Journal of the Experimental Analysis of Behavior*, 45, 237-256.
Hayes, S. C., Strosahl, K., & Wilson, K. G. (1999). *Acceptance and commitment therapy : An experiential approach to behavior change*. New York : Guilford Press.
Hayes, S. C., Wilson, K. G., Gifford, E. V., Follette V. M., & Strosahl, K. (1996). Experiential avoidance and behavioral disorders : A functional dimensional approach to diagnosis and treatment. *Journal of Consulting and Clinical Psychology*, 64, 1152-1168.
Hayes, S. C., Zettle, R, D., & Rosenfarb, I. (1989). Rule following. In S. C. Hayes (Eds.), *Rule-governed behavior : Cognition, contingencies, and instructional control*. New York : Plenum Press.
Healy, O., Barnes-Holmes, D., & Smeets, P. M. (2000). Derived relational responding as generalized operant behavior. *Journal of the Experimental Analysis of Behavior*, 74, 207-227.
Heidt, J. M., & Marx, B. P. (2003). Self-monitoring as a treatment vehicle. In W. O' Donohue, J. E. Fisher, & S. C. Hayes (Eds.), *Cognitive behavior therapy : Applying empirically supported techniques in your practice* (pp.40-45). New York : Wiley.
Hersen, M., & Barlow, D. H. (1976). *Single case experimental designs : Strategies for studying behavior change*. New York : Pergamon Press. （高木俊一郎，佐久間徹監訳『一事例の実験デザイン―ケーススタディの基本と応用』二瓶社，1988年）
Houmanfar, R., Maglieri, K. A., & Roman, H. R. (2003). Behavioral contracting. In W. O'Donohue, J. E. Fisher, & S. C. Hayes (Eds.), *Cognitive behavior therapy : Applying empirically supported techniques in your practice* (pp.361-367). New York : Wiley.

Kanfer, F. H., & Saslow, G. (1969). Behavioral diagnosis. In C. M. Franks (Ed.), *Behavioural therapy : Appraisal and status*. New York : McGraw-Hill.

Kazdin, A. E. (1981). Drawing valid inferences from case studies. *Journal of Consulting and Clinical Psychology*, 49, 183-192.

Korotitsch, W. J., & Nelson-Gray, R. O. (1999). An overview of self-monitoring research in assessment and treatment. *Psychogical Assessment*, 11, 415-425.

LeDoux, J. (1996). *The emotional brain : The mysterious underpinnings of emotional life*. New York : Simon & Schuster.（松本元他訳『エモーショナル・ブレイン―情動の脳科学』東京大学出版会，2003年）

Lieberman, R. P., DeRisi, W. J., & Mueser, K. T. (1989). *Social skills training for psychiatric patients*. New York : Pergamon Press.（池淵恵美監訳『精神障害者の生活技能訓練ガイドブック』医学書院，1992年）

Linehan, M. (1993). *Skills training manual for treating borderline personality disorder*. New York : Guilford Press.（小野和哉監訳『弁証法的行動療法実践マニュアル―境界性パーソナリティ障害への新しいアプローチ』金剛出版，2007年）

Lipkens, R., Hayes, S. C., & Hayes, L. J. (1993). Longitudinal study of the development of derived relations in an infant. *Journal of Experimental Child Psychology*, 56, 201-239.

Martell, C. R., Addis, M. E., & Jacobson, N. S. (2001). *Depression in context*. New York : Norton.

Michael, J. (1993). Establishing operations. *The Behavior Analyst*, 16, 191-206.

Nezu, A. M., Nezu, C. M., & Lombardo, E. (2003). Problem-solving therapy. In W. O' Donohue, J. E. Fisher, & S. C. Hayes (Eds.), *Cognitive behavior therapy : Applying empirically supported techniques in your practice* (pp.301-307). New York : Wiley.

Novak, G. (1996). *Developmental psychology : Dynamical systems and behavior analysis*. Reno, NV : Context Press.

O'Donohue, W. (1998). Conditioning and third generation behavior therapy. In W. O' Donohue (Ed.), *Learning and behavior therapy* (pp.1-14). Needham Heights, MA : Allyn & Bacon.

Öhman, A. (1994). *Ångest rädsla, fobi* [*Anxiety, fear, phobia*]. Lund, Sweden : Scandinavian University Press.

Öhman, A. (2002). Automaticity and the amygdala : Nonconscious responses to emotional faces. *Current Directions in Psychological Science*, 11, 62-66.

Öhman, A., & Mineka, S. (2003). The malicious serpent : Snakes as a prototypical stimulus for an evolved module of fear. *Current Directions in Psychological Science*, 12, 5-8.

Öst, L.-G., Thulin, U., & Ramnerö, J. (2004). Cognitive behavior therapy vs. exposure in vivo in the treatment of panic disorder with agoraphobia. *Behaviour Research and Therapy*, 42, 1105-1127.

Power, M., & Dalgleish, T. (1997). *Cognition and emotion : From order to disorder*. London : Psychology Press.

Rachlin, H. (1991). *Introduction to modern behaviorism* (3rd ed.). New York : W. H. Freeman.

Rachlin, H., & Green, L. (1972). Commitment, choice, and self-control. *Journal of the Experimental Analysis of Behavior*, 17, 15-22.

Razran, G. (1961). The observable unconscious and the inferable conscious in current Soviet psychophysiology : Interoceptive conditioning, semantic conditioning, and the orienting reflex. *Psychological Review*, 68, 81-147.

Rescorla, R. A. (1988). Pavlovian conditioning : It's not what you think it is. *American Psychologist*, 43, 151-160.

Rosenberg, I. R., Hayes, S. C., & Linehan, M. M. (1989). Instructions and experiential feedback in the treatment of social skills deficits in adults. *Psychotherapy*, 26, 242-251.

Sheldon, B. (1995). *Cognitive-behavioural therapy : Reseach, practice, and philosophy*. London : Routledge.

Skinner, B. F. (1938). *Behavior of Organisms*. New York : Appleton-Century-Crofts.

Skinner, B. F. (1945). The operational analysis of psychological events. *Psychological Review*, 52, 270-277.

Skinner, B. F. (1953). *Science and human behavior*. New York : Macmillan. (河合伊六他訳『科学と人間行動』二瓶社，2003年)

Sturmey, P. (1996). *Functional analysis in clinical psychology*. New York : Wiley. (高山巖他訳『心理療法と行動分析—行動科学的面接の技法』金剛出版，2001年)

Tomkins, S. S. (1982). Affect theory. In P. Ekman (Ed.), *Emotion in the human face* (pp.353-395). New York : Cambridge University Press.

Tryon, G. S., & Winograd, G. (2002). Goal consensus and collaboration. In J. C. Norcross (Ed.), *Psychotherapy relationships that work* (pp.109-125). New York : Oxford University Press.

Vander Wall, S. (1990). *Food hoarding in animals*. Chicago : University of Chicago Press.

Williams, J. M. G. (1992). *The psychological treatment of depression* (2nd ed.). London : Routledge. (中村昭之監訳『抑うつの認知行動療法』誠信書房，1993年)

Wilson, K. G., & Hayes, S. C. (1996). Resurgence of derived stimulus relations. *Journal of the Experimental Analysis of Behavior*, 66, 267-281.

索　引

ABC 分析　77,90,202,235,290,293,295
A‐B デザイン　70
A‐B‐A デザイン　72
A‐B‐A‐B デザイン　73

ア行

安全希求行動　295
一次性強化子　135,139
医療モデル　33
エクスポージャー　65,260,293,301
オペラント消去　143
オペラント条件づけ　124,153,202,260

カ行

回避　45,102,116,141,150,205,294
カウンター・コントロール　281,284
確立操作　86,213,221,274
仮説的構成概念　33,49,69
関係反応　172,178,189,194
関係フレームづけ　177,208,212,261,299,303,306
機能的関係　3,142
機能的な「見方・捉え方」　9,30,40,69,75,78
機能的に等価　12,143
機能的文脈主義　9,11,17
強化随伴性　128,165,170,289
結果　77
行動　8
行動活性化　4,301
行動契約　283

行動主義　1,76,104
行動的アプローチ・テスト　63,68
行動的心理療法　4,288
行動の機能的クラス　141
行動療法　1,5,75,104,293

サ行

恣意的に適用可能な関係反応　177,191
刺激性制御　154,157,162
死人ルール　272
社会的スキル訓練　270
消去　110,144,151,294,297
消去バースト　145,269
条件刺激　98,106,134,172,207,260
条件性強化子　133,136
条件反応　98,99,101,106,207
随伴性　77,88,98,187,265
随伴性をマネジメントする　269
正の強化　126,129,138,149,246,298
正の罰　126,147
セルフ・モニタリング　59,63,237
先行刺激　77

タ行

体験の回避　192
中性刺激　98,106,189
逃避　92,102,116,141
トークン・エコノミー　273
トラウマ処理　300

323

ナ行

内部感覚エクスポージャー　295
内部感覚条件づけ　104,115
二次条件づけ　108
認知／行動療法　1
認知行動療法　1
認知的フュージョン　192,199,306

ハ行

般化　108,159,207,229,249,288,293,297,309
般性強化子　134,197,213,304
反応妨害つきエクスポージャー　294
負の強化　126,139,246,298
負の罰　126,148
プラグマティズム　3,17,21
分化強化　272
ベースライン　54,70
弁別　14,93,109,291
弁別学習　160
弁別刺激　155

マ行

無条件刺激　98,106,134,172,259
無条件反応　98,99,101
メタファー　239,254
モデリング　164,270

ラ行

臨床行動分析　3,25
ルール支配行動　166,170,212,220
レスポンデント条件づけ　97,158,190,202,259,297

● 訳出担当者一覧

イントロダクション　武藤　崇
第1章　武藤　崇
第2章　米山直樹
第3章　大対香奈子（おおつい・かなこ）
　　　　近畿大学総合社会学部心理系専攻准教授・博士
第4章　柾木隆寿（まさき・たかひさ）
　　　　健康科学大学健康科学部人間コミュニケーション学科講師・博士（2023年逝去）
第5章　米山直樹
第6章　中内麻美（なかうち・あさみ）
　　　　相模女子大学学芸学部子ども教育学科講師・修士
第7章　田中善大（たなか・よしひろ）
　　　　大阪樟蔭女子大学児童教育学部児童教育学科准教授・博士
第8章　吉岡昌子（よしおか・まさこ）
　　　　愛知大学文学部心理学科教授・博士
第9章　武藤　崇
第10章　佐々木　恵（ささき・めぐみ）
　　　　北陸先端科学技術大学院大学保健管理センター准教授・博士
第11章　高橋　稔（たかはし・みのる）
　　　　目白大学心理学部心理カウンセリング学科教授・修士
第12章　佐田久真貴（さだひさ・まき）
　　　　兵庫教育大学臨床心理学コース准教授・修士
第13章　石川健介（いしかわ・けんすけ）
　　　　金沢工業大学メディア情報学部心理情報デザイン学科教授・博士

※本文中の訳注は，監訳者によるものと各章の訳出担当者によるものがあります。
　前者については訳注文の末尾にイニシャルを付記しました。付記のないものは，
　各章の訳出担当によるものとなっています。

●著者略歴

ユーナス・ランメロ（Jonas Ramnerö, Ph.D.）

1989年から公認心理士として働き，1995年に心理療法家のライセンスを取得。現在，ストックホルム大学（スウェーデン，ストックホルム）心理学科助教授。幅広い臨床経験を有し（主として不安障害，気分障害のトリートメント），一般の病院臨床と個人開業の両方の経験を有する。1998年から，学生や心理士に対する臨床的なスーパーバイザーをしながら，大学では臨床心理学の講義を担当している。2005年に「広場恐怖症をもつパニック障害に対する行動的トリートメント—トリートメント・プロセスと変化の決定要因」（Behavioral Treatment of Panic Disorder with Agoraphobia : Treatment Process and Determinants of Change）という学位論文でPh.D.を取得。

ニコラス・トールネケ（Niklas Törneke, M.D.）

精神科医。1991〜1998年，Kalmar（スウェーデンの南西にある彼のホームタウン）で，一般精神医学科の上級精神科医として勤務。1998年から個人開業。1996年に心理療法家のライセンスを取得し，もともとは認知療法家としての訓練を受けた。1998年から，主として「アクセプタンス＆コミットメント・セラピー」（Acceptance and Commitment Therapy）を実践している（スーパーバイズも含む）。臨床的経験は，統合失調症といった精神医学的な障害から，一般的に広く生じる不安障害・気分障害までと幅広い。

●監修者略歴

松見淳子（まつみ・じゅんこ／Junko Tanaka-Matsumi）

関西学院大学名誉教授，米国ホフトラ大学名誉教授。
1978年，米国ハワイ大学大学院博士課程心理学科卒業。Ph.D.（臨床心理学）
主著 *Principles of Multicultural Counseling and Therapy*（分担執筆，Routledge, 2008）
　　Behavioral Assessment (Comprehensive Handbook of Psychological Assessment Vol. 3)（分担執筆，Wiley, 2004）
　　The Handbook of Culture and Psychology. 2nd edition（分担執筆，Oxford University Press, 2019）
　　The Cambridge Handbook of Personality Psychology. 2nd edition（分担執筆，Cambridge University Press, 2020）

●監訳者略歴

武藤　崇（むとう・たかし）

同志社大学心理学部教授，一般社団法人日本行動分析学会理事長（2019年〜）。
1998年，筑波大学大学院博士課程心身障害学研究科修了。博士（心身障害学）。
主著『55歳からのアクセプタンス＆コミットメント・セラピー（ACT）』（編著，ratik, 2017年）
　　『心理学からみた食べる行動—基礎から臨床までを科学する』（編著，北大路書房，2017年）
　　『臨床言語心理学の可能性—公認心理師時代における心理学の基礎を再考する』（編著，晃洋書房，2019年）
　　『行動分析学事典』（編著，丸善出版，2019年）

米山直樹（よねやま・なおき）

関西学院大学文学部教授，関西学院大学文学部心理科学実践センター・センター長。
2000年，金沢大学大学院博士課程社会環境科学研究科修了。博士（文学）。
主著『心理学研究法』（分担執筆，放送大学教育振興会，2020年）
　　『心理学ベーシック　なるほど！心理学面接法』（編著，北大路書房，2018年）
　　『学校臨床—子どもをめぐる課題への視座と対応』（分担執筆，金子書房，2012年）
　　『学校支援に活かす行動コンサルテーション実践ハンドブック』（分担執筆，学苑社，2011年）

臨床行動分析のABC

2009年1月20日　第1版第1刷発行
2024年11月25日　第1版第8刷発行

著　者──ユーナス・ランメロ＋ニコラス・トールネケ
監修者──松見淳子
監訳者──武藤　崇＋米山直樹
発行所──株式会社　日本評論社
　　　　〒170-8474　東京都豊島区南大塚3-12-4
　　　　電話 03-3987-8621（販売）-8598（編集）　振替 00100-3-16
印刷所──港北メディアサービス株式会社
製本所──井上製本所
装　幀──大村麻紀子

検印省略　Ⓒ 2009 Matsumi, J., Muto, T., & Yoneyama, N.
ISBN978-4-535-98300-7　Printed in Japan

JCOPY〈(社)出版者著作権管理機構　委託出版物〉
本書の無断複写は著作権法上での例外を除き禁じられています。複写される場合は、そのつど事前に、(社)出版者著作権管理機構（電話 03-5244-5088, FAX 03-5244-5089, e-mail: info@jcopy.or.jp）の許諾を得てください。
また、本書を代行業者等の第三者に依頼してスキャニング等の行為によりデジタル化することは、個人の家庭内の利用であっても、一切認められておりません。

新世代の認知行動療法

The third-generation cognitive and behavioral therapies

●早稲田大学人間科学学術院教授
熊野宏昭〔著〕

マインドフルネス、メタ認知療法、行動活性化、弁証法的行動療法、ACTを俯瞰的かつ丁寧に解説する画期的な入門書。

目次

- 第1章　認知行動療法の多様性とその変遷
- 第2章　新世代の認知行動療法に共通するもの
- 第3章　本来のマインドフルネスとはどのようなものか
- 第4章　マインドフルネスはどのようにして実践するか
- 第5章　マインドフルネスストレス低減法・マインドフルネス認知療法
  ――構造化されたグループ療法でのマインドフルネスの活用
- 第6章　メタ認知療法(1)
  ――メタ認知の内容を変えることで認知の機能を変える
- 第7章　メタ認知療法(2)
  ――自己注目に対抗する注意訓練とディタッチト・マインドフルネス
- 第8章　臨床行動分析入門――認知行動療法のもう一つのウィング
- 第9章　行動活性化療法――機能と文脈の評価には行動することが必要
- 第10章　弁証法的行動療法(1)――治療原理主導という力のもとに
- 第11章　弁証法的行動療法(2)――臨床行動分析の発展における位置づけ
- 第12章　関係フレーム理論入門――2つの言語行動の定義からみえてくるもの
- 第13章　アクセプタンス＆コミットメント・セラピー
  ――機能的文脈主義の中で認知と行動をシームレスに扱う

■定価2,420円(税込)　■A5判　■208頁　ISBN978-4-535-98372-4

日本評論社
https://www.nippyo.co.jp/